企业生态化技术创新研究

廖丽平/著

资助项目：

2015 年度广东省高校优秀青年教师培养计划项目：发达国家再工业化的新趋势对广东经济发展的影响及对策研究（YQ2015107）

广东省哲学社会科学"十三五"规划学科共建项目：基于竞合关系的模糊社会网络分析方法及企业技术创新行为研究（GD16XGL20）

科学出版社

北　京

内 容 简 介

　　本书对生态化技术创新的相关理论问题和实践问题进行了探讨，重在探索低碳战略视角下企业生态化技术创新理论和方法，寻找生态化技术创新与低碳战略的内在联系，提出符合低碳战略要求的企业生态化技术创新对策。全书分为四篇，共十三章。第一篇（第一章至第四章）为基础理论；第二篇（第五章和第六章）为问题提出；第三篇（第七章至第九章）为分析论证；第四篇（第十章至第十三章）为案例分析。

　　本书既可作为有关生态化技术创新研究学者的科研参考书，又可作为经济管理类研究生的教学参考书，同时，还可为政府相关管理部门及企业中高层管理人员技术创新相关政策制定及管理决策提供参考和借鉴。

图书在版编目（CIP）数据

企业生态化技术创新研究 / 廖丽平著. —北京：科学出版社，2018.6
ISBN 978-7-03-057017-8

Ⅰ. ①企⋯　Ⅱ. ①廖⋯　Ⅲ. ①企业管理–生态化–研究　Ⅳ. ①F272

中国版本图书馆 CIP 数据核字（2018）第 054659 号

责任编辑：陶　璇 / 责任校对：胡小洁　贾伟娟
责任印制：吴兆东 / 封面设计：无极书装

科学出版社 出版
北京东黄城根北街 16 号
邮政编码：100717
http://www.sciencep.com

北京虎彩文化传播有限公司 印刷
科学出版社发行　各地新华书店经销

＊

2018 年 6 月第　一　版　　开本：720×1000　1/16
2018 年 6 月第一次印刷　　印张：13 7/8　插页：2
字数：330 000

定价：98.00 元
（如有印装质量问题，我社负责调换）

作 者 简 介

　　廖丽平，女，1981 年生，管理科学与工程专业博士，机械工程学科博士后，副研究员，广东技术师范大学管理学院工商管理系系主任，现任广东省系统工程学会理事。主要研究方向为管理系统工程、技术创新管理、企业战略管理。在《系统工程》《科技进步与对策》和 *Journal of High Technology Management Research* 等国内外权威核心期刊上发表论文 30 余篇，其中 EI 收录 5 篇。承担主持省、市级科研项目近 10 项，参与国家、教育部、省市级重大决策科研项目 10 余项。获得 2015 年度"广东省高校优秀青年教师"荣誉称号。

前　　言

党的十八大报告提出"科技创新是提高社会生产力和综合国力的战略支撑，必须摆在国家发展全局的核心位置"，必须"实施创新驱动发展战略"，"着力增强创新驱动发展新动力……使经济发展更多依靠……管理创新驱动，更多依靠节约资源和循环经济推动"。同时报告还首次提出了建设"美丽中国"的概念，强调"着力推进绿色发展、循环发展、低碳发展"，提出应当"从源头上扭转生态环境恶化趋势，为人民创造良好生产生活环境"。经济的发展需要创新作为驱动力，创新则是建设美丽中国的重要保证。

在十八届五中全会第二次全体会议上，习近平指出："我国创新能力不强，科技发展水平总体不高，科技对经济社会发展的支撑能力不足，科技对经济增长的贡献率远低于发达国家水平，这是我国这个经济大个头的'阿喀琉斯之踵'。"习近平在推进科技创新发展的同时，强调落实创新、协调、绿色、开放、共享的发展理念，全面推进节能减排和低碳发展，迈向生态文明新时代。"决不以牺牲环境为代价去换取一时的经济增长，决不走'先污染后治理'的路子"，提出既要绿水青山，也要金山银山。宁要绿水青山，不要金山银山，而且绿水青山就是金山银山。

事实上，技术创新成就了工业时代的辉煌，但是由于其忽视了生态价值，技术创新生态化转向已成为技术创新领域的新焦点。技术是人类适应与改造自然的工具、手段和力量，自从英国工业革命以来，技术就凸显出其强大的力量，推动经济高速增长。传统的技术创新对经济的发展具有巨大贡献，但是其背离了生态价值观，忽略了对环境的保护，以及人与自然、社会的可持续发展，导致资源环境破坏和生态系统失衡，引起一系列生态危机和资源危机等严重问题，如冰川融化、生物锐减、空气质量下降等，都是自然给予人类的惩罚。

今天，低碳战略已越来越受到社会各界的高度重视，生态化技术创新迎来了发展的春天。生态化技术创新（ecological technology innovation，ETI）也被称作技术创新生态化，它在技术创新过程中全面引入了生态学思想，是一种融入生态价值观的技术创新，是符合当今社会"低碳战略"发展需求和方向的技术创新。生态化技术创新把生态效益与社会效益纳入技术创新的目标体系，把单纯追求市场价值转向追求包括经济增长、自然生态平衡、社会生态和谐有序及人的全面发展在内的综合效益，追求四大效益的有机统一。企业实现生态化技术创新一方面可以保证企业更好地实现可持续发展；另一方面能够为企业赢得市场竞争提供动力。

在当前和今后相当长一段时间内，我国经济社会发展面临的矛盾和问题可能更复杂、更突出。随着我国社会主义市场经济不断发展和经济社会转型的不断深入，我国正面临并将长期面对一些亟待解决的突出矛盾和问题，其中生态环境问题尤为突出。企业在发展经济时片面追求经济利益，忽略了生态效益和社会效益的有机统一。传统的技术创新已不适应当今社会经济发展的需求，生态化技术创新已成为必然趋势。研究基于低碳战略背景下的企业生态化技术创新，对切实贯彻落实科学发展观，实现我国经济社会的可持续发展具有十分重要的实践意义。

本书对生态化技术创新的相关理论问题和实践问题进行了探讨，重在探索低碳战略视角下企业生态化技术创新理论和方法，寻找生态化技术创新与低碳战略的内在联系，提出符合低碳战略要求的企业生态化技术创新对策。全书分为四篇，共十三章，其中：

第一篇（第一章至第四章）为基础理论，详细介绍了企业生态化技术创新的起源、内涵、国内外相关研究状况及主要理论观点，并比较分析了生态化技术创新与传统技术创新的本质差异。

第二篇（第五章和第六章）为问题提出，系统分析了目前推进低碳化技术创新的现状及存在的问题，提出了基于低碳战略的企业生态化技术创新的观点。

第三篇（第七章至第九章）为分析论证，一是采取探索性因子和实证性因子分析法，构建企业生态化技术创新和企业低碳战略的指标体系；二是构建两阶段链 DEA 模型，该模型嵌入了第一阶段低碳战略投入产出效率和第二阶段企业生态化技术创新投入产出效率，以此研究基于低碳战略的企业生态化技术创新投入产出效率；三是对基于低碳战略的企业生态化技术创新投入产出效率、低碳战略投入产出效率和企业生态化技术创新投入产出效率的影响因素进行分析。借助 Tobit 回归模型，对各效率影响因素进行分析，有助于企业判断系统效率改进的方向，并提出相应的对策建议。

第四篇（第十章至第十三章）为案例分析，选择若干生态化技术创新的实际案例，以加深读者对生态化技术创新的理解和认识。

本书在撰写过程中，参考借鉴了国内外众多研究同行的思想、观点和论著，他们的真知灼见使我受益良多，特在此谨致谢忱！

廖丽平

2017 年 10 月于广州

目　　录

第三篇　分 析 论 证

第四篇　案 例 分 析

第一篇　基　础　理　论

第一章 生态化技术创新的起源与发展

自 1928 年约瑟夫·熊彼特提出技术创新概念以来，技术创新的理论体系日趋完善。但是，传统技术创新理论是以发展经济作为唯一出发点而提出和建立起来的，传统技术创新理论的缺陷也日益显露。本书认为，生态化技术创新是对传统技术创新观的扬弃，它的内涵本身就是可持续发展思想的体现，它的价值目标与实现可持续发展的价值目标具有内在的一致性。这种一致性决定了生态化技术创新能够推进作为第一生产力的科学技术成为经济、社会、生态和人的全面发展相互协调、和谐共存的结合点，能够使技术创新良性地推进到持续发展的轨道上。

"技术创新之父"熊彼特主要从经济角度思考技术创新的动机，认为"企业家进行技术创新是为了赢得经济竞争，建立私人王国"。追求单一经济目标势必加快对自然资源的耗费，这种耗费远大于自然的再生能力。自然的再生无法弥补创新加快而导致的资源短缺。于是，生态危机就显现出来。因此，传统技术创新只顾追求商业价值的实现，缺少对自然的人文关怀，一味地利用自然资源追求经济利益，满足人类的一切需要，按照科技设计和制造一切可以设计和制造的产品，忽略了对不可再生资源的良性利用，必然会带来自然生态的破坏等一系列的负面影响[1]。

自从熊彼特提出"创新"理论以来，技术创新理论主要停留在经济和商业价值层面上，无论是从技术学角度、经济学角度还是纯理论角度，传统技术创新都致力于实现商业价值这一最终目的。传统技术创新已不再适应社会的发展，其内在缺陷促使技术创新转向生态化[2]。

第一节 技术创新理论及其发展

一、技术创新概念的提出

自熊彼特提出创新理论到亚当·斯密对技术创新的高度重视，都见证着技术创新理论的不断发展[3]。

（一）亚当·斯密的创新思想

古典经济学家亚当·斯密的中心思想是：财富的增长在于分工，而分工之所以有助于经济增长，一个重要的原因是分工有助于某些机械的发明，这些发明将减少生产中劳动的投入，提高劳动生产率，促进收益递增。

亚当·斯密通过举例说明技术进步与收益递增产生的过程，并提出"劳动分工受市场容量及范围限制"的斯密定理。分工自我维持的增长过程根源在于：分工既是经济增长的原因又是结果，这是一种因果循环积累的过程。

斯密分工理论的一个重要贡献是把财富增长和收益递增的源泉归于技术进步。与新古典经济学把技术变化看作是生产函数的移动不同。新技术的不断采用开辟了新的生产部门。技术进步以分工加速知识积累的形式成为财富增长和收益递增永不枯竭的源泉。

他曾明确指出："任何社会的土地和劳动的年产物，都只能由两种方法来增加。其一，改进社会上实际雇用的有用劳动的生产力；其二，增加社会上实际雇用的有用劳动量"，"有用劳动的生产力改进，取决于：①劳动者能力的改进；②他工作所用的机械的改进"。这里，劳动者能力的改进、机械的改进，都与技术进步相关。这清楚地证明，斯密已经认识到：技术进步是除资本、劳动力之外又一个促进经济增长的重要因素。他的"技术进步"涵盖了技术创新，但没有明确提出"创新思想"[4]。

（二）熊彼特创新概念

美籍奥地利经济学家约瑟夫·熊彼特于 1928 年指出"所谓创新，是指一种生产函数的转移"，或者生产要素和生产条件的一种重新组合"并"引入生产体系使其技术体系发生变革"。他还把技术创新的具体内容概括为以下五个方面：①创造一种新的产品，或者改造一种产品，使之具有一种新的特性；②创造一种新的生产方法；③开辟一种产品推销的新的市场；④发现或开辟产品原料的一种新的来源；⑤开拓一种新的产品生产组织。

熊彼特的创新概念实际上是一种自然技术创新和制度创新并重的创新观[5]。但是其创新概念包含的范围很广，包括产品创新、工艺创新、市场创新、能源和原材料创新、组织形式创新。熊彼特还认识到，创新不仅仅是偶然发生的，还需要企业家的努力。

（三）缪塞尔的改进

1985 年缪塞尔（R.Mueser）对 300 余篇文献进行了研究，发现"当一种新思想和非连续的技术活动经过一段时间后，发展到实际和成功应用的程序，就是技术创新"。在此基础上，缪塞尔对技术创新作了重新定义，即"技术创新是以其构思新颖性和成功实现为特征的有意义的非连续性事件"[6]。

二、技术创新理论的发展历程

国外技术创新理论的研究和发展已形成了新古典学派、新熊彼特学派、制度创新学派和国家创新系统学派四大理论流派。

（一）技术创新的新古典学派

技术创新的新古典学派以索洛（S.C.Solow）等为代表。1942年，索洛首次提出技术创新成立的两个条件，即新思想来源和以后阶段的实现发展。这一"两步论"被认为是技术创新概念界定研究上的一个里程碑。

以索洛为代表的新古典经济增长理论，利用总和生产函数分析了技术进步在经济增长中的作用，推动了现代技术创新理论的发展；以罗默为代表的新经济增长理论进一步把技术进步作为内生变量加以分析，并把人才资本和"新思想"作为重点分析对象，较好地解决了技术创新作用分析的量化问题。

（二）技术创新的新熊彼特学派

技术创新的新熊彼特学派以曼斯菲尔德（E.Mansfield）、卡曼等为代表，该学派坚持熊彼特创新理论的传统，强调技术创新和技术进步在经济发展中的核心作用。认为企业家是推动创新的主体，侧重研究企业的组织行为、市场结构等因素对技术创新的影响，提出了技术创新扩散、企业家创新和创新周期等模型。

熊彼特和新熊彼特主义者在创新理论上所关注的是不同层次的问题。熊彼特研究的重点是经济的长期发展和结构变化，其目的在于揭示资本主义经济发展的根本机制。新熊彼特主义者的着眼点则在于创新的机制，包括创新的起源、创新过程、创新方式等内容，目的在于如何提高创新的有效性。

（三）技术创新的制度创新学派

技术创新的制度创新学派以兰斯·戴维斯和道格拉斯·诺斯等为代表。该学派利用新古典经济学理论中的一般静态均衡和比较静态均衡方法，对技术创新的外部环境进行制度分析，认为：在技术创新与制度创新的关系问题上，无论是技术决定论还是制度决定论都是极端的理论。科学的认识，应该把技术创新与制度创新看作是一个交互决定的动态演进过程。其中，技术创新在从根本上要求制度创新的意义上，对制度创新起着基始性的决定作用；而制度创新在作为技术创新实现的前提条件的意义上，对技术创新起着先决性的作用。

（四）技术创新的国家创新系统学派

"国家创新系统是指一个国家内各有关部门和机构间相互作用而形成的推动创新的网络，是由经济和科技的组织机构组成的创新推动网络"。技术创新的国家创新系统学派以英国学者克里斯托夫·弗里曼（C.Freeman）、美国学者理查德·纳尔逊等为代表，弗里曼是技术创新方面的著名学者。他对创新的研究有两个特点：一是作为经济学家，更多地从经济角度来考察创新；二是把创新对象基本上限定为规范化的重要创新[7]。

弗里曼和纳尔逊在1987年首次提出国家创新体系（national innovation system）这一概念。他们在《技术进步与经济理论》的著作中，较系统地比较分析了美国和日本政府资助技术创新的国家制度体系，以营利为目的的私营厂商是这些创新体系的核心，他们相互竞争也彼此合作。下面简要介绍几个代表性的论述。

一是伦德瓦尔的国家创新理论。伦德瓦尔认为，国家创新体系可定义为"一个创新系统是由在新的、有经济价值的知识的生产、扩散和使用上互相作用的要素和关系所构成的"，从狭义的角度看是与研究、探索有关的机构和制度；从广义上讲包括影响学习和研究的经济结构和制度。因此，衡量一个国家创新体系的效率指标是生产、扩散和使用有经济价值知识的效率。

从上述前提出发，国家创新系统中的主要子系统有：第一，企业的内部组织；第二，企业间的关系；第三，公共部门的作用；第四，金融部门及其他部门的作用；第五，大学和研究开发部门。伦德瓦尔理论的特点是强调在生产系统中互相学习的作用。

二是波特研究。波特研究的最大特点是将国家创新系统的微观机制与其宏观运行实绩联系起来，在经济全球化的大背景下考察国家创新系统，因而属于国家创新系统研究的国际学派。政府可以以不同的方式影响创新过程。根据波特的观点，政府应该追求的主要目标是为国内的企业创造一个适宜的、鼓励创新的环境。据此，他提出了国家优势的四个决定因素：第一，可能受到补贴影响的生产要素条件，影响资本市场和教育的政策等；第二，可能因为产品和工艺标准变化而改变的需求状况；第三，相关的辅助性产业可以因为无数手段而受到影响；第四，公司的战略与竞争结构也是一个可能受到不同政府政策影响的重要决定因素。每个国家都应该根据其自己的独特状况形成自己的创新系统。

三是吉本斯的国家创造体系理论。吉本斯在1993年提出，国家创新体系的差异因为所选择的工业资本主义的类型的不同而不同。他区别了三种理想化的类型：盎格鲁-撒克逊市场资本主义、德国的社会市场资本主义及日本的官僚主义式资本主义。在实际生活中，并不存在这些纯粹类型的资本主义，而只是存在这些理想类型的资本主义特点的组合。吉本斯定义了两种类型的国家创新体系：技术动力型的国家创新体系和缺乏技术远见的国家创新体系。根据吉本斯的观点，各国企业界将会出现一个从静态竞争向动态竞争的转变，从而导致技术创新发挥作用。

四是德国学者瑞杰与乌尔里希·施穆希的创新学说。乌尔里希·施穆希在1996 年也提出，国家创新体系包括不同的成分，所有这些成分都是非常复杂而且相互影响的。他们指出，政府政策在影响国家创新体系的结构与实绩方面是一个决定性因素。国家创新体系包括整个创新过程。专业化适用于特定的工业分支及不同的工业类型。他们认为，国家创新体系的科学取向的一个重要决定因素是根据工业部门专业化来定义的经济结构。而国家技术专业化模式是在一个较长时期内形成的，它们的历史基础不容忽略。因此，国家创新体系也将内在地保持稳定。

虽然，从总体上看，这些有关国家创新体系的定义都没有超出弗里曼和纳尔逊工作的范围，但它们从各自不同的角度深化了这一概念，从而发展了国家创新体系的理论。

三、传统技术创新到技术创新生态化转换的四个阶段

开始于熊彼特的技术创新研究在第二次世界大战结束之后有了长足发展，经历了一个从传统技术创新思想到技术创新生态化思想的转换，其间大致经历了以下四个阶段。

（一）第一阶段是 20 世纪 50～60 年代

在第三次科技革命浪潮的诱导和推动下，技术创新研究才开始迅速复兴，这个阶段主要集中于对技术创新的起源、效应、过程等方面的研究。代表人物有林恩、索洛、伊诺思和曼斯菲尔德。

林恩从技术创新活动过程来解释技术创新的本质，他指出，技术创新是一个"始于对技术的商业潜力的认识而终于将其完全转化为商业化产品的整个行动过程"。

索洛从对熊彼特评价着手，对技术创新活动进行了比较全面的研究。他认为技术创新成立必须具备两个必备条件，即新思想来源和以后阶段的实现发展。这一"两步论"被认为是技术创新概念界定研究上的一个里程碑。

1962 年，伊诺思给出了技术创新的定义，"技术创新是几种行为综合的结果。这些行为包括发明的选择、资本投入保证、组织建立、制订计划、招用工人和开辟市场等"。他是从行为集合的角度和行为过程来进行定义的。

曼斯菲尔德认为，"一项发明，当它被首次应用时可以称为技术创新。"这个概念主要区别了技术发明与技术创新，并说明了二者之间的内在联系。按照他的观点，技术创新就是一种新的产品或工艺被首次引进市场或被社会所使用。

麦凯在对贝尔实验室 1925～1983 年的 800 余项创新进行整理后认为，技术创新是以有应用价值的新产品为顶点标志的创新性活动过程。也就是说，创造出新产品并成功实现其商业化就是技术创新[8]。

（二）第二阶段是 20 世纪 70～80 年代

在这个阶段，技术创新的研究从管理科学和经济发展周期研究中相对独立出来，初步形成了技术创新研究的理论体系。研究的具体对象开始逐步分解，出现对创新不同侧面和不同层次内容的比较全面的探讨与争鸣，逐步将多种理论和方法应用到技术创新的研究中。例如，弗里曼对创新的研究有两个特点：一是作为一个经济学家，他更多地从经济角度来考察创新；二是把创新对象基本上限定为规范化的重要创新。

（三）第三阶段是 20 世纪 80 年代到 20 世纪末

20 世纪 90 年代后，国外学者开始从不同角度对生态化技术创新进行研究。Hopfenbeck 从全面质量管理的角度，提出了生态化技术创新过程模型，注重企业在日常的质量管理与渐进创新改革过程中改善创新管理，从而提高企业的创新收益。Nelson 和 Winter 认为，生态技术是一种完全不同于现有技术轨迹的技术范式，技术生态化的创新受到技术机会、技术创新的选择环境、学习效应等多重因素的影响。Chen 和 Shi 认为生态化技术创新的形成来源于传统技术创新中经济增长和生态破坏之间的冲突的理性反思。Carril-lo-Hermosilla 等从设计、使用、生产服务及政府角度提出了分析生态化技术创新的多维框架，认为所有维度的结合在技术生态化管理中至关重要。

（四）第四阶段是 21 世纪初到现阶段

世界经济发展到今天，随着全球生态环境的恶化和环保呼声的高涨。重视环保、崇尚自然、追求健康已经成为人类社会迈入 21 世纪的新时尚。1997 年美国环境保护学者托马斯·里德提出了技术创新生态观念，他指出技术的进步在给我们人类生活带来便利的同时，也给环境带来了破坏，因此必须从"生态-经济-社会"复合系统整体来考虑技术创新。1994 年 7 月，美国政府发布"面向可持续发展的未来技术"报告，首先指出技术创新要利于实现国家目标，技术创新生态化的核心是预防而不是治理。德国也一直致力于探索技术创新发展道路，推动社会经济朝着良性循环的方向发展，技术创新的成功范例之一就是开发"生态科技园区"。自此，技术创新的发展走上了一个新的发展阶段。

第二节　国内生态化技术创新的相关研究

早在《汉书·叙传下》中对"创新"一词便有了以下解释："创，始造之也"，即做出以往不存在的事情。具体到技术创新的概念，我国学者的相关研究是随着科学技术的不断发展及国外技术创新概念与实践的影响发展起来的[9]。研究工作主要从以下几方面展开。

一、传统技术创新的发展

生态化技术创新实质上是对传统技术创新的扬弃。传统技术创新自身的缺陷会不可避免地对自然生态环境产生巨大的破坏。20 世纪七八十年代以来，能源危机、环境污染、贫富差距悬殊、人口膨胀等问题极大地制约了社会的发展，成为全世界人民头疼的难题。但同时，我们也不能否认技术创新对于提高经济发展水平的贡献。从国家发展的角度来看，科学技术的发展是衡量一个国家发展情况的重要指标之一。

站在辩证的眼光看待技术创新的作用，虽然技术创新造成了种种的难题和隐患，但是我们也不能因此而忽视技术创新自身的价值。若因为技术创新的缺陷就将其全盘否定，就如同恩格斯所讲的"在倒洗澡水的时候，把婴儿连同洗澡的污水一起泼了出去"一样，就变成了一种因噎废食的荒谬做法。正确的做法应该对技术创新推动经济发展的巨大价值加以肯定和保留，同时尽力消除其弊病。因而生态化技术创新的内涵是反对极端保护主义，反对一切全盘否定技术创新，放弃科技进步的论调。

黄劲松在《基于循环经济的生态化技术创新》一文就提道："技术创新在提高生产率和创造新兴产业方面起到了主要作用，是影响产业结构升级的核心因素，是推动中国经济持续、稳定、协调发展的关键。构建多层次技术创新体系，推动技术创新，提高企业竞争力乃至国家综合竞争力已成为共识。"

此外，何小英、彭福扬、杨慧春等主张技术创新生态化应该跟传统技术创新一样，仍然还要促进经济增长。而在我国"发展才是硬道理"的国情之下，我们更要正确地把握生态化技术创新的内涵。正如习近平在讲话中提到的那样："我们既要绿水青山也要金山银山"。生态化技术创新的内涵特征要求我们不能矫枉过正，"金山银山"代表的经济效益不仅是我们不能放弃的，更是我们要去努力争取的切实利益。也就是说，生态化技术创新作为一种手段，仍要肩负起过去技术创新一样的任务，像引擎一样为促进经济进步和物质财富增加提供源源不断的推动力。

二、生态学介入与影响

"技术创新"与"生态化技术创新"只有一词之差，内涵却有巨大的区别。生态化技术创新中的"生态化"表示生态学的介入与影响。

国内相关学者对生态化技术创新中生态学的影响有过相应的阐述。例如，刘红玉认为技术创新从构思设计、选择决策，再到研究开发、应用扩散和产品生产等各个环节中都融入了对生态化技术目标的追求。再如，黄劲松主张生态化技术创新实质上就是在技术创新过程中全面引入生态学思想，认为生态化技术创新在内涵上是新熊彼得主义、制度创新理论和生态学的融合，是生态学向传统技术创新"渗透"的一种新型的创新系统。综合上述几例学者的论述我们可以得出结论：生态学介入与影响的结果，更多的是将生态学的学科方法和思想原理与技术创新融为一体。

另外，需要明确的是生态化技术创新不单单只是融合了生态学的内容。彭福扬和顾丽于 2005 年就指出："技术创新生态化转向中的'生态'两个字的内涵非常丰富，已大大超出传统意义上的自然生态的含义"。显然，社会生态系统是由社会和自然构成的复合系统，它将社会与自然放在一个系统内部进行综合考虑。这是因为不合理的社会制度也是人与自然产生矛盾的重要原因。例如，区域之间或国家之间的不平衡发展，会造成发达区域和国家向欠发达区域和国家转移污染性强的低端产业，使得后者成为垃圾污染物转嫁场。由此可以看出，人与社会产生的矛盾，也会造成人与自然之间的矛盾。

虽然具体的含义有所不同，但是我们也可以把握生态系统的共性。无论是自然生态系统，还是社会生态系统、人文生态系统等，都应该遵循生态学的基本原理。这些基本原理包括循环再生原理、物种多样性原理、协调平衡原理、整体性原理与系统性原理。除了借助生态学的学科原理外，我们也可以通过曹如中和彭福扬《技术创新生态化转向研究》关于生态化本质的论述来把握生态系统的共性："生态化的本质是在追求一种有序化的过程，是对无

序、混乱的不断克服，使系统的调控由组织化程度较低向组织化程度更高的
方向发展的过程。"

三、多目标体系

在过去，传统技术创新把单一的经济增长作为目标，而生态化技术创新为了
克服技术创新的缺陷就势必要使得自身的目标更加全面和深入。同时，生态化自
身也有系统性的要求，这就使得生态化技术创新所追求的多目标绝非只是简单的
陈列或者叠加，而应该是有机的统一和协调下的一个整体的体系。

彭福扬认为生态化技术创新应该追求两个"有利于"的目标，一是要有利
于维护自然生态的稳定和和谐；二是要有利于社会生态的建立。这一段阐述从
自然和社会两个层面对目标进行了划分，可以看作是生态化技术创新的"两目
标论"。

彭福扬等在《论技术创新生态化转向》一文中进行了更为深入全面的表述：
"把单纯追求市场价值转向追求包括经济增长、自然生态平衡、社会生态和谐有序，
以及人的全面发展在内的综合效益。即追求经济效益最佳、生态效益最好、社会
效益和人的生存与发展效益最优的四大效益的有机统一。后来学者的研究基本是
建立在彭福扬研究的基础之上，如李芸在《人文精神视野中的技术创新研究》中
就说："生态化的技术创新目标系统是由经济系统、自然生态系统、社会生态系统、
人的发展系统等子系统构成的一个整体。"表述上略有差异，但实质内容是相同的。
从"单一目标论"到"两目标论"，再发展到"多目标论"，也体现出关于生态化
技术创新目标认识历程的深入和发展历程。

另外，研究者也主张生态化技术创新的目标追求中存在"最终目的"。关
于生态化技术创新的最终目的追求，有两类观点：一类把最终目的看为："人
的生态化——人的自由和全面发展"。彭福扬也持类似的观点，他认为"人的生态
化"应该作为生态化技术创新的最高价值取向和最高目的追求。另外一类是把
"可持续发展"作为最终目的追求，如陈彬就认为："技术创新生态化的最终目
标是协调人类发展和自然环境之间的关系，终极目的是实现人类的可持续发
展。"1987 年召开的世界环境与发展委员会上，通过了题为《我们的共同未来》
的报告。该报告采纳了布伦特兰夫人提出的"可持续发展"的概念，正式将可
持续发展定义为："既满足当代人需要，又不损害后代人满足需要的能力的发
展。"而可持续发展的内涵则包括公平性、持续性、共同性。本书倾向于支持
人的生态化，即人的自由和全面发展，作为生态化技术创新的最终目的。在历
史进程中我们会发现不能仅仅只考虑人的角度，但不变的是，以人的发展为目
的是我们一切活动的终极依归。

第三节　国外生态化技术创新的相关研究

一、技术创新生态化转向的背景

布伦特兰夫人首次提出的"可持续发展"的概念是关于人、社会、自然和谐发展的一种主张，是人类走出生态危机的一种理性选择。减少技术的负面影响，削弱技术的"双刃剑"作用，保持生态平衡，实现可持续发展，这就必然要求贯彻生态学思想，即技术创新的生态化转向。

传统的技术创新理论产生于工业经济时代，追求企业利润的最大化，1962 年，美国海洋生物学家蕾切尔·卡逊首次发表生态学著作《寂静的春天》，引起了国际社会对生态环境的极度关注。1992 年在巴西里约热内卢通过了《里约环境与发展宣言》《21 世纪议程》等纲领性文件，明确提出可持续发展战略。

生态化技术创新是生态学向传统技术创新渗透的一种新型的创新系统，如果要继续使技术创新成为经济发展的助推器，一方面经济发展观需要调整；另一方面技术创新观也应实现正确的转向。社会生态化原则不仅要求经济实行可持续性发展，同时也为技术创新提供了宏观指导[10]。

二、生态化技术创新模型的发展与演变

几十年来，众多学者推出了许多关于创新的模型。一般认为，技术创新的模型已经经历了五代的发展：第一代是技术推动模型，第二代是需求拉动模型，这两代都属于线性模型；第三代是双向模型，即既有技术推动的作用，又有需求拉动的作用；第四代是交互作用模型（也称网络模型）；第五代是链式模型。显然，从线性模型到链式模型的转变，反映出人们对技术创新社会过程多样性的理解日益深化。

（一）第一代：技术推动模型

20 世纪 50 年代末，卡特和威廉斯提出了"技术推动模型"，即创新始于基础科学研究，然后通过应用科学研究，再经新产品开发和生产阶段，直至营销。弗里曼于 1982 年在其所著的《工业创新经济学》中对菲利浦斯提出的"技术创新的熊彼特模型Ⅱ"进行了完善，并为学术界普遍接受。

（二）第二代：需求拉动模型

在 20 世纪 60 年代中期以前，技术推动说一直是技术创新的主流理论，舒默克尔于 1966 年出版的《发明与经济增长》一书，打破了技术推动说的核心地位。他通过对 1840～1950 年美国铁路、石油提炼、农业机械和造纸四个资本货物部门及其他一些消费品工业部门中专利与投资关系的详尽研究，提出了市场增长和市场潜力是决定发明活动的速度与方向的主要因素的观点。后来梅耶和马奎斯通过大量技术创新活动的实证研究，提出了与"技术推动模型"刚好相反的"需求（市场）拉动模型"，特别强调和肯定了市场需求在技术创新中的作用。

（三）第三代：双向模型

该模型既承认技术推动的作用又承认需求拉动的作用，但仍未摆脱线性观念的局限。

（四）第四代：交互作用模型

为了克服线性模型过分简单化的界限，罗斯韦尔与泽可韦尔于 1982 年提出了"交互作用模型"。和以往技术创新的线性模型不同，他们将技术创新过程看作是一种非线性的连续演进过程，并且这种过程可以被分解为一系列既相互独立又相互依赖和作用的网络。

（五）第五代：链式模型

几乎在交互作用模型提出的同时，克莱茵和罗森伯格发展了技术创新过程的链式模型。这一模型的意义在于，它表明研究与开发只是技术创新的可能路径之一而非创新的唯一来源。它依附于创新过程，但不是它的先决条件[11]。

第二章 生态化技术创新概述

第一节 生态化技术创新的概念

技术创新是国家创新体系的核心，是现代经济增长的主要原动力。然而，传统技术创新强调的是科技成果的商业化、产业化，衡量技术创新水平的重要标准是商业利润和市场份额。生态化技术创新是在对传统技术创新引起的经济增长与生态破坏的矛盾冲突的理性反思中形成的，是对技术创新价值理念的重新规范[12]。

1992 年召开的联合国环境与发展大会，通过了《里约环境与发展宣言》《21 世纪议程》等纲领性文件，形成了对可持续发展的共识。可持续发展问题的核心是在全球范围内，在每一个历史阶段，实现经济、社会和自然复合系统的协同发展。传统技术创新对可持续发展既存在有利的一面，也存在消极的一面，而只有同时实现经济效益、社会效益和自然效益协同发展的技术创新，才能够保证可持续发展目标的实现。

随着社会的发展和科技的进步，众多学者对于技术创新的研究程度进一步加深，而此时单一化的技术创新的弊端就显露出来。技术创新的弊端则是以往的技术创新以利润最大化作为企业唯一追求的目标，传统技术创新作为实现这一目标的手段，尽其所能地扩大对资源和环境的消耗与掠夺，使人类与自然的关系日益紧张，人类社会的发展为自然资源的减少和生态环境的破坏所制约。因此，我们提出了生态化技术创新这一思想，它的目标就是追求经济效益和生态效益的统一，实现人与自然的和谐发展[13]。

索贵彬和田亚明通过对技术创新生态化、生态化技术创新等相关理论的分析和整理，对生态化技术创新的概念进行了界定：生态化技术创新是从可持续发展的角度出发，由政府、企业和公众采用绿色技术及相应的管理手段，追求自然生态平衡、社会生态和谐有序和人的全面发展，将自然技术、社会技术和人文技术成果转化为经济、社会、生态等价值的动态过程[14]。

20 世纪 80 年代以来，技术创新生态化在世界各国受到高度重视，西方发达国家率先开展并扎实推进生态化技术创新。例如，2011 年欧盟委员会颁布了"生态创新行动计划"，旨在加快各成员方的生态创新进程，并推动各项创新技术进入市场，从而提升资源利用效率和保护环境[15]。国内外学者对生态化技术创新的认识基本趋于一致：企业在追求经济增长的同时，应考虑技术对环境和生态的影响作用，从而引导技术创新朝着有利于节约资源、保护环境的方向发展，并与经济、社会、环境系统形成良性循环[16]。

一、生态化技术创新概念的界定

生态化技术创新是把生态学、生态伦理学等的基本理论和思想引入传统技术创新体系中，提倡技术创新要与资源、环境的可持续发展结合，实现经济系统、社会系统和环境资源系统的良性循环和协调发展。技术创新作为经济发展的推动力，也处于社会生态系统中，为了使社会生态系统处于相对平衡状态，实现可持续发展，众多学者提出对技术创新生态化的认识。

罗伟等认为，技术创新生态化就是将生态观念注入技术创新过程，遵循生态经济规律，减少资源和能源的浪费，同时避免环境污染，从而降低生态负效应[17]。刘琪与其观点相似，她认为，技术创新生态化是生态学向传统技术创新渗透的一种新型创新系统，把生态学观点引入技术创新的各个阶段，实现经济系统、社会系统和环境资源系统的良性循环和协调发展[18]。

尹艳冰则认为生态化技术创新的概念分为广义概念和狭义概念。从狭义的角度讲，生态化技术创新就是应用新兴技术避免或降低环境污染，如生态农业技术、绿色建筑技术、绿色制造技术等；从广义的角度讲，生态化技术创新是在管理层面引进生态思想，改进管理模式，促使企业生产经营活动与生态环境相协调，体现了生态学思想与企业管理理论的融合和拓展，如调整组织结构，开发新技术实现资源的优化配置和充分利用等[19]。

王如松从微观的视角提出了企业技术创新生态化的概念，他认为企业技术创新生态化是企业以循环经济的理念进行技术研发、日常生产和开拓市场，建立相应的生态技术体系开发具有生态正效应的新技术，对资源进行优化配置，降低环境污染，实现资源环境和企业二者的可持续发展[20]。

谭文华在对相关文献梳理后发现，技术创新生态化中的"生态化"具有三个层面的含义[21]。一是从生态学的视角把与技术创新相关的各个组织机构组成一个完整的系统来理解。例如，曾国屏等在《从"创新系统"到"创新生态系统"》一文中提出创新生态系统是指一个包括学术界、产业界、政府、金融机构等一系列行动者在内的，具有动态性、栖息性与生长性的创新生态群落[22]。二是从哲学或伦理学的视角将技术创新与自然环境、经济、社会及人类自身的协调发展相联系来理解。例如，彭福扬等认为，技术创新生态化不仅仅只是技术创新，还涵盖了自然生态化、经济生态化、社会生态化和人类生态化，它们相互影响，相互依存，在追求经济增长的同时关注自然生态、社会生态及人类自身的健康发展[23]。三是从技术创新对生态环境所产生的影响来理解。例如，李锐锋和杨杰认为，传统技术创新在促进经济增长的同时也引发了一系列环境问题，对生态环境和社会发展造成了不可忽视的负面效应，而技术创新生态化是将生态学的理论和方法融入技术创新体系中，对技术创新的思维方式进行了重新调整[24]。

二、生态化技术创新概念的全面性

生态化技术创新是指从市场需求出发，通过生产要素的新组合或科技成果的商品化途径，将技术转化为经济、社会、生态等价值的动态过程，它以经济增长为中心，同时追求自然生态平衡、社会生态和谐，最终实现人的全面发展。"生态化"是技术创新活动的目标追求，也是技术创新的价值向度，它规定了技术创新的发展方向，告诉人们应朝什么方向开展技术创新，什么样的技术创新才有利于经济、社会和人的全面发展。

顾丽和彭福扬提出，生态化的技术创新认为发展不纯粹是经济增长。在社会发展过程中，保持必要的经济增长速度是至关重要的。但是，如果忽视了社会的全面进步和人的全面发展，就会导致畸形的、不可持续的发展。生态化的技术创新正是在审视了单一目标追求的发展观之后形成的新的发展观。它认为发展包括经济发展、政治发展、文化发展和其他社会发展。经济发展能够为社会发展和促进人的全面发展奠定坚实的物质基础，而政治、文化发展反过来也对经济发展产生促进作用，在一定条件下甚至还可以起决定性作用。只有经济、政治、文化互动的发展，才能实现社会的全面发展和进步。

生态化的技术创新要求技术创新活动不再单纯追求经济效益，而是在追求经济效益的同时追求生态效益、社会效益和人的生存与发展效益。其中，生态效益注重的是技术创新活动既不污染环境又有利于保持自然生态平衡。经济效益追求资源消耗的极小化和产出价值的最大化，前者是保证生态效益的要求，后者是实现经济效益的需要，而技术创新就是为实现"极小化"和"最大化"提供可能的选择手段。社会效益则要求技术创新要有利于社会的和谐稳定和进步，有利于建立和维护人与人之间的合理关系。人的生存与发展效益致力于提高人的生活质量、拓展发展空间和促进人的全面发展等。"四效合一"的生态化技术创新活动致力于建立一个完整稳定的社会生态。这样的技术创新目标追求由于适应了科学发展观的内在要求，必然会在建设全面小康社会进程中显示出强大的动力作用。

第二节 生态化技术创新的分类

概念划分即通过增加内涵的方式来确定对象的外延，也就是对象的种类，使得概念更加具体化，更加易于把握。结合国内现有的相关理论、研究及实践报告，本书对生态化技术创新做以下划分。

一、自然生态化技术创新

这是一种较侧重于生态效益方面的生态化技术创新，考虑的重点是传统意义上的生态化，即自然生态平衡的维护和自然环境的保护。具体有"大气污染防治技术创新、清洁能源技术创新、新能源技术创新等。"[25]自然生态化技术创新在人类改造自然的过程中综合考虑生态影响和资源效率的技术，一方面尽可能地将在人类活动中的各个环节产生的污染和排放减少到最小值甚至零；另一方面又节约资源的使用，有效提高单位资源的产出。

传统技术创新的原理在于以分解的方式拆分自然事物，然后根据需要进行重新组合：是一个"将复杂物变为单纯物，再把单纯物变为复杂物的过程。这是机器文明的设计思想。"[26]其最大的弊病就在于"往往只拘泥于自然规律的某一方面，而忽视了其他方面，不顾创新设计置身于其中的整个自然界。这就违反了自然过程的流动性、循环性、分散性、网络性，割裂了创新活动与自然生态的统一，从而破坏了生态圈整体的有机联系"。为了杜绝这一情况，自然生态化技术创新会以系统的思路解决问题。首先是工艺产品的研发阶段，对产品的包装、使用、回收等各个阶段进行充分设计。其次是选择环境友好型的能源与材料。在这一方面就体现为生态能源创新和生态材料创新。最后是在生产过程中构建闭路循环，利用工艺手段将产生的污染和排放封闭在生产系统中，来达到低排放或零排放的目的。此外，有限的资源存量和环境承载力与人类进行资源开发和经济发展之间存在的矛盾也是自然生态化技术创新致力于解决的问题。

二、社会生态化技术创新

追求社会生态的和谐有序也是生态化技术创新的重要目标之一。社会生态化技术创新的功能不仅仅局限于追求经济上的增长，还被要求对社会的结构进行优化，对社会关系的和谐有积极作用。一是促进构建自由平等的社会环境；二是提高人们的生活质量和健康水平。

首先，促进构建自由平等的社会环境具体表现为调整利益和资源分配上的差距、调节代际的差距、阶层的差距、区域的差距等。刘立强认为社会生态化技术创新能通过制度性的介入对技术创新在制度建设的层面加以约束和引导，并通过加强技术创新的制度性社会整合对协调和调整社会利益关系产生积极的影响。利用创新扶持政策的倾斜，可以建立起新的利益协调机制，促进社会利益合理分配。此外，整合社会制度优势，构建关于社会生态化技术创新的社会认同，确立起企业的社会责任，如维护弱势群体利益、热心公益事业等，促进社会和谐。

其次，提高人们的生活质量和健康水平。社会进步也体现在让人们享有更好的生活环境和健康条件。社会生态化技术创新会热切关注雾霾天气、城市病、食品安全等问题。

三、企业生态化技术创新

企业是市场经济的微观主体，承载着发展社会生产力，为社会提供大部分商品和服务的重要任务，生态化技术创新的发展自然会与企业的活动紧密联系起来。20 世纪六七十年代开始，技术创新成为企业发展研究的焦点。例如，刘红玉从市场需求的角度对生态化技术创新的阐述："研究主体从市场需求出发，研究、开发生态化技术并实现其价值的过程，包括生态化技术的构思、设计、研发、中试、产品市场化等环节"，就体现了生态化技术创新与企业活动的结合。

从生态化技术创新的角度切入，企业的技术创新环境分为内部环境和外部环境。内部环境主要是指企业的发展战略、技术水平、组织结构、管理模式等因素；外部环境则主要涉及与企业生存发展紧密相关的社会经济因素，如政策影响、消费市场等。一个企业的技术创新过程同时会受到内部环境和外部环境的共同作用，是多主体合力的结果。

可以通过外部环境方面的积极举措促进企业生态化技术创新。先进的产学研系统，如科研院所、高等院校可提供更多高质量科技支持和专业知识，提高科技成果的有效转换率，缩短投入生产使用的时间；政府采用政策手段、财政手段、法律手段、行政手段等对企业进行鼓励和引导，发挥政府的宏观调控作用，以看得见的手弥补市场失灵的不足。

四、技术层与管理层生态化技术创新

这是用更加微观的视野进行研究的一个结果，可以被看作是企业生态化技术创新的细化，或者是生态化技术创新在落实到具体生产实践活动中的反映。在生产活动中生态化技术创新可以被划分为两个层面，即技术层面和管理层面。例如，李锐和鞠晓峰主张的"生态化技术创新是一个动态的两层次创新系统，涉及技术层生态化技术创新和管理层生态化技术创新两个层次。"技术层面涉及一切有利于节约资源、减少污染排放的技术问题，主要包括资源的生态创新、产品的生态创新和工艺的生态创新。管理层面的生态化技术创新即建立管理模式上的生态化创新，一方面包括如何合理组织经济生产力和生态生产力；另一方面研究采取什么样的组织方式和技术，充分利用和合理配置现有资源组织最优生产，保证生态经济生产力和生态经济生产关系相互协调。

第三节　生态化技术创新的内涵

生态化的技术创新是指遵循生态原理和生态经济规律，节约资源和能源，避免、消除或减轻生态环境污染和破坏，生态负效应最小的"无公害化"或"少公害化"的技术创新[27]。它以生态保护为中心，在企业生产系统中引入生态观念，追求的是生态经济综合效益，即经济效益最佳、生态效益最好、社会效益最优的三大效益的有机统一，从而确保包括微观单元企业在内的经济及整个社会的可持续发展。

技术创新的主体是企业，所以技术创新生态化也就是企业的生态化技术创新活动，即现在有人所提出的企业绿色持续创新。相比一般的企业创新定义，企业绿色持续创新增加了"绿色"和"持续"这两个重要条件。具体来说，企业绿色持续创新具有四个基本特征：绿色、时间持续性、效益增长持续性和企业发展持续性。

通常，我们说的生态技术革新，也可以叫作绿色科技或生态科技发展。其在追求市场经济不断提升拓展的同时，也要符合生态环境的发展要求，以及社会的生产秩序[28]。从外延上看，"生态化"并不只是指自然生态环境的平衡，而是指由多个要素组成的相互联系的平衡系统，其中也涵盖自然环境、市场经济、社会生产及人文发展的生态模式[29]。

技术创新生态化是整个社会生态化的发端和源泉。社会生态化"是一个同时包含社会生活各个方面的全面性战略，它具有'技术—产业—制度'的网状发展路径与框架，即以生态化技术创新发端，逐渐形成部门产业生态化规模生产，最终以制度的形式确立生态化的主导地位，使之成为价值取向与行为选择的标准。"[30]技术创新生态化的现实载体是产业生态化。产业生态化是指产业依据自然生态系统的有机循环原理建立发展模式，使得不同的工业企业、不同类别的产业之间形成类似于自然生态链的关系，从而达到充分利用资源、减少废物产生、物质循环利用、消除环境破坏，提高经济发展规模和质量的目的。因此，也有人称产业生态化为"循环经济。"[31]

技术创新生态化的外延远远超越了环保产业的技术结构，即以研发污染破坏治理技术、终端污染处理技术、生产过程的污染防治技术为主的产业技术结构[32]。它是一个社会的整个产业体系的生态化。从横向看，技术创新生态化覆盖第一、第二、第三产业及一些新兴产业。从纵向看，只有技术创新生态化在产品结构、企业结构、行业结构、产业结构，以及产业战略选择等微观、中观和宏观各层面都得以实践，才能称为技术创新生态化。技术创新生态化横向的广度和纵向的深度同样表明，它的发展离不开政策与法律的确认、保障和调整。

技术创新生态化不是传统意义上狭义的纯自然的生态学概念，它包含以下三个方面。

第一，技术创新生态化仍然要促进经济增长。技术创新是一种经济行为，其目的是获得潜在的超常商业利润。江泽民在党的十五大报告中指出："科技进步是经济发展的决定因素。"实质上，这种"决定因素"主要表现在技术创新的能力上。每一项科学技术，无论是实用技术还是高新技术，在生产中的广泛使用，其过程就是技术创新的过程，也是经济增长的过程。另外，任何一项成功的技术创新活动，经过大面积的推广和使用，必然是推动经济增长的过程。技术创新生态化不同于传统技术创新，它是一种生态经济行为，但它仍然是要提高经济效益，只是在促进经济增长的同时又不破坏生态环境。

第二，技术创新生态化会推动自然生态平衡。自然界的系统性表明，人对自然界的行为如果造成任何局部环境的破坏，都可能使整个地球环境恶化，失去平衡的自然界就会对人类进行各种形式的报复。传统的技术创新因为有生态缺陷，才会造成全球环境的危机形势。技术创新生态化强调在技术创新活动中遵循生态学原理，把社会生产力和自然生产力、经济再生产和自然再生产统一起来，协调人与自然的关系，不破坏自然环境，珍惜自然资源特别是不可再生资源，使整个自然界生态系统保持平衡。

第三，技术创新生态化还要促进社会和人的全面发展，达到社会生态和谐有序。社会发展是综合的、多指标的概念。社会健康持续发展并不能仅靠经济的单一发展来保证，而有赖于各方面的相互支持和协调配合，社会发展除了物质性还应有人文性和价值性。技术创新生态化在综合经济效益和生态效益的基础上还要促进社会效益，要求任何国家和地区在进行技术创新过程中都不能以损害别的地区和国家的发展为代价，特别是要注意维护弱发展地区和国家的需求；同时，要求当代人在进行技术创新过程中要自觉担当起在不同代际合理分配资源及其开发利用的责任，以此促进社会和人的全面发展，达到社会生态的和谐有序。

李锐和鞠晓峰认为，生态化技术创新是生态学向传统技术创新渗透的一种新型的创新系统，是在建立新的企业生态系统和经济社会系统中，在技术创新的各个阶段中引入生态观念，从而引导技术创新朝着有利于资源、环境保护及其与经济、社会、环境系统之间的良性循环的方向协调发展。生态化技术创新在内涵上，实际上是融合了新熊彼特主义、制度创新理论和生态学的观点。环保工程师用图 2.1 展示了生态化技术创新。

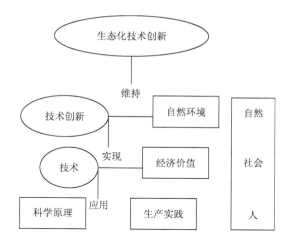

图 2.1　环保工程师的生态化技术创新图示

　　生态化技术创新是一个动态的两层次创新系统，涉及技术层生态化技术创新和管理层生态化技术创新两个层次。技术层生态化技术创新是指所有节约资源、避免或减少环境污染的技术创新，包括资源的生态创新、产品的生态创新和工艺的生态创新，其核心思想是如何将排放到环境中的污染物减少到最小。管理层生态化技术创新就是建立一种生态与经济相协调的管理模式，促使企业生产经营活动与生态环境相协调。其实质是生态学思想向企业管理全方位整体意义上的渗透。管理层生态化技术创新的内容不仅包括如何合理组织经济生产力和生态生产力，维护经济生产关系和生态生产关系，而且还包括研究采取什么样的组织方式和技术，充分利用和合理配置现有资源组织最优生产，保证生态经济生产力和生态经济生产关系相互协调。

　　对于生态化技术创新的内涵，一些学者从不同的角度对其进行了分析，下面我们从市场经济、自然环境及社会发展这三个角度对生态化技术创新进行分析。

一、从市场经济看生态化技术创新的内涵

　　生态化技术创新包括两层含义，一是指技术创新目标的生态化，即技术创新应以促进经济高质量增长、维护自然生态平衡、推动社会和谐进步、实现人的全面发展为目标追求[33]。二是指技术创新体系本身的生态化，即将生态化目标追求融入技术的构思设计、选择决策、研究开发、应用扩散、产品生产等各个环节中，研发和应用有利于提高经济效益、改善自然生态环境、符合人的本性、推动社会进步的各类技术。因此，生态化技术创新是经济增长的新引擎。

　　生态化技术创新有助于创造新的消费市场，形成新的经济增长点。SST（技

术的社会形成）理论揭示，技术创新与消费创新相互作用，协同发展。在一定意义上，技术创新就是用户的消费创新[34]，消费创新反过来又会促进技术创新。

随着生产力的发展，人民群众的物质生活需要基本上得到满足，开始注重生活质量的全面提升，对物质以外的人文精神需求及优美的自然环境与良好的社会环境越来越重视。人民群众这种生存发展需求的新趋势为生态化技术创新提供了广阔的市场前景和庞大的市场需求。只要企业能及时掌握市场需求变化的方向并根据需求调整创新战略，研发相应的生态化技术和产品，就能刺激潜在的消费能力，形成新的经济增长点。

生态化技术创新有助于刺激投资，形成一系列新兴产业群，推动经济快速发展。创新理论大师熊彼特在《经济发展理论》一书中指出创新或技术进步是经济发展的内生变量，正是受到利润机会激励的企业家不断发明、利用和扩散新技术，带动投资的大规模进行，才使得经济长期稳定增长。新经济增长理论的主要代表人物罗默在 1986 年发表的《收益递增与长期增长》一文中指出技术进步使得知识产生积累，而知识积累反过来又刺激投资和技术进步，投资将会持续地增长从而提高经济增长率。从历史经验来看，人类屡次通过科技创新刺激投资，催生企业家、企业群体及新兴产业，摆脱经济危机，促进经济快速发展。

生态化技术创新有助于促进产业分化，缓解就业压力，拉动需求。马克思认为，技术革新与进步可以提高劳动生产率和资本的有机构成，生产同量产品和等量资本投入对劳动力的需求数量会逐步减少，从而在短期内产生技术进步对就业的挤出效应。但从长远来看，技术创新通过提高劳动生产率强化社会分工，使得相关产品的生产或相关服务的提供或相关企业的设立——产业分化过程趋于深入。新的社会生产部门不断出现，从而创造了新的行业，相应地增加了对劳动力的需求。

后经济危机时代，要缓解就业压力，提高居民消费能力及拉动需求，不仅需依靠政府振兴传统的劳动密集型产业，扶持第三产业的发展，创新就业方式；更重要的是要大力实施生态化技术创新，形成新的产业部门，扩大就业空间。例如，在西北地区大力进行风电技术创新，既可以减轻环境污染，改善自然生态环境，解决 2500 多万边远地区农牧民的用电问题，又可以提供数十万个就业岗位。

黄劲松认为，循环经济为技术创新指明了创新的方向，对技术创新提出了生态化导向的要求。具体来看，循环经济的生态化技术创新导向主要表现在以下几个方面：第一，设计物质和能量分级、多层次利用的产业技术形式和技术系统，延长和拓宽生产技术链。第二，依靠技术创新提高资源利用效率，在达到既定经济目标的条件下，尽可能地减少生产过程的资源和能源消耗。第三，通过生产设备的技术改造，改变传统的生产末端废弃物净化处理模式，边生产边净化，使产品的生产过程与环境的保护过程达到统一。第四，新产品的设计者必须从一开始就考虑该产品的生态系统循环性，避免不可分解的废弃物产生。

总结起来，主要有以下观点：①生态化技术创新体现了一种新的技术观。技术进步开始关注自身存在的自然物质条件和社会选择问题。②生态化技术创新是一种价值观的转变。从人与自然的关系来看，人们的价值观从二元对立到和谐共存的转变；从人与人的关系来看，人们的价值观从以人为中心到以人类为中心的转变。③生态化技术创新是生态化自然技术创新、生态化社会技术创新和生态化人文技术创新的有机统一体，三者之间存在非线性的复杂关系。

二、从自然环境看生态化技术创新的内涵

人与自然的关系是人类社会交往中最基本的关系，而技术创新生态化的核心问题就是正确处理人与自然的关系。大自然是所有生物存在的前提，没有大自然的资源与环境，所有生物是无法生存和发展的，但同时我们也应该认识到大自然本身也是脆弱的，它有自己内在的平衡性，需要人们的关心和呵护。同时我们也应该认识到，随着经济的发展和社会的进步，人口数量得到爆发式的增长，所以对环境的要求也必然提到新的高度。如果不考虑大自然的承载能力，肆意破坏环境，使大自然丧失自我修复能力，从而导致人与自然关系的破坏，最终会爆发危机，危及人们自身的生存。技术创新生态化不断强化内涵，人们对于自然不应该是索取无度的态度，而应该用中庸的思想去面对大自然，保持人与生态环境的动态平衡，从而使人们可以在保障自身生存和发展的同时，创造更大的价值。

第一，生态观念。遵循科学的发展观，从人与生态环境的相互作用入手，建立一种动态平衡的发展关系，从而形成一种技术创新生态化的观念。粗放式的生态观使人们只看到经济利益，忽略了生态效益的重要性，对地球生态资源肆无忌惮的开发，对大自然进行过度的汲取，其最终的结果就是造成环境的破坏，生态系统的稳定性被打破，从而引起全球性的生态危机，反而阻止了经济的进一步发展。西方学者在探究人类与环境的关系时，从内在入手，多角度分析，重在论述人类自身的权利和义务，强调自身应该有的生态观念。人们脱离不了这个生态系统，也摆脱不了生态观念，因此，勇于面对目前的生态危机，我们必须要有一种技术创新生态化的观念和态度，在遵循人与自然和谐相处的前提下，实现人类自身的进步与发展。

第二，价值观。价值观是人类行为的指导思想，要认识到自然环境自身存在的价值，建立一种和谐发展的理念、意识指导实践。传统的价值观强调的是人的唯一性，人类是凌驾于所有生物之上的物种，从而忽略了自身所应该承受的责任。所以，企业必须要有压力，敢于创新革新，要有长远发展的理念，形

成正确的发展观念，推动企业进行改革，不断创新发展，建立绿色效益和发展格局。

第三，自身模式。企业生产模式决定企业自身的生产方式，建立一种科学的生态模式，可以指导企业技术的绿色化创新。企业在从自身的原材料采集到产品生产再到市场销售方面，都必须以生态模式为指导，才能为企业增加生态效益，为企业自身的长久发展注入新的活力，实现经济效益与环保效益的动态平衡。

第四，生活方式。必须摆脱以往不合理的生活习惯，建立正确的消费理念，形成科学的绿色生活方式。消费在极大地刺激工业发展的同时，却造成了生态环境的破坏，形成一个恶性循环。因此要想保持生态平衡，必须转变不科学、不合理的生活方式。所以，我们需要一种良好的生活方式，既满足人类自身发展的需要，同时又可以保护生态环境，这就倒逼我们对技术创新生态化进行改革。

由此可见，"传统发展观支配下的技术发展目标片面追求经济效益，其结果是在取得经济效益增长的同时要付出惨重的环境代价。科学发展观蕴含着深刻的生态哲学思想。科学发展观为当代技术发展指明了方向，要大力发展人与自然和谐的技术。技术生态化是科学发展观指导技术发展的必然选择。贯彻落实科学发展观，推行技术生态化，要加强生态文化建设，大力推广生态技术，大力开展技术创新生态化"[35]。

三、从社会发展看生态化技术创新的内涵

彭福扬认为，发展观自身也在发展，它已经被赋予了更丰富的内容，也在剔除一些不合理的成分，现在的发展观已具有整体性、协调性、主体性等特点。传统的技术创新观与新的社会发展观不再具有默契的关系，固守它显然已不合时宜。为此，我们有必要调整技术创新的观念，使之真正符合社会发展的目标。而技术创新的生态化转向便是对当前社会发展观的积极回应，这也是历史的必然选择。当前有一种被普遍认同的对社会发展本质的概括，这就是：社会发展是以人的全面发展为最终目标的社会结构各因素综合发展的过程[36]。彭福扬认为，从可持续发展的要求来看，技术创新的生态化应至少符合以下两个原则：

一是公平性原则。这一思想必须同时通过横向与纵向思维来把握。一方面，发展应满足整个人类的需求，而不只是某一社会阶层或某些国家的需求，要给世界以公平的分配和公平的发展权。另一方面，发展要追求代际的纵向公平性，本代人不能因为自己的发展而损害了后代人的发展条件，要给世世代代以公平利用自然资源的权利。

二是协调性原则。首先是经济、政治、文化等社会结构各要素的协调，以及人与人关系的协调；其次是人类与自然环境的协调，把人类社会的发展纳入整个

物质世界的能量持续与转化运动的统一性中，坚持人的发展与自然生态运动和谐一致，并最终服务于人的发展。

第四节　生态化技术创新的特征与实质

一、生态化技术创新的特征

在借鉴自然生态系统的基础上，通过整体系统的角度分析，我们发现技术创新生态系统不仅具备互惠共生，同时可以存在协同竞争，不仅可以以结网群居的方式共存，同时又可以具备领域共占等特征。当前，生态化的参与主体越来越多元化，技术创新生态系统也是多样化的，企业、科研机构、高等院校、各类组织或政府、个人都可作为创新主体，利用产业发展的技术条件与科技支撑政策，相互密切配合、协调互动的综合系统。技术创新生态系统还要保障生态融入经济与生活，产生更多绿色的效益。生态化技术创新具有以下三个主要特征。

（一）生态性

作为一种全新的发展理念，技术创新生态化对传统的技术功利主义进行了反思和批判，同时也对人类可持续发展进行了科学规划与美好展望。通过技术创新生态化的开展，转变传统利益至上的错误生态文明价值观，建立一个资源节约型和环境友好型的社会。只有将生态性作为主要价值判断，人类才会在日常生活中减少垃圾污染，倡导绿色出行，企业才会在技术上考虑绿色生态效益。所以生态性是技术创新生态化的终极目标，生态性的功能要求企业必须进行创新，只有不断创新，才能更好地定位企业自身的发展方向，所以生态性具有十分重要的方向指导性功能。

（二）循环性

为了更好地将生态性融入技术创新中，对技术本质的把握和适应环境的变化是必要条件。针对以往技术生产中所产生的废弃物导致的环境污染和生态破坏，有学者提出了"生态工艺"的概念，这是一种有别于传统工艺的无废料生产工艺，其剩余材料是再次使用、生产第二种产品的原材料，第二次的剩余物又是生产第三种产品的原材料，直到全部用完或循环使用，最后不可避免的剩余物以对生物无毒害的方式排放。"人类社会的可持续发展要求将经济系统和谐地纳入生态系统的物质循环过程中，实现经济的生态化，从而提出循环经济的发展模式。它本质上是一种生态经济。正如同传统的技术创新在传统经济的发展中起到了巨大的促进作用一样，实现经济的生态化是以技术创新的生态化为基础的" [37]。

（三）效益性

效益是技术的一个内在重要特征。随着传统技术的弊端越来越凸显，不管不顾生态的破坏而单纯地追求经济增长与个人利益收入会导致严重的生态问题。技术创新生态化并不是对技术经济效益的完全否定，而是强调要把生态效益和经济效益有机结合起来，从而更持久、更健康地追求经济效益。技术创新的生态化，要求在技术环节中考量生态化的价值观念，同时相关的社会因素也应该考虑在内。在方向、数量、结构等方面进行合理的配置，兼顾低排放、低污染、低耗能的"三低"要求，从而使技术更好地保护生态化、更好地为人们服务。

二、生态化技术创新的实质

生态化技术创新是基于传统技术创新的各种缺陷及负面效应而提出的，是对传统技术创新的一种补充改进，它符合可持续发展观的要求，符合协调各要素发展的理念。其实质主要体现在以下几个方面。

（一）生态化技术创新要求资源循环利用

要达到可持续发展的要求，首先要对资源进行充分利用，最好是能够多次循环反复地利用。这本质上也是一种循环经济发展观。发展循环经济，推动生态化技术创新的目的是解决生态资源恶化及资源约束的问题，实现可持续发展，这与中国建设和谐社会的目标相一致[38]。所以要利用各种发展循环经济的手段构建持续发展的模式。例如，使用清洁能源、生产过程中的闭路化、生产绿色可降解的产品。而循环经济基本遵循了如图 2.2 所示的过程。

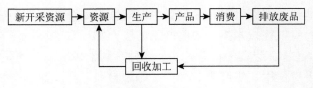

图 2.2　循环经济发展模式

循环经济发展模式要求所有的物质能源进行闭流循环使用，在环境方面表现为低排放，甚至是零排放的经济运行模式，把经济对自然环境的影响降到最低[39]。这种经济发展模式是促进可持续发展的重要手段。当今，由技术的发展与运用而引起的环境污染主要表现为三大问题——"废水、废气、废渣"。更有甚者表现出了可称为高科技发展下的污染物：温室效应、酸雨、臭氧层被破坏等关乎人类生存与发展的生态环境问题。所以，这里就需要实施技术创新的生态化。技术创新的生态化遵循的其中一个原则叫3R原则。3R原则指的是减量化原则（reduce）、再利用原则（reuse）和再循环原则（recycle）。减量化原则要求用较少的原料和能源的投入来达到既定的生存目的或消费目的，进而达到从经济活动的源头就注意节约资源和减少污染。减量化原则要求产品的包装应该追求简单朴实而不是豪华浪费，从而达到减少废物的目的。再利用原则要求制造产品和包装的容器能够以初始的形式被反复使用，如餐具或杯子等用品能够被再三使用。再循环原则要求生产出来的物品在完成其使用功能后能重新变成可以利用的资源。我们现在的一些可回收性资源，如废瓶、废纸、废铁等都是可以进行回收并作为原料再次使用的，从而形成一个闭路循环。3R原则实施的优先顺序是减量→再用→循环[40]。该原则的目的是能够首先在源头处减少浪费，然后在生产的过程中控制浪费，最后是在消费的过程中变废为宝。这一模式非常适合循环经济的发展，是生态化技术创新表现出来的与传统技术创新的不同之处之一。

（二）生态化技术创新倡导构建人与自然和谐

生态化技术创新不仅要求经济能够发展，而且还要求人与自然应该做到和谐共处。由于资源约束性的存在，人们就更应该做到合理地利用自然资源。生态化的技术创新要求技术创新活动不再单纯追求经济效益，而是在追求经济效益的同时追求生态效益、社会效益和人的生存与发展效益[41]。在生态化技术创新的视野中，就是要努力协调各个组成要素或者子系统的发展，在发展经济的同时关注各个方面的发展，这样才能造就人与自然的和谐。当然，协调发展并不是简单地维持或恢复某种平衡，而是通过人的干预，或利用自然界本身的力量，使自然平衡能为人类社会的长远发展提供经济利益和环境利益[40]。其实自然界具有自我恢复能力和调节能力，但现代人对自然的干预远远超出了自然界的再生能力和自我调节能力，从而使环境的变化朝着不利于人类生存和发展的方向演化。所以，现在亟须调节人与自然的关系，让两者能够和平共存。而生态化技术创新正是通过技术创新化解现代科技进步与环境、资源之间的矛盾，使经济增长与环境污染不至于发生冲突。生态化技术创新中的"生态化"是指事物之间平衡相依、和谐协调、相互促进、共同发展的状态和过程，包括三个紧密相连、相互影响、不可分割的子系统，即自然生态化、经济生态化和社会生态化。所以生态化技术创新是一个相对传统技术创新更为全面的发展模式。

（三）生态化技术创新是一个多元主体协同发展的新模式

　　传统技术创新是一种由单一主体构成的创新，而人们也常常认为企业才是构成技术创新的主体。然而，传统技术创新的行为主体仅仅是企业，而生态化技术创新的主体是多元的，是一个以企业为核心，政府、高校及科研机构、公众参与并制约企业创新行为的多元主体[2]。这些主体可以构成一个多元的系统结构，该结构可以用图 2.3 来直观表示。

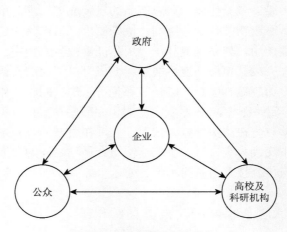

图 2.3　多元创新主体系统

　　可以看到，企业是该结构系统的核心，也就是生态化技术创新的主体部分。企业是整个技术创新体系的主要参与者，因为技术创新的目的是投入生产创造价值，而企业恰好是这个过程的执行者。所以它相当于一条河的源头，没有它，谈论其他结构系统便会变得毫无意义。企业是技术创新的决策、投入、研究开发、承担风险和利润分配的主体，各主体和各部门都围绕企业高速运转，通过各主体与各部门的合作，最终实现生态化技术创新的目标[42]。而其他子系统，如高校及科研机构会为生态化技术创新提供人才及创新的方法。政府会制定相应的政策或者运用宏观调控的方法来支持生态化技术创新体系的实施，同时也作为其引导者和维护者。而公众作为生态化技术创新中人数最多的群体，是企业产品的消费者。公众如果对环境有了新的认知，认识到保护生态的重要性，那么，这一部分群体就会偏向于购买利用生态化技术生产的产品。同时，公众具有强大的舆论力量和道德力量。所以企业也会在无形中受到这一模式的压迫和引导，自觉向生态化技术创新活动的方向靠拢。因此，这种多元创新主体系统若能够协同共生，相互促进，就能够有效地推进生态化技术创新的发展。

在该多元创新系统中，其内子系统能够协调共生，而在多元系统之外的其他因素，我们在这里暂时称为共生环境，它具有自然、社会、生态、经济等要素，且各个要素之间相互引导、相互制约。所以，多元主体协同共生的技术创新模式使得各共生主体在一定共生环境的作用下，通过生态链接技术、合作互动等方式，形成了稳定的共生关系，实现了生态需求和社会需求的满足[43]。在该系统中，各个子系统形成了相互依存、相互促进的发展模式。因此，可以说各种机制的有效配合将会使生态化技术创新成为可持续发展的一种有效手段，也使多元主体的协同优势发挥到极致。

第五节　生态化技术创新的目标及路径

生态化技术创新是实施创新驱动发展战略、建设创新型国家的重要内容，是加快建设资源节约型和环境友好型社会、推进生态文明建设的强力支撑。党的十八大报告提出，要使经济发展更多地依靠科技进步、节约资源和循环经济推动，不断增强长期发展后劲。当前和今后一个时期，我们要以大力发展生态化技术创新为契机，提升科技对可持续发展的支撑和引领能力，提高生态化技术创新水平和成果产业化能力，着力构建以企业为主体、市场为导向、产学研相结合的生态化技术创新体系，为绿色发展、循环发展、低碳发展提供强有力的支撑。生态化技术创新追求自然生态平衡、社会和谐有序和人的全面发展，努力实现经济效益最佳、生态效益最好、社会效益最优，是破解我国经济社会发展能源、资源、环境瓶颈制约的有效途径。

传统技术创新将发展限定在了单一的经济增长范围之内，提出对市场的重视。但随着经济模式的不断发展，人类在发展过程中遇到了社会与生态环境的阻碍。为了协调好经济、社会与生态三者间的关系，就要将自然环境与社会发展提升到共同发展的水平，打破传统技术创新的束缚，谋求协调可持续的发展新局面。自然观的不断发展，要求技术创新实现生态化。价值观的不断发展，要求技术创新实现生态化转向。在现代社会，经济发展道德促使我们更加注重绿色环境的保护与可持续发展观，因此，将经济利益最大化这一观点改成促进和谐共生，可协调人类物质精神的共同发展，达到永恒的发展主题。

一、生态化技术创新的目的

生态化技术创新的目的是解决环境问题，也就是解决环境污染所带来的外部性问题。关于外部性的研究，主要的焦点是如何将外部性的问题内部化。庇古是最早提出外部性问题的经济学家，他认为政府应该通过征收污染税以使外部成本内部化；随后，科斯对外部性问题进行了深入的研究，提出了著名的"科斯定理"，科斯认为外部性问题归根到底是产权的问题，只要对产权进行明晰的界定，外部性问题便可以解决。但无论是征收污染税还是通过产权界定，都无法从根本上解决环境污染问题，因为征收污染税只是一种预防性的措施，不能从源头上根除；而产权界定有时交易成本很高且不一定都能行之有效。要想从根本上清除环境污染问题，就必须进行生态化技术创新，生态化技术创新正在代替传统的技术创新成为创新管理研究的新焦点，技术经济范式向有利于环境的方向发展，这是一个必然的趋势。

二、技术创新的现时任务与终极目标

技术创新的终极目标是推动社会的发展，为此，我们有必要调整技术创新的观念，使之真正符合社会发展的目标。而技术创新的生态化转向便是对当前社会发展观的积极回应，这也是历史的必然选择。

传统的技术创新观囿于单一的经济价值取向，在一定程度上配合了传统的社会发展观，因而在新的历史条件下它们一并面临调整的必要。整个社会运行系统是各部分彼此耦合的整体，其中任何一个部分如果违反了保持系统和谐发展的内在规则，便会导致系统的不良运转。传统的技术创新观在某种程度上不自觉地支持了那种片面的社会发展目标模式，引起了某些社会状况的恶化，同时也恶化了经济的发展环境，使经济增长的空间越来越有限，最终弱化了技术创新的动力。

技术创新的现时任务也主要是服务于经济发展。在全球都在致力于发展经济的时代，过去被认为是可以忽略的其他变量如今都在不断地运动而成为十分活跃的因素，这使得人们不得不突破经济视野来考虑经济的发展。如果要把经济增长作为主要目标，那么为了更有效地实现增长，同时解决增长引起的社会、政治、文化方面的问题就成为不可回避的任务。现在的发展环境与发达国家早期相比已大不一样，所以现在发展的内涵也表现出比过去更大的复杂性。

实现技术创新的生态化转向不仅是技术创新自身范围内的事，首要的是观念的改变，同时制度的创新也是先决条件。而对于如何使技术创新生态化在经济社会发展中发挥出效能还需进行更深入的探索。

三、生态化技术创新的发展路径

生态化的技术创新是一个多目标的创新系统，是在以经济增长为中心的前提下，以促进自然生态平衡协调、社会生态和谐和人的全面发展为目标。在实现路径上，要多管齐下，多措并举，保证科技创新双重生态意蕴的有效互动。技术创新战略是企业经营战略的有机组成部分，是企业进行技术创新活动的总体性谋划。而技术创新生态化战略要求企业以生态理念指导企业技术创新战略的制定与实施过程。它要求企业在制定技术创新战略时运用系统评价法全面考察一项技术创新成果的经济、社会和生态效益，要求企业在实施技术创新战略过程中根据自身实际情况和市场需要，选择能够节能降耗，降低成本，实现经济目标的同时又兼顾社会生态效益的生态技术等。企业通过生态化技术创新创造产品，实现顾客利益、企业自身的经济效益、社会效益及生态效益的有机结合，是一个企业和谐发展的最终衡量标准。

企业作为社会经济组织单位，其和谐发展必然以获得经济效益为前提。但是企业技术创新生态化则要求企业通过技术创新活动不再单纯追求经济利益，而是在追求经济效益的同时追求生态效益、社会效益和人的生存与发展效益。其中，生态效益注重的是企业技术创新活动既不能造成环境污染又有利于保持自然生态平衡。经济效益追求资源消耗的极小化和产出价值的最大化，前者是保证生态效益的要求，后者是实现经济效益的需要，而技术创新就是为实现"极小化"和"最大化"提供可能的选择手段。社会效益则要求企业的技术创新，强调地区和集团间的利益公平、产业间的平衡发展、有序的市场竞争、企业的持续发展。人的生存与发展效益则要求企业的技术创新致力于提高人的生活质量、拓展发展空间和促进人的全面发展等。总之，经济效益、生态效益、社会效益和人的生存与发展效益"四效合一"的生态化技术创新活动致力于建立一个完整稳定、合理有序、高效运转的企业发展系统，引领和保障企业的和谐发展。

企业的竞争力来自于创新，作为现代经济微观基础的企业能否和谐发展，实际上取决于生态、经济和社会相互适应相互作用的结果，需要经济、社会和生态系统的协调发展。在企业和谐发展系统整体中，生态化技术创新以生态可持续性为基础，以经济可持续性为主导，以社会可持续性为动力与保证。它不仅可以有效地弥补传统技术创新中过分强调追求经济效益最大化、忽视资源保护和污染治理的缺陷，而且还突破了传统技术创新"高投入、高消耗"的传统发展模式框架，它注重优化利用资源，保护环境，追求的是自然生态环境承载能力下的经济持续增长，即生态综合效益最大化，从而成为企业持续发展的源泉。

在经济全球化和日趋激烈的市场竞争环境中，企业要实现和谐发展，一是要通过技术创新的生态化降低经营成本；二是要充分整合利用社会资源，实现规模的不断扩大和成长质量的不断提升。而企业通过生态化技术创新，开发各种能节约原材料和能源的产品，提高原材料和能源的利用效率，减少生产过程和产品在使用过程中对环境的污染，降低资源利用的成本和环境成本，从而使企业的经营成本降低，在市场竞争中取得较强的竞争力。

为了推进技术创新生态化，国家和企业必须在技术层面实行生态化转向。从国家角度来讲，要成立国家层次的生态化技术开发中心，主要进行关键生态化技术的创新、开发研究严重污染工艺的改造，并且建立高效的技术信息网络和信息传递机制，及时了解国外生态化技术创新和扩散的最新发展动态，提高生态化技术创新信息的传递效率和准确性，做到对国外先进生态化技术的消化、吸收和创新，增加生态化技术知识储备，降低创新的学习成本，提高创新效率，以加快我国生态化技术创新的扩散步伐。为企业建立集咨询、服务、中介乃至风险投资等职能于一身，主要面向中小企业生态化技术的创新、扩散服务中心，这是促进我国企业生态化技术创新、扩散的当务之急。

同时，为了增强其技术基础和系统能力，推进企业技术创新生态化，我国必须遵循使企业内的物质流、能量流、信息流、人流和价值流高效、和谐运转的原理，改造、建立并运转好少废和无废的"生态工艺"，实行工业生态化。

从全球范围看，绿色意识的觉醒，迫使企业无论在生产过程中，还是在终端产品上，都要不断进行生态化技术创新，必须进行企业生态化理念的转变，即企业从传统管理转向绿色管理。

经济全球化的趋势明显加强，我国加入世界贸易组织（World Trade Organization，WTO）后也将更深地融入一体化的全球经济中，这既为我国的战略性经济结构调整和技术进步提供了难得的机遇，也使我国的传统产业面临巨大的竞争压力，使我国的环境保护面临新的挑战。经济全球化和全球环境问题构成 21 世纪我国可持续发展事业十分重要的国际背景，意味着我国可持续发展战略的实施将面临比以往更加复杂的外部环境和外部约束，只有大力推进技术创新，实现其生态化转向，才能有效克服这些外部约束，保证我国可持续发展的顺利实施。

我们充分认识到，要实现技术创新生态化，实现可持续发展的长期性和艰巨性，需要积极努力工作，可采取的对策可从实施技术创新活动树立"生态观"；加强技术创新的生态研究，降低技术创新造成的生态风险；建立合理的技术生态化层次体系；加强生态教育和"绿色文化"建设；建立国民经济绿色核算体系；加强科技人才培养这六大方面进行努力。

生态持续指的是人类的行为不能超越环境和资源的承载能力，确保环境和资源能满足下代人的生活需求，保证资源永续。技术创新生态化则正是为了保证资源永续，保证人类不再肆意破坏自然，克服传统技术创新理论的生态缺陷而提出的一种转向，它加强了技术创新的生态研究，把生态因素与经济因素结合起来，为生态持续发展提供了必要的技术生态保障。技术创新生态化通过创新扩散在社会上获得大面积的模仿，从而达到经济效益、生态效益的扩大，从一个企业到一个国家所有的企业再到世界各国，从而影响世界各国的社会各项事业的进步，能促进社会的持续发展和进步，提供给人们一个平等、自由和免受暴力的社会环境。所以，从广义上说，技术创新生态化为社会持续发展提供了必要的保障。

第三章 生态化技术创新与传统技术创新的比较分析

传统技术创新向生态化技术创新的转变是创新范式的根本转变。尹艳冰[44]认为，传统技术创新的行为主体仅仅是企业，而生态化技术创新的主体是多元的，是一个以企业为核心，政府、高校及科研机构、公众参与并制约企业创新行为的多元主体。从复杂性思维方式的角度看，生态化技术创新与传统技术创新主要有以下三点区别。一是生态化技术创新具有视野的广阔性。生态化技术创新将技术创新活动与自然、社会、人及人所处的环境等联系起来，而不是仅仅遵循自然技术—经济价值的单一线性模式。二是生态化技术创新具有结构的多维性。生态化技术创新是由诸多要素相互影响、有机结合而构成的网络，横向层面包括自然技术创新、社会技术创新和人文技术创新，纵向过程包括创新的构想、技术的选择、研究开发与市场销售等各个环节。三是生态化技术创新具有目标的多重性。生态化技术创新包括经济生态化、自然生态化、社会生态化和人的生态化不可分割的四大目标，而不是仅以经济利益为目标[45]。将生态化技术创新与传统技术创新进行比较分析，对把握生态化技术创新的本质及如何积极推进十分关键。

第一节 传统技术创新的特征与实质

一、传统技术创新的特征

（一）资源的大量消耗性

传统技术创新起源于工业时代。在这一时期，工业化的发展需要技术的支撑，18世纪产业革命以来确定了以工业化和经济增长为主要内容的传统发展观[40]。而这一观念，致使大量企业特别是工业企业无限制地利用自然资源，以发展企业利润的最大价值为目标。这种经济观是存在缺陷的，会使各种各样的自然生态问题和社会问题开始出现。可以说是大自然给人类的报复。而彭福扬和刘小华认为，在技术发展的过程中，传统经济利益至上的价值观也带来了一些负面影响，使人类承担着巨大的科技代价，如环境污染、物种灭绝等[19]。科技发展的最终目的就是提高人们的生活水平及改善各个方面的生活质量。但是，现实中的情况却仅仅是改变了人们物质方面的满足，而精神文明、社会文明等方面却得不到相应的提高。这种增长就形成了"有增长却无发展"的模式。

（二）资源利用的单向性

传统技术创新理论产生于工业经济时代，强调经济利益至上性，导致技术创新目标的单向性追求。大多数工业等制造性质的企业的发展观念几乎都是一个固定的发展模式：原材料→生产→成品→消费→排放垃圾。在这种发展模式的指导下，资源只能被使用一次甚至没有发挥其应有的价值。如果长久以往地发展下去，不仅会因为资源的过度利用而导致环境遭到更大的破坏，而且企业在获取原材料即资源时也会遇到各种各样的问题，也就是资源会变得更加稀缺。那么，供不应求就会使原材料价格不断高涨。不难看出，单向的资源利用方式无论给企业还是环境都会造成巨大的压力。所以说，这种科学→技术→发展的理念是具有缺陷的，甚至还有学者提出了"技术—经济悖论"。保罗·格瑞把技术同时作为环境恶化的根源和补救方法的这种特性描述成技术发展的"悖论"。这种理论简单地说就是人们利用技术发展经济，生产出需要的产品，同时会产生垃圾废品。然后又利用技术不断消除和补救。也就是说技术既作为环境变化的起因也作为补救方法的手段，这是矛盾的，即"技术—环境悖论"。而该模式随着环境被严重破坏和被严重污染而变得越来越明显，所以现在这一模式亟须被改善或超越。

从资源的单向利用来看，这种发展理念的另一个弊端是发展的不可持续性。资源的单向使用，致使资源的大量消耗，以至于子孙后代可能没有足够的资源来满足他们的生活、生产需要。所以，改善生产技术和发展理念也变得尤为重要。

（三）外部不经济性

经济学中的外部性指的是一个经济主体的行为对无关者造成的损失或收益，而该经济主体并没有因此支付赔偿或获得报酬的情况。需特别注意的是，这里所指的对无关者的影响是直接发生的，也就是说会给无关者带来直接的损失或收益。按照经济主体的行为对无关者造成的是损失还是收益，外部性又分为正外部性和负外部性。这里提到外部性的原因是在传统的技术创新的思维下，大多数企业在生产过程中都会造成无关者的损失，也就是负外部性。而造成这一切的企业似乎并没有为这一切支付应有的赔偿。当然，从政府的层面上看，是由于在环境保护方面的法律法规不够健全，企业如果对环境造成了破坏而没有得到相应的惩罚或者惩罚过轻，或者是企业对环境的破坏程度没有办法进行估计，那么这些企业便会有恃无恐。而造成这些外部性存在的原因，有学者认为是"不正当技术创新"。这种不正当技术创新的运用，不仅会导致自然生态系统造成极大的破坏，而且对人类的生存发展都产生了威胁。这使得整个人类不得不面临不可再生资源日趋匮乏的困惑和窘境，并最终出现了皮固福利经济学派所说的"外部不经济"，加勒特·哈丁所说的"公地悲剧"[46]。传统技术创新的这种外部不经济性需要利用更加和谐和合理的理念去超越或替代，使企业造成的不仅仅是负外部性，而且是正外部性。

（四）发展的不全面性

传统的技术创新以追求利润最大化为发展目标，也就是为了最终经济效益。不可否认这种发展观念在经济的发展中确实起到了不可忽视的作用。然而，这种单单只追求经济增长的观念是片面的，没有考虑到自然、社会、生态等方面的内容，而会形成一种不协调的发展方式。党的十六届三中全会中指出了全面建设小康社会的科学发展观"坚持统筹兼顾，坚持以人为本，树立全面、协调、可持续的发展观，促进经济社会和人的全面发展。"所以所谓发展，并非是单一的经济价值观所谓的经济增长。它要求在经济增长的基础上，生态自然环境和人也能够得到相应的发展，即人、社会、自然能够协调共生。技术创新的效应不只局限于经济活动领域，经济发展对自然及其资源存在依赖的关系，经济与社会发展是互动的。传统经济发展的不全面性，导致传统技术产生的负面效应日渐显露，如加剧了生态危机、诱发了社会问题等。因此，我们认为技术创新不应该只是一个纯技术学或纯经济学方面的问题，而应该有其更为广阔的社会功能，即我们应该深入挖掘其生态效益，所以在追求经济效益的同时不能忽略生态效益和社会效益。

二、传统技术创新的实质

（一）传统技术创新在客观上造成了环境破坏和生态失衡

传统的技术创新作为一种发展观，以追求商业利润为根本目的，因此它在促进生产发展的同时，总是诱导生产者生产过多、过量的所谓"豪华型"新产品以获取最大化的市场利润。更为重要的是，在工业经济时代，技术创新决定着人们的生产和生活方式。过去那种温饱型生活信念被技术创新涤荡得荡然无存。在这个社会中，技术创新几乎成了财富增长的代名词，使其自身不顾任何后果地无限扩张。它造成了经济的畸形发展，也导致了普遍的消费主义倾向。这种倾向使得相当多的人不是根据人生存的基本需要，而是从获取产业利润的目的出发，人为地制造各种"需求"。

（二）传统技术创新破坏了人与自然和谐发展的状态

传统技术创新缺乏对自然的人文关怀，势必造成了对自然生态的破坏。传统技术发展是以经济为中心的发展观。"这种发展观把现代化过程片面地归结为单纯的经济发展过程，把经济发展过程又片面地归结为物质财富的增长过程。"因此，在实际操作中注重物质财富和经济增长的"量"的积累，把经济增长这个"中心"目标当成"唯一"的目标，见物不见人，是一种片面的发展观。而传统的技术创新模式就是这种模式。在这种偏向于极端的发展模式指导下恶性结果就这样显现出来了。

（三）传统技术创新诱发了社会生态问题

传统技术创新是企业希望能够通过最小的成本获得最大的利益。技术被这样运用确实能够促进经济的增长，但同时也会使发展在地区之间产生不平衡。贫者越贫，富者越富。两者之间的距离越来越大，也就是所谓的"马太效应"。这样会让社会的结构更加失衡。技术创新能力较低的地区在国家和地区创新体系中被边缘化，引发了教育、就业、社会资源分配不公等社会问题，其实这种代内不公平的鸿沟还将延续到代际[47]。以经济增长为目标的发展提高了社会生产力，创造了巨大的财富，推动了人类的发展进程。但是社会生态问题，甚至是人类赖以生存和生产的环境遭到了前所未有的破坏，人类的生存开始有了危机，主要表现为环境污染、生态危机、人口膨胀及能源匮乏等。

（四）传统技术创新是一种不可持续的发展模式

可持续发展是一个涉及经济、社会、文化、技术及自然环境的综合概念，是一种立足于环境和自然资源角度提出的关于人类长期发展的战略和模式。第二次世界大战以后，无论是西方国家还是获得了独立的国家，都亟须发展本国的经济。然而，它们都有着同样的问题，就是资源匮乏。为了实现战后的重建和发展，它们的发展仅仅是从经济的角度研究如何促进社会发展，认为只要经济增长就是社会的发展。所以，在发展的过程中，仅仅注重财富的积累而忽视了其他方面的发展，也就是发展观念带有极端性。只有当社会的政治、经济、文化、教育及其他诸要素与经济协调发展时，才有经济发展的现实基础和动力，才有经济的持续快速发展，才有真正的社会发展和全面进步[48]。这种发展观是一种多目标的综合发展观，它更多的是关注人的全面发展。同时，也要求各个要素都需要协调，而这种协调可促进经济发展的可持续性。这种可持续的发展观念是在单一的发展观念下发展起来的，是为了适应当前社会发展的趋势。而传统技术创新缺乏的就是这种协调性。所以，要获得可持续发展动力就应该协调各种要素而使发展得以持续。

总而言之，传统技术创新仍是一个具有缺陷的发展模式。这种仅以利润最大化，却以自然、生态等要素作为代价的经济发展模式需要被改进和超越，需要与时俱进，需要各种发展要素之间共同协调。

第二节　传统技术创新的缺陷及生态化技术创新转向

一、生态规律的主动创造性与自然规律的被动依赖性

传统技术创新主要建立在物理、化学、机械等自然规律的基础之上，只要不违背这些规律的事情都可以做，至于生态学及其生态规律既没有进入研究者的视野，更不在其考虑的范围之内，而生态化技术创新则不仅以上述规律为基础，而且还充分考虑生态学及其生态规律，吸纳生态智慧，尊重生态规律，凡是有违生态规律的事情，即使技术上能够做也不去做[49]。

（一）传统技术创新理论的缺陷

1. 粗放型的发展方式将不可避免地对生态环境造成损害

技术创新是传统社会发展观指导下的产物。"这种发展观把现代化过程片面地归结为单纯的经济增长过程，把经济增长过程又片面地归结为物质财富的增长过程。"因此，传统技术创新把发展经济这个"中心"目标当成"唯一"目标，产品在市场上首次实现其商业价值，被当时的理论界公认为是检验技术创新成功的标志。这种观念是一种片面的发展观，它的形成在经济学中可以找出其理论基础。

在现实生活中，生产的目的已变为单一求取利润。正如英国经济学家米克所说，生产的"真正的主要动力，是各个资本家尽可能替自己的资本赚取最大利润的愿望"[50]。这势必加快了对自然资源的消耗，这种消耗大于自然的再生能力。自然的再生无法弥补由创新加快而导致的资源短缺，于是，生态危机就显现出来。美国经济学家瓦尔特·尼柯尔森曾说过"厂商追求最大的经济效益这种提法，在经济学论著中已有很长的历史。"[51]我国在改革开放以来，技术创新日新月异，经济取得了巨大的飞跃，但是依然遵循传统的发展观。

我们在单纯追求经济发展总量和经济发展速度的过程中，忽视了对自然环境的关注。自然资源的过度掠夺、高污染的排放等已经造成了严重的自然生态危机，自然环境遭到了前所未有的破坏。近几年来，我国雾霾天气不断增多、持续时间不断变长，已经严重地影响了居民的正常生产生活。这种恶劣天气的出现与大气的污染有着直接的关系。正是我们单一地追求经济的发展速度和总量，忽视了对环境的保护，才造成了这种恶果。这种粗放型的经济增长方式也阻碍了社会的稳定和发展。归根结底就是传统技术创新下的恶性发展模式所带来的影响。

2. 传统的技术创新诱导人们不正当的价值观念

传统的技术创新，就是要坚持一个广泛的发展格局，以最大限度地追求经济利润为最终目标，通过大量生产商品来赢得市场份额。在工业化时代，技术创新同时也决定着人们的生产和生活方式。通过最大限度的扩张来追求利润，使得人们的消费观念脱离了满足自身需要、提高生活水平这种基本需求。这种发展模式虽然创造了财富，但是导致了经济的畸形发展，诱导了消费主义倾向。企业家不是根据人们的需要而进行改进技术、创新产品，而是从最大限度地获得商业利润出发，人为地制造各种各样的"需求"[52]。

真正的理想生活是立足于人的真实生活世界之上的寻求自我的超越。传统技术创新所倡导的物质决定一切过多地调动了人的感性欲望，并且未能有效地将物质生活和精神世界加以平衡，导致人们在精神层面出现了新的贫困，过度的纵欲使人们越来越偏离人类本真的精神家园。人们逐渐成为金钱和权力的奴隶，无论是追求个人利益，集体利益，还是国家利益，人与人之间的交往都不是一个简单的关系，人与人的钩心斗角争权夺利使原本贫瘠的人类精神世界更加贫瘠。

人们在追求自我价值实现的同时，价值指向的准则发生了根本的改变，使价值的主体由人转向了物，从而忽视了人这一主体存在的重要地位，也将人们应有的精神信仰消磨殆尽。传统的发展观同时也消解了人们安身立命之本的精神信仰。精神上的麻木和空虚已经让人们彻底迷失了前进的方向。

传统发展观中技术创新所带来的人文危机、生态危机和社会危机，从根本上看，就在于技术创新理论在单方面促进物质财富增长过程中具有的天然理论缺陷。

3. 传统技术创新客观上造成了社会发展的失衡

"传统技术创新客观上造成了社会发展的失衡。"传统技术观的经济利益"第一性"，导致传统的技术创新在一定程度上加剧了各地区之间的不平衡，对发展中国家的环境问题影响很大[53]。同时，也加剧了各个国家和地区之间的恶性竞争。

资本主义市场发展的客观规律,导致各个国家在技术创新、科技水平方面存在显著的差异。全球各地区之间的发展水平参差不齐。发达国家拥有最先进的生产技术,落后地区发展水平相对较低。进入 20 世纪以来,世界市场的全球化水平不断提高,这就导致一部分发达国家将相对落后的生产技术和设备转移到欠发达地区,从而造成欠发达地区严重的环境污染和生态破坏。发达国家在技术创新上有着明显的优势,同时由于科学技术水平高,对技术创新、产品更新换代方面的推动作用更加明显,从而容易出现技术创新的良性发展,从而实现了跨越式发展。相比之下,落后地区的生产技术水平相对落后,科学技术在推动技术创新方面有着明显的不足。随着时间的推移,发达国家与落后地区之间的差距会不断扩大,产生了严重的两极分化。一方面,发达国家的生产技术水平不断提高,对于能耗、污染物的排放要求更加严格,出现的环境问题也越来越少。另一方面,落后地区由于恶性循环,并且生产技术和科技水平相对落后,从而产生了严重的环境污染和生态破坏。国家之间、地区之间的差距不断扩大,出现了越来越多的不平衡。

(二)传统技术创新理论的负面效应

1. 传统技术创新观加速了对自然的消耗

在 20 世纪,技术创新作为促进工业文明时代物质文明昌盛的强有力杠杆,带来了无与伦比的丰厚的物质财富。人们依靠技术创新一次次地把新产品推向整个社会。一系列的发明创造及其商业化,极大地开阔了人们的视野,丰富了人们的物质生活,给人们创造了便利条件。

这些建立在现代技术基础上的技术创新,在创新质量上受现有技术水平的制约,但是在以利润极大化为目标的前提下,创新目的和规模远大于技术水平和规模。经济活动体必然会通过引导并强化技术把"效率"放在关键的地位上,从表面上看成本最小,但实际并非如此,为了降低成本,提高效率,厂商必然会在生产过程中尽最大可能地消耗各种可以自由取用的资源,以最小成本获取最大的利润,从而达到提高经济效益,促进经济增长的目的,使技术朝着不利于自然生态的方向发展。1962 年美国海洋生物学家蕾切尔·卡逊《寂静的春天》的发表,惊醒人们"一种在人类历史上从未遇到过的,甚至任何伟大的预言家也未曾料到的新的危机,伴随着科学技术所提供的新的机遇一同到来了!"[54]臭氧层空洞、酸雨、沙尘暴、水资源短缺和生物多样性锐减等,已严重威胁人类生存。

传统的技术创新观就是围绕着如何实现这种效率而展开的,技术创新活动本身不仅具有破坏自然的负面作用,而且使技术不利于自然生态的负面作用被不断扩大。在利润极大化的目标下,如果企业技术水平不变,传统的技术创新观所提倡的效率，将导致自然资源的极大浪费。在企业技术进步的情况下，其结果将在更广的范围内以加速度方式消耗自然资源。所以技术的不正当使用是导致自然生态危机的一个直接原因，而且，传统技术创新也是造成生态环境危机的一个深层次根源。

2. 传统技术创新的单一经济发展观对经济的可持续发展产生的负面影响

第二次世界大战后，全球性科技革命浪潮兴起，极大地促进了经济的发展，并且带来了许多人们无法想象的新产品，激起了人们的强烈消费欲望。许多国家在经济上依靠技术创新迅速强大起来，相继进入了发达国家行列。因此，对于国家而言，无论在经济目标和手段上，还是在宏观政策与制度的制定上，都表现为对技术创新的直接的针对性和倾斜性。对企业而言，技术创新扩大了企业产品的销售市场。对个人而言，增大了财富和金钱的拥有量。正是出于传统技术创新的唯利性追求和传统的经济发展观对财富追求的强烈欲望，以财富的增值为中心，认为经济增长必然带来整个社会财富的增加和人类文明的发展。因而，传统经济发展观以追求经济的无限增长及物质财富的无限增加作为自己的主要价值目标，促成了社会的无限扩大再生产，进而直接促成了资本的无限扩张。技术创新带来的资本无限性扩张，必须以市场容量的无限扩张作为前提，尽管技术创新本身能带来一定的市场容量扩张，但是在资本主义制度下，这种市场容量扩张相对于技术创新形成的资本无限扩张所需求的市场容量的扩张而言，还远远达不到其要求。

这种无限扩张的资本有两种结果，一是使人们忽视社会、政治、经济、文化等内部诸要素间的相互作用、相互影响、相互制约的关系，忽视了它们在社会发展中的同等重要性，它不可避免地会遭遇到各种障碍，由两极分化引起的社会购买力的障碍，盲目投资引起的产品挤压，信息不对称引起的流通障碍，等等。形成资源闲置，导致企业倒闭，工人失业，从而浪费大量的自然资源和人力、物力、财力，资本不断被无形消耗与亏损，当这种积压资本的数量达到一定程度之后，最终导致"有增长而无发展"，造成整个社会运行系统的失衡，引发经济危机，引起社会动荡不安。二是找到新的投资对象，使资本进入下一轮的增值过程，使那些闲置的资源找到了出路。但是，在实践过程中技术创新在不断破坏着自然财富的非减性原则，完全不顾自然环境与资源对自身的有限支撑力，完全违背了自身要以生态环境的良性循环作为基础的基本法则。使自然资源变成产品与服务，这一情形发展到一定程度，一旦超出自然资源的供养能力和环境生态的承载能力，就会破坏自然生态平衡，而这显然不利于经济的长远发展。因此，传统技术创新发展到现在，既对工业社会的经济发展做出了巨大贡献，又对现今经济的可持续发展设置了障碍，使自身陷于无法解脱的困境中。

（三）技术创新生态化的价值观转变

1. 传统技术创新生态价值观的缺失

在人类文明的早期阶段，人类处理人与自然的关系时，是明显自卑的。神化自然、崇拜自然、克制乃至牺牲自身以感化自然，是这一时期人类自然价值观的基本框架。传统技术创新所依据的当代技术体系直接发源于欧洲 17 世纪后的科学技术革命。17 世纪时，神学对科学的束缚没有完全松绑，为了涤荡神学的流毒，特别是由于科技的产生和发展，人类主体意识的觉醒和提升成为必然。科学先驱以"理性"的口号来强调人的能动性，并且提倡人的个性和对自然的征服，是在"人是自然的主人"的哲学理念指导下发展起来的。

首先，人类自然价值观认为人类是最高级的动物，因而可以征服并选择其他生命或非生命事物的存在。片面强调了人的主观性，先决地赋予技术和自然被动性的特点。既然自然只是一个没有反作用的客观体，人们利用技术对自然界无休止地征服和索取就成了逻辑的必然。

其次，自然万物的价值的有无和大小，一是取决于它是否具有能服务于人类需要的某种特性，只注重追求人类自身的经济利益，以物质第一主义作为价值取向。二是取决于它经济利益至上的价值观，凡是能满足人的需要，同时又需大量投入才能获得的自然物，对人类来说就是有价值的，反之则是无价值的。

再次，人类无限增长的需求是天然合理的，对于自然界而言，除人类以外的任何生物和自然存在都没有被关注的必要和价值，事物只是被控制、被改造、被组织。凡是让人类能够做到的，特别是以科学的名义做到的事情，其合理性是不容置疑的，使作为自然一部分的人逐渐异化于自然。人的自然本能逐渐退化进一步导致人在生存和享受过程中对物质的需求增强，超过了自然界满足其需求的能力，并使其能力不断下降。这是当代社会所面临的资源与环境危机和持续发展危机的根结所在。

最后，科学技术是万能的，因而借助于科技实现人类各种需求欲望的可能性是无限的[55]。在笛卡儿-牛顿机械论的世界观中，技术被片面地理解为只满足某种特定需求的工具，是"某种实践目的"为指导或者是"某种控制意识"的体现。技术的存在和意义只在于满足这种实践目的的需求，在于完成控制意愿的实现[56]。显而易见，人类高高在上，俯视自然，主宰自然。人类对自然资源进行开发利用，不顾人对自然界和自然生命的破坏性影响，只考虑自身的物质追求，没有考虑到自然界、自然生命的发展及进化。在客体对人类不利时，极力以人的意志和力量去征服自然、改造自然物种，甚至灭绝自然生命。今天，人类对自然的傲慢在观念和行为方式上都已深深扎根。随着工业化的发展，自然生命和物种不断走向衰退，生态失调和环境污染不断加重，从而导致人与自然关系的失衡。

2. 技术创新生态化的整体生态价值观

技术创新生态化要求必须构建符合可持续发展要求的整体的生态价值观。在这方面，生态价值观认为整个生态圈是一个有机的系统，人类与自然是紧密联系的。自然提供了人类存在和发展的前提，自然先于或外于人类社会而存在，比人类具有优先的地位，"自然是先于人类社会而存在的，它对于人类社会有'优先地位'，人只是自然界的一部分。"整体的生态价值观的核心内容是坚持人与自然相统一的"一元论"，其基本点是"人与自然的和谐相处"。即以坚持生态系统中任何事物相互联系的整体主义思想来看待和处理环境问题。在坚持人与自然相互关联的整体性基础上，全面承认自然生态的内在价值，强调人类利益与自然生态利益的一致性，以及人类当前利益和世代利益的一致性。其主要内容可概括如下：

首先，在人与自然的关系问题上，强调人是主体，自然是客体，自然又不是一个被动的承受者，通过"人—技术—自然—人"这样一个循环的链条，人实际上处于一个平等和互动的动态联系中。正确认识和运用自然规律，只有对自然界倍加爱护和精心管理，才能持久地获得自身利益。

其次，人类社会必须告别物质主义的生产和生活方式，不应再将物质需求的无限增长和满足作为人类生存的目的，每一个有生命的"螺丝和齿轮"对大地的健康运作都是重要的。人类的生命维持与发展，依赖于整个生态系统的动态平衡。在充分考虑地球生态资源制约和生态容量的基础上，追求充足而有意义的生活，人本身就是自然的一部分，不应凌驾于自然之上。注重人与自然的相互依存关系，要改变人与自然的敌对关系，建立一个人与自然和谐共生的经济社会形式。

最后，切实建立起地球意识，强调"生命的丰富和多样性"与"物质上的足够使用和再利用"观念。地球是人类的家园，人类的未来是和地球的未来连在一起的，保持地球生物圈中生命形式的丰富性和物种的多样性，对于维持生态系统的动态平衡，以及生物之间、生物与环境之间的物质、信息和能量交换具有极其重要的价值。地球的命运就是人类的命运，人类在自身活动中必须履行作为地球普通公民应承担的生态义务，节约和保护自然资源，反对传统的、无限扩张的生产和消费观念，倡导物质上的足够使用和再利用观念。

总之，整体的生态价值超越了工具自然的观念，生态学在讨论整体生态价值观时，强调无论我们从事什么样的具体生产实践，都不能超脱于自然生态，必须要尊重自然和它的多样性，强调世界是不断变化着的有序整体，这种多样性正是维持整体秩序所必不可少的前提。把自然视为一种始源性和本然性的存在，是人类要"享有以与自然和谐的方式过健康而富有生产成果的生活的权利"的必然。同时它坚持整体主义思想，在生物圈中所有的有机体和存在物，作为不可分割的整体的一部分，在内在价值上是平等的。

二、新型模式运行的长效性与传统运作过程的局限性

（一）传统技术创新的运作过程

传统的技术创新过程模式集中在产品的生产阶段和销售阶段，不考虑前期的预想和后期的处理，生产者总是倾向于采用最便捷的方式使用可自由取用的资源，对人类生活而言最经济的精打细算，就意味着大量消耗能源，排放废物，导致对自然资源的极大浪费。而生态化技术创新则考虑在产品创新中的每个阶段，包括产品设计阶段、生产阶段、销售阶段，以及消费者对产品的使用消费阶段，最后到产品的报废处理阶段等一系列过程。也就是说，生态化技术创新一改传统技术创新不考虑前期预想和后期处理的创新模式，在产品的整个生命周期中，遵循产品的功能、能耗、物耗和排污之间的合理平衡。

（二）生态化技术创新的运作模式转变

传统技术创新把技术创新系统作为一个封闭的系统，使之与社会经济系统和自然生态系统割裂开来，而且把技术创新过程定义为"科学—技术—经济"的线性模式，并没有考虑技术与环境和社会之间复杂的相互作用。生态化技术创新则打破了传统技术创新系统的封闭性，把技术创新置于自然环境和人类社会的整体中考虑，同时生态化技术创新的非线性创新过程将技术创新系统看作是科学、技术与经济的有机结合，把传统技术创新过程的"科学—技术—经济"的单向模式转变为双向模式，从而实现技术创新内部的良性循环[57]。

传统技术创新理论的制定策略侧重点在于补救，一般而言，是在研究和实践中发现不足后予以修正，而忽视其预防性。在过去很长时期，各国在污染防治方面所做的多种努力都属于"先污染，后治理"的方式。这是一种被动的管理方式和治理办法，也就是说，这种方式是在人类的生产生活已经对生态环境造成污染和破坏以后，才采取的如通过综合利用、净化处理等一些补救性的措施来减少污染排放，降低环境污染达到减轻环境污染的目的。并且，这种方式投入很多，但产出少，对提高企业的经济效益作用不明显。此外，末端治理通常按水、气、土壤等分类控制，容易造成污染物在环境介质间的转换，导致污染物总量削减难以收到预期效果。

　　而生态化技术创新则主张预防性策略，即"预防为主，防治结合"。预防性策略有利于消除隐患，或降低损失。1990 年 10 月，美国通过了《污染预防法》，正式宣布污染预防是美国的国家政策。我国早在 20 世纪 60 年代初就提出了"预防为主，防治结合"的方针，随后出台了许多相关的规章制度。实践证明，危机爆发前的预防比危机爆发后的应急、善后管理效果更好。一般而言，能更好地理解未来环境和需求变化的重要性，做好技术评估和预见，技术预见本来特指"以辅助国家层面的科技政策规划而进行的大规模的前瞻活动，包括部委或领域层次的预见，不同于企业层次的技术预测，国家层面的预见活动大多是以技术性、产业政策为主，纯科学性的预见较少，虽然有时也会包括科学性探索"[58]。这样能够使决策制定者有的放矢，而不是事后应对，这正是补救性策略向预防性策略转变的关键。其实，科学预测是一种可持续的技术创新，它强调的是可持续性，强调的是要预见技术创新对生态环境可能造成的危害。污染预防最行之有效的手段是清洁生产。清洁生产选择无害技术，实施清洁生产工艺，包括节约原材料和能源，尽可能不用有毒原材料并在全部排放物离开生产过程之前就减少它们的数量和毒性。其次是进行超前决策。在做好技术预见、分析预测可能发生危机情况的基础上，在技术创新过程中应争取主动，超前决策，尽可能将危机消除于潜伏期中，或尽可能减少危机造成的损失。

（三）生态化技术创新促进了思维方式的转变

　　传统技术创新思维方式的特点是分析主义，强调功利性。生态化技术创新思维方式的突出特点为整体主义，重视互利性。长期以来，科学界受到培根经验主义的自然观、笛卡儿崇尚分解的科学方法和牛顿力学的机械论世界图景等的影响，人们习惯性地将整体事物分解为各种形式的个体进行分析，通过对各个个体的改造和控制进而控制整体。这就是分析主义的基本特征，其思维方式表现为片面地分析事物的主客体与主客观性，并将它们之间的关系对立。分析主义思维方式的弊端在于容易造成人类为了某种个人利益而将世界分割为几个独立的个体。

　　生态化技术创新促进了思维方式的转变，将分析主义转变为整体主义，整体主义强调事物的整体性，不能将整体分解为各种个体，更不能通过个体分析认识事物的整体，人类要从整体的角度认识和关注地球这个我们共同的家园。

　　传统技术创新的思维方式是强调功利的思维方式，其基本出发点是追求利益最大化，基本目标是一切以人为重心，人的利益是唯一的追求。在这种功利性的思维方式的基础上，人类进行的各种资源开发和利用活动根本不考虑自然的承受能力和更新再生速度，往往是掠夺式的开发。这种思维方式是违反生态学规律的思维方式，是造成人与自然关系恶化的最本质因素。生态化技术创新的思维方式是互利型思维方式，将人与自然的生态关系和共同利益进行统筹考虑，促进了人与自然的共同发展、和谐相处，是一种遵循生态规律的思维方式。只有建立在互利型思维方式基础上的思维方式，才能转变功利型的思维方式，摆脱功利型思维方式的弊端，在保证人类利益的同时也要维护自然的生态利益和环境利益，实现真正意义上的可持续发展[59]。

（四）生态化技术创新的发展观念变革

发展是个历史范畴，是随着历史进程而变化的。传统的狭义的发展，指的只是经济领域的活动，其目标是产值和利润的增长、物质的增长。随着认识的提高，人们注意到发展并非是纯经济的，它表现在社会的各个方面，既要"经济繁荣"，也要"社会进步"。发展除了生产数量上的增加，还包括社会状况的改善，政治行政体制的进步不仅有量的增长，还有质的提高。

1. 传统发展观

传统技术创新以单一经济发展观为主导，核心是物质财富的增长。按照这种观念，人们追求幸福的生活就是追求大量的物质财富，单一的经济发展观将社会发展仅仅看作是一种经济现象。物质财富的无限增长似乎是社会发展水平的唯一标志。资本主义就是在这种发展观的支配下建立起前所未有的物质文明和社会繁荣的。特别是在第二次世界大战之后，主要依靠大量资源和资金的投入，物质财富的积累达到了惊人的水平，使得发达资本主义国家人们的生活水平有了普遍提高，社会保障也有了明显改善。而大多数发展中国家难以得到这种保证，使得两极分化更趋严重，社会公平更加遥远。

传统发展观的致命缺陷在于它片面追求经济增长，认为物质财富增长所依赖的资源在数量上是不会枯竭的，从而造成对有限资源的掠夺性浪费，过度地消耗石油、煤炭、淡水、木材等自然资源，经济活动产生的废物任意地排入周围环境，造成环境的严重损坏。它无法使人们随着物质生活的提高，得到真正的整体幸福。这也使人们逐步认识到，增长和发展不是同一个概念，同时，环境和资源的价值也未体现在产品和服务的价值中。

2. 可持续发展观

为了克服传统工业文明造成的种种弊端，世界各国开始接受可持续发展观。可持续发展观强调抛弃这种单一的经济发展观，以追求"三效合一"（即经济效益、社会效益、生态效益的统一）为宗旨，重新整合技术创新。其核心思想是经济发展应当建立在社会公正和环境、生态可持续的前提下，既满足当代人的需求，又不对后代人满足其需要的能力构成危害。

以可持续发展观而不是单一的经济发展观指导技术创新，不仅是生态化技术创新的内在要求，也是促进社会发展目标实现的必然要求。首先，传统发展观只考虑近期利益，只计算经济成本，而可持续发展观把近期利益与长远利益结合起来，以此为基础注重经济，更注重长远的利益；其次，在计算经济成本时，把环境损害也作为成本计算在内。

可持续发展作为当今社会发展的目标追求，它是一切社会经济活动的客观指导思想，是上层建筑。在哲学上传统发展观注重"人是自然的主人"的观念，可持续发展在关注人的发展的同时也关注自然，更强调人与自然和谐共处，协调发展。

生态化技术创新作为一种具体的社会经济活动和经济基础，必须受到可持续发展观的指导作用，传统发展观以经济的高速增长为单一目标的模式，经济基础与上层建筑的关系决定了生态化技术创新必须以可持续发展观为指导，可持续发展观谋求平衡条件下的经济、社会和人的全面发展，是一种综合发展。这样技术创新与社会发展才能相互促进，最终实现可持续发展。

正因为这些本质的区别，生态化技术创新必然要求人类社会的发展要从传统发展观向可持续发展观转变，从单一性经济发展观向社会全面进步和人的发展观转变。

三、决策思维的立体性与决策目标的单一性

（一）传统技术创新以追求经济效益为目标

企业作为物质生产的主体，是以追求经济效益为目标，企业既是市场竞争的主体，更是技术创新的主体。产业结构调整以来，国家充分鼓励企业成为自主经营、自负盈亏的经济实体，以便鼓励企业发展，并主张政府对经济发展只起宏观调控作用。这一系列举措大大促进了经济建设，但由此也产生了一些弊端。

由于企业的自主经营，在遵循各项法规政策的前提下，企业的一切经济活动包括技术创新活动可以完全自行决策。由此，企业的各项活动只要不违背各种法律法规政策，都可以自己做主，政府及公众无权干涉其决策。因此，企业在决策过程中都将利益放在第一位，忽视承担保护生态环境的义务，因为生态环境和资源在他们看来仍是无价值的，所以当他们面临企业利益与生态利益相矛盾的两难选择时，就会毫无顾忌地选择前者，抛弃后者。此外，公民的环保意识薄弱，政府环境政策与经济政策不协调、不完善，对企业形成这种封闭决策模式起到了很大的作用。

（二）生态化技术创新视系统优化为根本

生态化技术创新是以经济效益、生态效益和社会效益为目标的多目标技术创新，它是在技术创新过程中全面引入生态学思想，将技术创新的经济效益和生态效益与社会效益结合起来，在实现商业价值的同时又创造生态价值，使技术创新从传统的支持经济增长转向支持经济社会的可持续发展。

在传统的技术创新下，企业决策者决策时仅把技术创新当作企业单方面的行为，只考虑自身利益，没有考虑其他因素。生态化技术创新对决策模式提出了更高的要求。而生态化的技术创新决策模式，从传统的封闭决策模式向民主化决策转变，建立起由政府监管，公众参与的生态市场化决策模式。从谋求自然、社会和人类的总体利益出发，除了考虑企业的自身利益外，还会考虑自然、社会的生态效益，求得自然、社会和人类的协调发展，使生态的价值得到重视和体现。

政府监督的作用主要是通过对违章和违法的污染者与使用者的行为进行有关的法律和经济处罚。但是，在政策制定中，现行政策的制定有较大的随意性和不确定性，制定前缺乏科学的调查和可行性研究，不能定量评价环境损失的资源存量。同时，环保各部门之间缺乏协调和有效合作，各部门的授权及其管理权限、管理责任严重不对称。所以，不仅要依靠完善的法律体系、政策体系和强有力的执法监督，而且政府部门必须建立一个由多部门参与的综合决策模式和协调管理机制，才能使技术的生态化发展战略得到认真贯彻和全面落实。政府还可以通过加大其在支持企业技术开发方面的直接投入，使企业加大开发"绿色产品"和进行"绿色营销"的力度；鼓励企业加速折旧；提供优惠贷款、捐赠、补贴及建立各种有利于技术生态化的基金形式。通过宏观调控措施对那些有利于保护环境和有效利用资源的技术提供支持。政府的监督作用主要是通过以上制度职能来体现，它要靠环境经济政策的有效执行才能得到落实，所以这些政策的效率和执行的有效程度就显得十分重要。

公众参与，是《21世纪议程》的基本原则，也是可持续发展的基本原则。发动广大公众参与，使群众了解自身长远利益之所在，提高全民生态价值观念水平。只有人人感受到人口、资源和环境问题对社会未来发展带来的莫大冲击，才会使公众环境意识得到提高，并形成强大的社会风气和社会压力，促使政府提高环境标准，强化法治，技术创新的生态价值趋向才有可靠的保证和成功的希望。可持续发展需要公众自己捍卫自己的环境权益和享受持续发展的利益。首先，对他人不利于自然资源环境行为的预警、监督和指控；其次，社会个人或社会团体在控制生育、节约资源和保护环境问题上的自律，使公众的生态意识形成习惯，并形成社会规范。那么，技术应用和创新将在社会发展中不断趋向良性，使经济、社会、生态环境协调发展，确保社会的可持续发展战略的实施。

政府监管、公众参与的决策模式，"它在实践上既注意了当前利益，同时又通览全局，拓宽整体效益，是一种既符合自身利益，又适合人类需求，还适应时代潮流的具有总体战略性、科学有效性和群体受益性的成熟决策。"[60]其对技术创新的决策模式的重要性就更加不言而喻了。

四、优化资源配置的辩证性与追求利润的极端性

（一）生态化技术创新与传统技术创新所产生的边际外部费用不同

传统技术创新按其对生产的内部性与外部性的不同影响可划分为三种类型：第一种是边际外部费用增加的技术创新；第二种是边际外部费用减少的技术创新；第三种是边际外部费用不变的技术创新。其中，只有第二种，即边际外部费用减少的技术创新属于生态化技术创新。需要说明的是，这里所说的边际外部费用减少的技术创新仅仅是生态化技术创新中由市场内生的那一部分，并没有包括另外两种。所以，传统技术创新大多是 A、B 两种类型（图 3.1），C 类技术创新只是其中一部分，而生态化技术创新则全部都属于边际外部费用减少的技术创新[49]。

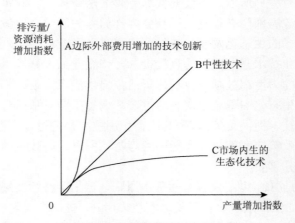

图 3.1　传统技术创新的类型

对于企业而言，在现有的技术范式下，技术创新主要侧重于如何降低企业的边际内部费用，从而获得更多的盈利，对生产的外部性问题考虑得较少。传统技术创新中之所以包含生态化技术，一方面是因为各国政府加强了对环境问题的规制，采取"谁污染、谁付费"的原则，将企业生产过程中的外部费用内部化，从

而增加了企业使用传统技术的生产成本，降低了盈利空间，这种制度安排必将引导企业创新方向的改变。换句话说，企业只有选择生态化技术创新，才能减少边际外部费用，从而降低企业的内部成本。另一方面，企业进行生态化技术创新有利于提高其"生态"和"环保"形象，使产品更具有市场竞争力，从而获得更多盈利。

（二）传统技术创新的成本投入

传统的技术创新测度标准主要是投入和产出指标，即经济效益，至于对资源的消耗和对环境的污染，既不计入生产成本，也不作为测度指标。而在传统技术创新过程中，是以利润极大化为目标，经济活动包括技术创新必然会把"效率"放在关键的地位上给予重视，而所谓效率就是以最小成本获得最大的利润[61]。所以，企业通常是耗费大量的自然资源，因为只把可以用货币购买的物品作为资源或生产要素，所以效率的含义也就是意味着使用最小量的，必须用货币购买的投入品最精巧的组合来实现最大利润。按照这样的逻辑，为了降低成本，提高效益，厂商必然会尽可能多地利用可以自由取用的自然资源，对能源和材料的利用是一次性的，用完就扔，致使自然资源的成本是低价甚至免费的。对于这种不计入成本或非常廉价的原材料，生产者对它进行任何关注都可能使其多付出成本。因此，生产者总是倾向于采用最便捷的方式使用它。于是，对于人类物质生活而言，最经济的精打细算就同时意味着造成了严重的资源浪费。再加上企业把自然界当作性能良好的垃圾处理场，把生产过程中的废气、废水、废渣等大量倾倒在环境中，超越了生态系统的自我调节、自我净化的能力，严重毒化和污染了生态环境。

（三）生态化技术创新的成本内化

生态化技术创新的测度标准，则不仅考虑经济效益，而且还要对其生态效益、社会效益进行分析，从而使技术创新活动朝着经济-生态-社会三者相协调的可持续发展方向进行。生态化技术创新就必然地要把资源环境因素计入成本，既包括对资源的消耗，也包括对环境污染的治理。所以就要改变企业成本外在化的模式，把它发展成为"成本内化"的模式。所谓"成本内化"，就是在将资源、环境要素纳入整个经济系统要素的前提下，按照可持续发展的本质要求，在人与自然制衡统一生态观的指导下，以技术和知识创新为动力，制度创新为核心，产业结构、居住方式和生活方式、经济形态重建为内容，将原工业经济系统运行中形成的外部成本，在新的生产运行系统、居住系统和生活方式中予以内化，达到真正意义上的成本最小。

传统的经济学把国民生产总值，作为一个国家财富的标志，这就掩盖了这个国家"真正的财富"。从传统的经济发展观来看，如果一个国家通过消耗财富、出售自然资源来增加收入，并把收入不是用于投资而是用于消费，这个国家的财富仍然是增加的，但实际上财富的保存值为负数。因为自然资源是有价的，必须有偿使用，治污是要收费的，必须计入成本。所以，各国可以在产品的设计开发阶段就把自然界的无废物原则引入技术系统，把生产过程中消费掉的东西、创造的资产的折旧和消耗掉自然资源的成本纳入创新成本之内，使原材料在生产链条中多次、反复、循环利用，使生产过程中的废水、废渣、废气的排放趋于零，从而不仅能够最大限度地减少对资源的消耗和对环境的污染，而且能够有效地治理、修复已被破坏的生态环境，与生态环境相协调，以增加国家的净财富来创造真正的财富。

这种关于国家财富的新的计算方法提出了关于资源配置问题的新的理论支点，也为生态化技术创新提供了成本内化的基础。生态化技术创新必然要把生态环境纳入成本计算系统，使成本外在化转向内化[51]。

总之，生态化技术创新突破了传统技术创新"高投入、高消耗、高排放、难循环、低效率、不协调"的发展模式，把生态因素融入技术创新系统，走绿色技术发展模式，有利于人与自然的和谐发展，有利于构建资源节约型、环境友好型社会，从而为人类提供了诗意化的居住、生存环境和条件。

第三节　生态化技术创新与传统技术创新的联系与区别

一、生态化技术创新与传统技术创新的联系

（一）生态化技术创新与传统技术创新具有内在的历史联系

200 多年的工业文明极大地推动了社会经济的发展，但也正是其自身的缺陷和不可克服的内在矛盾使我们居住的星球趋向于自然生态极限的临界点，人类所面临的生态问题越来越严重，人口规模膨胀、资源供给日益短缺、环境污染加剧等一系列问题的出现，暴露了长期单一地追求商业价值所形成的技术创新理论的缺陷。随着经济的发展，生态文明开始发展，人类社会要实现可持续发展就必须综合并协调人、社会和自然生态之间的关系，要求人们在开发利用自然的同时，保护自然和生态环境，尽量提高生态环境质量，将技术创新从传统的主要依赖资源环境、追求超额商业利润向依赖知识，谋求自然、人文生态和谐且经济价值明显的方向转变，以达到人与社会、自然的协同进化和共同发展，实现技术创新的生态化转向，找到技术创新生态价值的可能性和生态化目标实现的有效途径。

生态化技术创新是对传统技术创新的"扬弃"。正因为传统技术创新在推动经

济社会发展的同时，其负效应所引发的资源环境危机已严重危及人类社会自身的生存和发展，并由此引发了哲学家、生态学家、经济学家等的激烈争论，以及对传统技术创新的质疑、反思和批判。人类终于认识到，技术创新不能任由市场引导而信马由缰地发展，其必须在政府及相关部门的规制和引导下，在技术发展中注入人文价值判断，从而将技术创新导向有利于可持续发展的方向。从这一角度来看，如果没有传统技术创新，没有资源环境的约束，也就不会有生态化技术创新。

（二）生态化技术创新与传统技术创新的行为主体一致

自熊彼特开始，企业就被视为传统技术创新的主体。而对于生态化技术创新的主体，目前还存在分歧：一些学者认为，与传统技术创新的企业一元主体不同，生态化技术创新是多元主体，即由企业、政府、高校及科研院所等构成的主体系统。这种分歧在笔者看来是对"主体"这一概念在理解上存在差别。《现代汉语词典》（第 7 版）对"主体"的解释为：①事物的主要部分；②哲学上指有认识和实践能力的人；③法律上指依法享有权利和承担义务的自然人、法人或国家[62]。这里所使用的"主体"是指第一种含义，即事物的主要部分，无论传统技术创新还是生态化技术创新的行为主体都是企业。但企业作为行为主体并不排斥要充分发挥政府、高校及科研院所等在生态化技术创新中的重要作用。并且，政府的引导和规范、高校及科研院所研发成果的产业化，最终都将通过企业这一市场经济的微观主体来实施。

（三）生态化技术创新与传统技术创新最终的实现方式基本一致

无论哪一种类型的技术创新，其成功与否，无一例外都需要通过市场进行检验。传统技术创新以利润最大化作为单一目标，企业会自发地通过市场实现技术创新。但生态化技术创新则明显不同，它受市场和政府二元目标约束，政府及相关部门对企业无论是采取经济手段进行引导，还是利用行政和法律手段进行规范，企业进行生态化技术创新是否成功，最终仍然离不开市场的检验[49]。

二、生态化技术创新与传统技术创新的区别

尹艳冰等认为生态化技术创新是生态学向传统技术创新渗透的一种新型创新系统，是在技术创新过程中全面引入了生态学思想，在以经济增长为中心的前提下，追求自然生态平衡、社会和谐有序和人的全面发展，从而引导技术创新朝着有利于资源、环境保护及其与经济、社会、环境系统之间良性循环的方向协调发

展。生态化技术创新除了具备一般技术创新的特征外，还与传统技术创新有着显著的不同（表 3.1），表现出多样性和复杂性等特点。因此，建立一套客观、科学、有效的指标体系并运用适当的方法对生态化技术创新进行测度，不但有利于企业科学地定位生态化技术创新的状态，更有利于政府采取有效的策略保持和提高创新的"生态化"优势，实现生态效益、经济效益和社会效益的共赢[63]。

表 3.1　生态化技术创新与传统技术创新的区别

区别	传统技术创新	生态化技术创新
创新目标	经济效益最大化	经济效益、生态效益和社会效益共赢
创新内容	产品的生产和销售	产品全生命周期
创新模式	单向模式	双向模式
创新测度标准	投入产出指标	经济、生态和社会可持续指标

因此，基于生态化技术创新与传统技术创新各方面的不同，现主要总结出以下几个方面。

（一）复杂性思维方式的角度

生态化技术创新与传统技术创新主要有以下三点区别。一是生态化技术创新具有视野的广阔性。生态化技术创新将技术创新活动与自然、社会、人及人所处的环境等联系起来，而不是仅仅遵循自然技术—经济价值的单一线性模式。二是生态化技术创新具有结构的多维性。生态化技术创新是由诸多要素相互影响、有机结合而构成的网络，横向层面包括自然技术创新、社会技术创新和人文技术创新，纵向过程包括创新的构想、技术的选择、研究开发与市场销售等各个环节。三是生态化技术创新具有目标的多重性。生态化技术创新包括经济生态化、自然生态化、社会生态化和人的生态化不可分割的四大目标，而不是仅以经济利益为目标[64]。

生态化技术创新相对于传统技术创新就是一个复杂的系统，它涵盖了人类生活的方方面面。当然，也因为该系统复杂性的存在，所以复杂性思维相应地就产生了，而各个系统之间需要综合复杂性思维并找出各个系统之间的关系，然后使各个系统能够相互协调并相互促进。当今时代，涉及人的利益不仅仅只是经济利益，由于人类所面临问题的多重性，人、自然与社会的不可分割性，科学技术、经济社会一体化，在复杂性思维的指导下，综合运用多学科的知识与方法，将生态化自然技术创新、生态化社会技术创新与生态化人文技术创新紧密结合，才能从根本上消除传统技术创新的负面效应，促进经济社会协调发展和全面提高人的素质。所以复杂性思维的存在就能在思维的角度比较科学地揭示生态化技术创新与传统技术创新之间的本质区别，并能简单地找出各个系统之间的联系，并将技术创新置于一个"自然-技术-经济-社会-人"复杂的系统中。

（二）可持续性发展的角度

1. 生态化技术创新与传统技术创新的发展目标不同

传统技术创新追求的是经济效益，其发展目标是使经济利益最大化，希望能以最小的成本获得最大的利润，并不考虑其他因素的存在或者是否会对其他因素造成什么影响。这种发展模式总的来说是一种不具备长远发展性质的模式，甚至在未来还会造成人类社会的发展停滞不前。而且，这种将企业利润最大化作为发展目标的企业，为了企业自身的快速发展就会尽可能地加大对自然资源和能源的掠夺，使人类与自然环境的关系日趋紧张。反过来说，人类无休止的掠夺，资源和环境问题也会直接或间接地制约人类社会的发展进程。而且，如果人类的生存受到了环境的威胁，那么企业生产活动的效益也会受到相应的影响，可以说两者之间是一种正反馈的作用机制。

相反，生态化技术创新不仅追求经济效益，它还要求经济效益、生态效益、社会效益之间协调发展，各个要素之间能够相互发展和相互促进。符合可持续发展的观念，是一种具有长远发展特征的经济发展模式。生态化技术创新的优势体现在其生态化上，它充分尊重自然的生态规律，将生态学基本原理运用到技术过程中，实现了技术与生态的结合。具体体现在：使用能源的清洁化、生产废料的资源化、生产过程的无害化、产品和服务的绿色化。这种发展规律能够更加有效地促进发展的可持续性。发展经济，自然、生态就不能被忽略，要使经济效益、生态效益与社会效益复杂系统达到有机统一，这也是可持续发展对生态化技术创新的要求。而政府也可以采取一定的措施支持和引导生态化技术创新。有必要对支持持续增长的技术和支撑可持续发展的技术加以区分，甄别出哪些技术创新是真正能够与可持续发展相协调的技术创新，并通过有效的政策来支持此类技术创新。

2. 生态化技术创新与传统技术创新产生的边际外部费用不同

传统技术创新具有外部不经济的特征，这种负外部性的存在会使社会、自然生态环境遭受到不同程度的破坏，而企业却不一定会为其所作所为付出应有的补偿或受到惩罚。这种破坏的其中一种典型的形式就是对环境的污染。当然，既然有外部性的存在也会有内部性的存在。内部性是指由交易一方所经受的但没有在交易条款中说明的交易的成本和效益。这里的成本是指负内部性或内部不经济，而效益则是指正内部性或内部经济。孙育红和张志勇则单独将传统技术创新按其对生产的内部性和外部性的不同影响分为三种类型。第一种是边际外部费用增加的技术创新；第二种是边际外部费用减少的技术创新；第三种是边际外部费用不变的技术创新。其中，第二种，即边际外部费用减少的技术创新属于生态化技术创新。

3. 生态化技术创新与传统技术创新和生态系统的关系不同

经过50亿年的生物进化，地球生态系统中成员之间及每个成员与整个系统之间都形成了相互协调的和谐结构。在生态系统中通过食物链进行能量和物质的流动及信息传递，从而在系统内部实现了资源的循环利用。对于传统技术创新来说，它仅仅是由技术、经济与社会三个子系统结合而成，生态系统被排斥在外。这四个系统之间的有机联系被割裂，资源的过度消耗与废弃物的过度产生及排放就难以避免。这一情况一旦超过系统的承载能力，将对其产生毁灭性的影响。反之，以生态学理论为指导的生态化技术创新则将生态理念渗透到技术创新的各个阶段，从而使生产和生活系统被整合到生态系统的大循环中[65]，而这种循环也保证了可持续发展模式的进行与实施。

（三）资源的约束和循环经济的角度

1. 生态化技术创新与传统技术创新的资源利用方式不同

大自然给予人类各种各样的自然资源，煤、碳、天然气、水，甚至是我们几乎每天都能看到的太阳等，人类都可以根据生存和发展的需要来取用。然而，自从工业时代的到来，技术的发达也促使了人类开始无限制地开采资源能源。先不说其他国家，以中国为例，中国近30年的资源消耗率，是过去300年的11倍。而中国近30年的发展，大量的伐木挖煤，可能已经透支了中国未来200年的资源，并造成自然环境的严重恶化。并且，根据2002年中国科学院测算，每年环境污染和生态破坏造成的损失占GDP（国内生产总值）的15%。如果算上生态成本，15%的资源耗费和环境污染损失减去9.4%的经济增长率，中国每年的GDP增长实为负值。从这些数据可以看出人与自然相处的不和谐。人类为了发展经济以生态环境作为代价，并不断地发展生产力，而实际上GDP却是负值。也就是说辛苦劳动了这么多年实际上经济却是倒退的。习近平就这个话题提出了建设生态文明关乎人类的未来，宁要绿水青山也不要金山银山，因为绿水青山就是金山银山，保护环境就是保护生产力，改善环境就是发展生产力。中国要坚持走绿色、低碳、循环、可持续发展之路，倡导绿色、低碳、循环、可持续的生产生活方式。

资源不是取之不尽用之不竭的，而自然资源的不可再生性也会约束经济的增长。传统技术创新就是一种为发展经济而以牺牲自然生态为代价且且无限制地使用自然资源的一种生产模式。所以说，传统技术创新已经不符合时代的发展要求，并由一种新的以在经济发展的同时并且保护生态环境的生态化技术创新的模式取代。因此，相关学者在研究传统技术创新的基础上首次提出了"技术创新的生态化转向"，认为生态化技术创新的目标是追求在自然生态的平衡、社会生态和谐有序的前提下促进经济增长[66]。生态化技术创新就是能在合理地利用自然资源发展经济的同时也会保持生态、自然、社会和谐有序的发展。因此，生态化技术创新已成为新的适合人类生存发展需要的新型模式。

2. 生态化技术创新和传统技术创新的经济发展观念不同

与传统技术创新的单一经济发展的模式不同，生态化技术创新是一种循环经济发展观。循环经济在某种意义上讲也就是资源的再利用。这种再利用是直接对资源的保护和间接对自然生态的保护。循环经济主要是指物质和能量在企业间乃至整个社会间循环流动。它是一种功能型经济，要求对生产和消费的"非物质化"。其必须遵循的原则是：投入最小化，排出最小化，资源的使用效率最大化，以及环境的改变尽可能小。尤其是第二点"排出最小化"，它强调资源的循环利用[39]。所以，循环经济就是资源的一种循环利用，特别是在资源短缺的情况下更加有效。这种经济模式的使用能够保证人类在资源不足或者需要留备使用时进行。当然，如今的经济形势已是非常严峻，那么，循环经济的这种发展模式需要被提倡并能够被普遍使用，也就是生态化技术应该被提倡使用。

第四章 生态化技术创新的主要理论观点

第一节 生态化技术创新的制度框架和运行机制

一、生态化技术创新的理论框架

随着对生态化技术创新理解的不断加深，部分学者开始研究其制度条件和运行机制。

李广培和周小亮[64]、肖蕊和史宝娟[67]在研究生态化技术创新的理论基础上，构建了生态化技术创新五维度的制度理论框架，主要包括技术创新生态影响来源的主体属性、技术创新生态影响的属性、生态化创新实践的操作与选择、生态化创新制度的有效需求、生态化创新制度的绩效评估。在市场机制下，技术创新的自组织演化呈现出非生态理性特征，生态化技术创新过程模型强调制度性组织因素必须贯穿和规制从创新设计到创新生产、消费的全过程。

（一）基本假设：生态人假定

经济学的本质是利己主义的，经济人假定是新古典经济学的基本理论之一，按照这一假定，在经济活动中，当事人是从自私自利的动机出发，有理性地追求自身的经济利益最大化，这是当事人经济活动的唯一目的。以企业来说，它的目标就是实现利润最大化，对消费者而言，目标就是在一定支出的前提下，实现效用最大化。

随着社会的不断发展，人类社会已从农业文明发展到工业文明与生态文明的交会处：信息文明时代。21世纪，人类社会将是生态文明主导的时代。无论是传统的经济人假定还是新经济人假定都已越来越不适应时代发展的需要，逐渐暴露出自身的致命弱点，即没有把生态利益考虑进经济活动中。因此，对人的行为和动机进行重新审视，提出新的假定理论至关重要，而生态人假定就是在这种背景下产生的。所谓生态人假定是指经济行为主体在追求经济利益、社会利益的同时必须把生态利益考虑进去，也就是说经济行为主体的利益最大化必须受到生态环境因素的制约，它的本质是经济利益、社会利益、生态利益三者的统一与优化，因此可以说，生态人假定的含义更广，它包含经济人和社会人假定。可持续发展是生态人假定理论的基点，生态人假定是技术创新生态化理论的研究基点，也是生态资本研究的基础。生态人假定用函数形式表示如图 4.1 所示。

企业：$\max \pi = \max f(K, L, SK)$　　　　　　　　$K + L + SK \leqslant K_0$

消费者：$\max U = \max u(C_1, C_2, \cdots, C_n)$　　$C_1 + \cdots + C_n + SK_1 + \cdots + SK_n \leqslant R$

其中，π：利润　　　　　　　K：物质资本　　　　　　L：人力资本

SK：生态资本　　　　U：效用　　　　　　　C_n：第 n 种消费品

SK_n：生态资源　　　K_0：资本总量　　　　　R：总收入

图 4.1　生态人假定函数形式

以上函数形式表明，作为厂商，就是利用物质资本、人力资本和生态资本实现利润最大化；作为消费者，就是假定个人消费商品和生态资源实现效用最大化。生态人假定与经济人假定最大的不同是在生产函数中引入了生态资本，在消费函数中引入了生态资源。生态人假定具体包括以下几个方面的内容：

（1）经济利益并不是人的唯一目标，人们在追求经济利益的同时，还追求社会环境和生态环境质量的不断提高。

（2）随着社会的发展，人的行为越来越受到生态利益的影响。

（3）人类社会的发展是个人与社会、微观和宏观的经济利益、社会利益和生态利益相统一与最优化的过程。

（4）当代人福利的增加并不使他人或后代人福利减少，努力实现代际公平与代内公平。

（二）技术创新生态化理论的构成要素

1. 生态环境因素的"资本"观

资本是企业获利的最重要的工具之一，物质资本和人力资本是资本的最基本形态。随着社会经济的不断发展，资本的内涵也在不断地拓展。近年来，生态环境因素对经济的影响越来越明显，给企业管理思想、人们的道德观念也带来了很大的冲击，人们开始反思传统的经济发展模式，因此把生态环境因素，如生态环境质量、生态环境系统、企业管理的生态化等作为一种资本看待是对传统资本理论的一大突破，也是社会经济不断发展的必然。它使人们更加关注生态环境问题，更加注意技术对社会环境的影响。

2. 生态"系统"观

生态环境系统是一个开放的、复杂的大系统，它极容易受到外界因素的干扰，

它的保护和进化涉及许多因素，既有技术，也有法律、道德等因素。因此，生态环境系统的保护和进化是一个系统问题，它需要生态环境系统保护各要素之间的密切配合，相互补充，只有这样生态环境系统保护各要素才能形成一股强大的合力，使得生态环境系统保护的效果大大高于各要素单独发挥作用的简单加总。

3. 生态"道德"观

人的行为在很大程度上受到社会道德规范的约束，技术的创造和使用都是在一定的社会道德规范下进行的，一旦超出道德规范的约束范围，其后果是极其严重的。当前人类社会所面临的严重的环境污染问题在很大程度上是人类不顾社会公德而创造和使用技术所致。因此，树立 21 世纪新型的道德观——生态道德观，也就是以保护人类生存和发展环境为目的的道德观，来引导企业技术创新的过程，从而使得技术创新朝着有利于环境保护的方向发展，是彻底解决环境问题的最有效手段之一。

4. 技术"双重"观

人类社会发展的过程也就是技术不断发展的过程，技术是推动社会发展最重要的动力，每一次重大的技术变革都会带来社会的巨大变革，三次技术革命就是最好的例证，可以说科学技术为人类社会所带来的变化是巨大、广泛和深刻的。但是，科学技术的进步也正如世界上的任何事物一样，绝不是十全十美的，即使是很先进的技术也具有副作用，它既可以为人类造福，也可给人类带来灾难。因此研究技术的双重性作用，减弱技术负效应对社会的影响对解决环境问题至关重要。

5. 技术"功利"观

长期以来，在物质利益的驱动下，科学技术的研究和使用被赋予极强的功利性。随着科学技术的不断发展，科学活动及其应用已经深深地渗透到人类活动的每一个角落。但是，人类生存环境的不断恶化及国际竞争的加剧，使各国的发展为短期行为所主导。竞争导致单一目标驱动下以邻为壑的发展模式，出现了一切资源都物尽其用的状况。在这种模式下，生产和消费被置于至高无上的地位，而生态环境却被置于次要的地位。因此，研究技术功利主义，弱化技术功利主义给社会带来的影响对技术创造和运用有着重要的意义[10]。

二、生态化技术创新的制度框架

技术创新制度可以理解为技术创新组织形式的选择及支撑组织创新目标实现的行为制约。不同的创新目标（价值理念、利益取向、准则、具体诉求），需要有不同的创新组织形式和不同的行为规制方式；因而衡量技术创新制度的有效性，归根到底，要看这种制度对创新主体的最高创新目标的耦合与促进程度。目前学术界对技术创新制度体系的研究，或出自于实证，或立足于系统的逻辑考察，而在创新制度的具体结构上有所差异。但总体而言，均未突破单纯生产力中心主义的传统创新管理思维，即以创新激励作为构建技术创新制度体系中的唯一出发点，而未将必要的创新制度约束或多目标下的制度结构均衡纳入考虑范畴。从国内的实践来看，目前的技术创新政策基本上仍以促进科技成果市场化为宗旨，而对于技术创新的生态化转向尚不能提供必要的政策工具和激励手段。

从制衡技术创新过程中的非生态理性的现实要求来看，制度仅仅作为产生于内源动因且面向增长的自组织创新活动的响应或促进机制是不够的，认为创新制度是创新自组织过程的内生性创建的观点也是片面的。事实上，除非在内源动因作用下相关主体的动机和行为路径发生了显著变化，否则生态化技术创新制度很难从自组织过程中系统地形成，即它应是外生的、建构的，而不是内生的、自发的秩序。作为解决技术创新失灵的手段，生态化技术创新制度不应是对市场选择机制的简单取代，也不应是对技术创新中生产和消费行为决策、选择的强制性行政包办。因此，在功能和结构设计上，生态化技术创新制度应着眼于影响相关主体对不同创新活动生态质量下技术创新生产或消费的效益、效用预期，建立技术创新生态效应外部性内部化的有效机制。具体而言，要提高非生态理性技术创新及其消费的市场选择成本，提高生态理性技术创新及其消费的效益、效用预期，改善生态化创新的技术公共品的制度性供给，降低生态化创新的技术和市场风险，促进生态化技术创新产品的需求和供给，从而抑制自组织系统单纯经济利益导向的创新动机强度，并引发自组织系统在基于技术和经济价值可行性判断的前提下，面向生态和谐的协同涨落演化。因此，一个有效的生态化技术创新制度体系应着力解决好 5 个关联问题，即创新主体的生态责任和能力要素是什么？创新主体具备生态化创新意愿吗？创新行动的生态边界在哪里？有无资源保障？有无社会认知与市场响应？相应地，结合对技术创新要素和流程的考察，本书认为，生态化技术创新转变的制度条件应涉及创新主体、创新客体、资源配置、报酬与保障、评价与监控、信息与教育等方面的规制（图 4.2）。

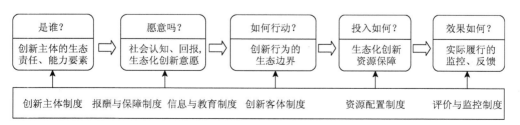

图 4.2 生态化技术创新制度的理论框架

（一）生态化技术创新主体制度

较之于对盈利动机和能力的考察，生态化创新模式对创新主体在技术活动过程中的生态责任，以及协调生态与生产经营和谐关系的能力提出了更高要求。仅仅通过市场过程的自发性、自由性创新项目选择来自动保证创新主体生态风险的识别和消解能力，推进技术创新的生态化转变是不够的。因此，需要界定技术创新主体及其组织形式，各创新主体的职责与行为边界，以及与生态化创新相适应的组织设计。例如，政府对创建国家生态化创新系统的职责，实施特定行业技术活动的资质要求等。

（二）生态化技术创新客体制度

生态化技术创新客体制度界定创新资源客体的权利归属，以及技术创新的投入与产出性质是否合乎道德或法律规范，处理由创新引发的人与有机界或无机界诸多关联要素的行为方式。其包括重要和稀缺的生态资源免于人类技术创新破坏的制度要求，循环经济的物质资源利用规则。除考虑通过自然生态产权的强制性制度创新来制约或补偿技术创新对自然生态的外部性外，更重要的是完善自然生态产权制度，即本着责权利相适应的原则，对公有自然生态资产的产权结构，包括占有、使用、收益、处分等各种权力、责任和义务予以明确合理的划分、设定，以帮助行为主体综合平衡近期、中期和长期利益，自觉协调与技术创新主体的关系，降低自然生态风险。另外，从维护人类关于生态和伦理的基本共识出发，设定必要的科技创新"禁区"制度。

（三）生态化技术创新资源配置制度

资源配置制度决定了技术创新项目如何获得创新主体本身或要素部门的资源支持，涉及政府、科研院所、企业等各级创新层面确定技术发展方向和创新战略，对技术创新项目进行人、财、物资源差别配置的制度安排，金融部门、风险投资机构选择创新投资的甄别机制，为技术创新提供基础性和导向性支撑作用的专业教育和培训制度，以及旨在激发创新人才潜能和促进人才流动的人才资源配置制度。目前在这方面，可以尝试建立国家和各级政府对包括非公有研发机构在内的科技开发组织实施生态化技术创新项目的财政支持制度，从财政、税收方面对生态化技术创新给予优惠政策和信贷等资金方面的支持，制定更为优惠的风险投资政策，鼓励民间资金向生态化技术创新领域集中，对环境关联度较高的行业，尝试推行生态和绿色技术开发经费投入的最低预算制度。另外，对一些重点领域考虑进行国家投资的强制性生态化技术创新活动，以点带面，充分发挥生态化技术创新的作用。

（四）生态化技术创新报酬与保障制度

报酬与保障制度决定了如何获得创新的预期收益，因而影响着创新主体的创新方向和动态水平。例如，以专利、技术秘密、品牌保护为核心的产权制度和市场竞争制度，企业与科研院所人才创新激励制度，技术创新成果交易制度，技术创新外部性内部化机制等。具体到生态化创新领域，要建立对由致力于生态化技术创新或引进、采用该类技术改善原有生产活动生态效果而导致更大经营风险的企业或创新机构的国家补偿机制，以使其获得超过同行业传统技术路线下的获利水平；同样，对这一创新领域卓有成就的个人应设立政府专项奖励制度，以获得示范效应。在生态化技术创新的知识产权保护制度方面，一方面要加大对生态化技术专利的保护力度，健全有关生态化技术创新成果的法律标准，推动生态化技术创新成果的研究和应用；另一方面要通过减免交易费用，鼓励此类技术在生产领域的转移、扩散和运用。

（五）生态化技术创新评价与监控制度

技术创新的高度复杂性、不确定性和广泛的外部性，意味着技术创新生态风险预防与控制的必要性。因此，需要建立技术创新的全面评估和有效监控制度，将技术创新的生态风险预测控制作为技术风险管理的重要组成部分。在流程设置上，通过实施技术生态标准战略和技术生态风险预见制度，实现从技术创新生态评价的事后验证、事后治理模式向事前评价、过程衡量与纠正等致力于风险防范的评价预测模式转变。在组织形式上，从形式化、附属性质的事前学科性评价层次回归到主体本位、严谨求实的评价机制，从零散的、缺乏制约力的信息揭示上升为系统的、权威的制度控制。同时，为了杜绝机会主义，应建立对创新组织与个人必要的生态责任追究机制。为此，应积极探索建立和完善对技术创新生态效应实施全程监控的高效率、专业化、权威性的组织形式和运作机制。

（六）生态化技术创新信息与教育制度

技术创新是一项高度专业且影响广泛的工作，这就决定了对消费者、社会公众而言，技术创新系统存在显著的信息不对称。当然，创新主体本身也会存在认知不到位的问题。这就迫切需要建立技术创新知识与信息的传播和教育制度。首先，政府部门要大力支持哲学、经济学、社会学、法学、技术伦理学等学科展开对人与自然和谐关系、生态经济、技术的生态实践等方面的理论与实证研究，为生态化技术创新实践创造良好的学术氛围。其次，生态化创新产品往往面临着消费行为的路径依赖、相对价格劣势的市场障碍等。现代经济学认为，意识形态是一种节约认识世界的费用的重要制度安排。因此，在缺乏利益驱动机制的情况下，需要政府和社会组织大力推动基于生态价值取向的技术创新研发、生产和消费意识的宣导机制，推动创新决策者形成面向自然生态系统的创新思考定势，提高全民对生态化创新产品的认知能力、接受能力，进而推进生态理性消费习俗的演进。

需要说明的是，上述制度不是相互独立地存在，也不是各自孤立地作用于创新活动，而彼此密切联系，构成一个有机的制度体系，共同影响生态化创新进程。

三、生态化技术创新的运行机制

生态化技术创新机制是为了实现面向可持续发展的创新系统整体功能目标中的运行规则、程序和调控原理。完善生态化技术创新机制，是生态化技术创新的保障。生态化技术创新的运行机制主要包括调控机制、动力机制和公众促进机制三种。

（一）调控机制

调控机制是指以政府为引导，以企业为主体，以高校和科研机构为支撑的立体调控机制。由政府部门等创新主体全面了解并掌握国内外生态化技术创新的发展动态，按照科学的程序和方法进行调控，组织管理生态化技术创新，使其尽早提上日程并加以深入，协调各方力量推动生态化技术创新的发展。例如，欧盟各成员方的生态化技术创新系统以合作行动为基础，目的在于保护整个欧洲大陆的生态环境。

（二）动力机制

生态化技术创新是在科研机构、市场、政府和企业的合力推动下进行的，其动力呈现多元化特征。动力机制是技术创新理论的核心内容，从外源和内源两个角度来确立生态化技术创新的动力机制。创新主体内部为内源驱动，最根本的核心动力是来自企业内部的追求经济效益的驱动力，无论来自政府，还是科研机构，终究汇集到企业这一技术创新的实施主体之上。其余影响因素为外源驱动，如市场驱动力，在市场竞争法则中，在资源濒于枯竭，环境日益恶化，市场绿色需求日益繁盛的背景下，市场就会涌现出一些以生态化技术创新为主的商机，获得了良性社会的协调发展。

（三）公众促进机制

公众促进机制分为三个阶段，分别是假（非）参与、象征性参与、实质性参与。这三个阶段的进化，取决于公众意识的提高，以及生态化技术创新理论的成熟，其理论深入人心，公众生态保护意识提高，在潜意识的支配下，逐步向生态化技术创新靠拢，从而从假参与、象征性参与到实质性参与，以至于全民参与，生态化技术创新成为整个民族的使命。

四、生态化技术创新的动力源及实现

德国社会心理学家勒温提出了用公式表示社会行为的一般规律，公式如下：

$$B = f(P, E)$$

式中，B 为行为；P 为主体变量；E 为环境变量。因此，勒温认为，任何行为的产生都是行为主体因素与外界环境因素的相互影响。所以，徐建中和马瑞先[42]经过长期研究，基于勒温提出的理论框架，进行了动力机制模型研究，创建了动力机制模型。

徐建中和马瑞先[42]于 2007 年提出了企业生态化发展的动力机制模型，模型如图 4.3 所示。

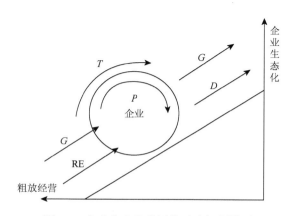

图 4.3　企业生态化发展的动力机制模型

图 4.3 中，G 为政府行为，D 为市场需求，RE 为资源与环境约束，T 为技术发展，P 为企业利益。各因素之间的关系可以用公式表示为

$$EE(enterprise\ ecology) = f(P,\ G,\ RE,\ D,\ T)$$

徐建中和马瑞先认为，企业生态化发展要受到两方面因素的影响，内在作用机制因素（P）和外在作用机制因素（G，RE，D，T）。企业生态化发展内在作用机制因素企业利益是企业生态化发展的内驱力。在 G、RE、D、T 四个外在作用机制因素中，政府行为 G 起着双重作用。政府对企业浪费资源、污染环境的行为加强管制和惩戒制度，迫使企业进行生态化发展、起推动作用的同时积极采取财政税收政策、投资信贷等手段鼓励企业发展生态化，G、RE、D、T 只有配合默契，才会发挥最大的作用。

也就是说，内外作用机制及各种作用因素在企业生态化产生影响的过程中，并不是孤立存在的，而是相互作用相互影响的，政府的积极产业政策是引导企业内在因素转向的主要原因，政府在生态化技术创新过程中起着至关重要的作用。

刘巧绒等[63]于 2010 年使用了资源效用的 X 倍数革命模型，试图针对模型中涉及的各要素进行机制的调节。其模型如下：

$$f = (R - W) / R = 1 - W / R$$

式中，R 为物质消耗系数；W 为其中的废弃和排放物；f 为生态化技术系数，可见 $0 < f < 1$。如果用 Y 表示经济产出，g 表示资源利用效率，则

$$Y = f \times g \times R$$

可见，当 R 一定时，为了提高 Y，必须不断提高 g。为了实现经济产出目标，必须不断提高生态化技术系数和资源利用效率，因此围绕这一目标，构建了生态化技术创新的实现机制，具体包括市场拉动机制、企业创新机制、政府推动机制、科研机构助推机制、公众参与机制、国际合作机制，具体如下：

（1）市场拉动机制是在我国实行的资源定价机制已经严重不适应经济社会发展的需要的背景下形成的，资源定价机制没有反映资源稀缺程度、环境损失等完全成本。国内与国际不同资源的比价关系严重不对称，而且资源定价机制人为地割裂了成本传导机制，导致资源低效和过度利用，这样极度不利于节能减排和结构升级，这样的资源定价机制完全不符合我国经济发展的需要，迫切需要改革。而市场拉动机制使得资源价格充分反映资源的稀缺性和环境成本，促使企业进行资源利用效率的创新。市场拉动机制对资源的估价方法主要包括：市场价格法，生产力法，享乐价值法，损害的避免成本、重置成本和替代成本法，条件估值法，收益转移法。

（2）企业创新机制是指企业推动生态化创新，减少资源的利用，缓解由资源日益短缺造成的资源枯竭问题。同时，提高资源的利用效率，最大限度地促进企业资源的循环利用，做到企业可持续发展。通过生态化技术创新，以一种强大的先导身份应对市场上的竞争对手，迅速占领消费市场，扩大市场占有率，并获得丰厚的利润回报，从而顺利进入国际市场，与强大的欧美地区企业竞争。企业根据市场发展变化的结果进行生态化技术创新，避免在国际市场上惨遭淘汰，是一种必然的趋势。目前生态化创新已成定局，一些高污染企业也已经由于没有进行生态化技术创新而倒在竞争局势中。企业进行生态化技术创新，也可以展示自己的社会责任，从而树立良好的企业形象，提高企业的知名度。在这种市场情况下，企业有压力和动力进行生态化技术创新。

（3）政府推动机制是政府通过经济、法律和必要的行政手段等来改变私人对环境资源需求的反应，使企业在生态化技术创新方面有利可图，激发企业生态化技术创新的需求，从而促进企业生态化技术创新的顺利进行。政府推动机制使人们认识到生态化技术创新仅靠企业和市场竞争是远远不够的，还需要政府加以监督和督促。

政府必须采取经济措施改变社会经济主体的行为，促进生态化技术创新和循环经济的发展。提高资源利用税率，征收生态税、资源税，促使企业少用原生材料。同时，政府必须加大科技投入力度，成立生态化技术创新小组，加大资金投入和人才投入，向广大人民宣传生态化技术创新，呼吁全民参与。此外，政府应倡导绿色采购，政府部门应该优先采购企业开发的生态技术产品，以政府采购行为推动社会对生态化产品和技术的认可和支持。

（4）科研机构助推机制就是发挥科学技术的力量，发挥技术上的优势，克服资金上的困难。同时，与企业和政府机构合作，促进企业生态化技术创新，提高企业生态化技术创新能力，为企业提供技术上的支持，而企业为科研机构助推机制提供资金上的帮助。这样既可以解决经费问题，又可以解决企业技术创新能力较弱的问题，两者的结合不仅能够促进生态化技术创新，提高企业生态化技术创新能力，更为生态产品的问世和减少产品对环境的污染做出贡献。同时，政府则要加强对产学研合作的组织领导和相关行政推动，加强产学研合作信息平台的沟通。

（5）公众参与机制需要公众推进生态化技术创新进程，提倡和呼吁全民参与，成为生态化技术创新推进者的同时也是生态化技术创新成果的享受者。宣传生态化技术创新理念，转变消费观念，崇尚绿色消费、健康消费，树立以保护自然生态为宗旨的消费理念。以生态消费趋势促使生产企业进行生态化技术创新，公众成为推动企业开发生态化技术强有力的因素之一，应以目前扩大内需为契机，对社会公众进行生态学、环境科学等知识的普及宣传，选择购买和消费符合环境保护标准的商品和生态产品，树立生态消费观。

（6）国际合作机制要求中国重视人才在循环经济发展中的主导作用，重点培养一批循环经济领域项目管理和节能、节水及生态研究等领域的科技人才。对于企业，一方面要积极鼓励其自行研究开发新技术，鼓励其采用无害或低害的新工艺、新技术；另一方面加快先进适用技术的推广，争取国际资本和技术的合作。中国在加强培养技术创新人才的同时，也要加强与国际科研机构的交流，引进国外先进技术，争取引进国际资本和技术的合作。同时，开设生态化技术创新论坛会，邀请国外专家学者到中国进行交流学习，学习国外生态化技术创新经验及科学成果。

第二节　生态化技术创新的模式

生态化技术创新有别于传统技术创新，我们在分析传统技术创新过程模型的基础上，结合生态化技术创新的特征构建其创新过程模型。与企业生态化的传统模式相比，企业生态化的新型模式是在人类深刻的反思结论和坚实的科学基础之上建立起来的。它果断地抛弃了传统生态化以经济增长为核心的发展观和高消费、高污染为特征的粗放型生产经营方式，进而把生态学的基本原则推广并运用于企业自我分类的过程中。企业自我分类指导思想上"普遍联系"的系统整体观念，生产方式上"相生相克"的循环观念，自我分类上"多样性协调"的观念与区域经济中动态平衡和可持续发展的观念相互联系、彼此沟通，共同构成企业自我分类生态化发展模式的观念形态。

一、传统技术创新过程模型

伴随着技术的进步，技术创新过程发生了不断变化。20 世纪 60 年代以来，国际上提出了许多技术创新过程模型，其中比较具有代表性的模型有五种。

（一）技术推动模型

技术推动模型最早由熊彼特于 20 世纪 50 年代提出。熊彼特的技术推动模型得到了后来研究技术创新的一些学者的极力推崇，如美国经济学家曼斯菲尔德、厄特巴克和日本比较技术论专家森谷正规等。

技术推动模型是基于这样一种观点，即研究开发是创新构思的主要来源。这种观点被称作创新的技术推动或发现模型。它认为，一项新发现引发了一系列事件，最终，发明得到应用。具体地说，就是认为技术创新或多或少地是一种线性过程，这一过程起始于研究开发，经过生产和销售最终将新技术引入市场，市场是创新成果的被动接受者。目前，在我国存有这种模式的思想还相当流行。图 4.4 展示了技术推动的创新过程模型。

图 4.4　技术推动的技术创新过程模型

　　在现实中有许多技术创新是由技术推动的，西方发达国家早期的技术创新多数是由技术推动的，这类技术创新往往起源于根本性的技术推动，并形成了一个新的产业。例如，无线电、晶体管、计算机的发明都属于这种类型。然而，对大多数创新来说并非如此。国际上对研究开发与创新关系的实证表明，研究开发投入越多并不一定产生的创新就越多。如果只强调科技投入，而对创新过程的组织方式缺乏考虑，则很有可能造成大量科技成果无法转化，或者由于缺乏市场导向而距工程化要求太远没有商业价值，由此产生了市场需求拉动的创新过程模型。

（二）市场需求拉动模型

　　20 世纪 60 年代中期以来，通过对大量行业技术创新的实证分析，人们发现，在有些产业领域，技术创新常常是在本产业投资、产业高潮之后才出现，即产业的需求在前，发明创新在后。这种现象表明，许多技术创新并不是技术推动的，而是由需求拉动的。图 4.5 为市场需求拉动的技术创新过程模型。

图 4.5　市场需求拉动的技术创新过程模型

　　在市场需求拉动的模型中，市场需求为产品创新创造了机会，技术创新是市场需求拉动的结果，市场需求在技术创新过程中起到了关键作用。

（三）技术推动-市场需求拉动交互作用模型

　　人们进行了大量研究，以支持创新的技术推动或需求拉动模型的合理性。然而，实证中人们发现，无论是技术推动还是市场需求拉动，都无法对企业技术创新过程提出完整的解释，技术和需求常常以一种交互作用的方式共存。从现实情况来看，技术创新往往是技术推动和市场需求拉动共同作用的结果，两者都是决定创新成功的关键因素，因此，有关学者又提出了技术推动-市场需求拉动交互作用模型，如图 4.6 所示。

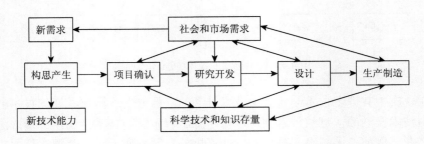

图 4.6　技术推动-市场需求拉动交互创新过程模型

　　创新的技术推动-市场需求拉动交互作用模型，加强了市场和技术的连接，它意味着创新管理是将市场需求和新技术能力相匹配。在这种情况下，市场需求和研究开发之间的反馈是实质性的环节。各种研究表明，将驱动创新决策的推动和拉动因素相结合，能产生更大的创新，比单纯的市场需求拉动或技术推动，更有利于创新构思的产生和创新成功。

（四）一体化创新模型

　　20 世纪 80 年代后期出现的第四代创新过程模型标志着观念的转变，即将创新过程看作是序列式的，从一个职能到另一个职能的开发活动过程，转变为将创新看作是同时涉及研究与开发（research & development，R&D）、设计、制造、营销等因素并行进行的过程。一体化创新过程模型如图 4.7 所示。

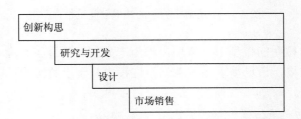

图 4.7　一体化技术创新过程模型

　　对创新过程认识的深化，具有实质性意义。20 世纪 80 年代，创新管理活动极为强调 R&D 和制造的界面交融，以及企业与供应商之间的密切合作。这些发展，主要是来自日本制造商的经验及精益生产的概念。同时，横向合作（合资企业、战略联合）急剧增加，也使创新过程增添了新内容，对创新管理形成了新的挑战。

（五）系统集成网络模型

马克·道奇等在探讨有效的技术创新政策时，发现技术创新是一个复杂的网络活动，它既对许多影响力量反应敏感，同时又以高度的不确定性为特点。他根据自己的研究成果提出了技术创新过程第五代模型，即系统集成网络模型。他认为，技术创新过程不仅是一体化的职能交叉过程，而且是多机构系统集成网络连接的过程，如图4.8所示。

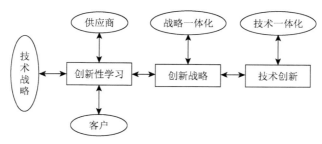

图 4.8　系统集成技术创新过程的网络模型

系统集成网络模型是一体化模型的理想化发展，其主要特征是，强调合作企业之间更密切的战略联系，更多地使用专家系统辅助开发工作，利用仿真模型代替实物原形。模型将供应商和用户之间的计算机辅助设计系统作为新产品合作开发过程的一部分，不仅把技术创新看作是一个跨部门的过程，而且还看作是跨机构的网络过程。系统集成网络模型代表了概念生成导致实践结果的未来模式。比起以往的创新过程模型，它更加需要内外部合作，更加需要在企业战略中突出创新战略和技术战略。

上述五种比较有代表性的传统技术创新过程模型，从根本上反映了人们对技术创新认识的逐步加深。每种模型都具有其各自的特点。

（1）技术推动模型是一种简单的模糊过程，在该模型中市场是技术创新成果的被动接受者。

（2）市场需求拉动模型是一种简单的线性序列模型。强调创新产品的市场营销，市场是指导技术创新的核心，技术创新活动根据市场需求作被动反应。

（3）技术推动-市场需求拉动交互作用模型也可以说是一种序列式结构，不同的是，它存在一定的反馈环路，R&D 和市场营销管理更为平衡，二者能够相互结合并做出反馈。

（4）一体化模型是一种并行开发模式，同时涉及技术创新构思的产生、R&D、设计制造和市场销售等要素，强调 R&D 部门、生产部门、供应商和用户之间的沟通和密切合作。

（5）系统集成网络模型是完全一体化的并行开发模式，R&D 使用专家系统和系统仿真模型技术，与用户密切联系（顾客处于战略首位）多方合作开发新产品，与主要供应商结成战略联盟。强调创新组织的柔性和创新开发速度，更为重视质量等非价格因素[19]。

二、企业生态化发展的基本模式

（一）企业生态化纵向闭合模式

在进行自我分类后的企业群体内，纵向闭合的内涵有：①高度模拟自然生物链形式，遵循循环理念，形成各企业群体单元间产品或副产品（废弃物）的联系纽带，进行行业内的关联与协作，形成封闭式的资源、能量循环，达到整个企业群体之间的闭合回路。②各企业群体之间主要将副产品（废弃物）作为交易对象，某企业群体的副产品（废弃物）作为下一企业群体的投入品或原材料，企业群体之间通过副产品（废弃物）为媒介结成比较复杂的群体系统网络。③企业群体内的企业以上游企业群体的副产品（废弃物）作为主要投入品，通过综合与高效利用原材料，面向环境设计与制造生态产品，充分享用企业内的知识、技术、基础设施、信息等网络资源，以实现外在规模经济与外在范围经济及生态效益与经济效益最大化的目的。同时，不断优化和提高企业内部组织效率，进而达到企业竞争力不断提升的目标，如图 4.9 所示。

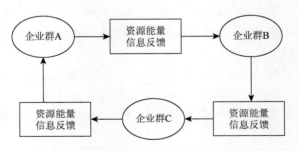

图 4.9　企业生态化纵向闭合模式

图 4.9 的纵向闭合模式只是一个简单的示意图，可以通过如下说明进行理解：①进行自我分类以后的企业之间以物质流、能量流为联系纽带，形成一条主要的闭合回路。这一条通路将所有相关联的企业串联起来，以企业自身各自的特征为

标志分成几个部分再进行联合。②通过物质、能量来联系两端的企业群，还通过信息流进行相互沟通并相互反馈行业状况、市场变化和技术创新等内容。③进行自我分类以后的企业群内通过网络平台相互间促进和学习，不断细化、延伸与拓展产业链，充分发挥生态企业经过自我分类后的信息优势、资源优势与创新优势，形成更稳固的生态链和生态网，从而表现出源源不断的可持续发展能力与竞争优势。

（二）企业生态化发展的 5R 模式

5R 理念是在 2005 年的世界"思想者论坛"上首次全面提出的，之后得到一致认同，并规范了循环经济的理念为 5R 理念，主要包括再思考（rethink）、减量化（reduce）、再使用（reuse）、再循环（recycle）、再修复（repair），如图 4.10所示。

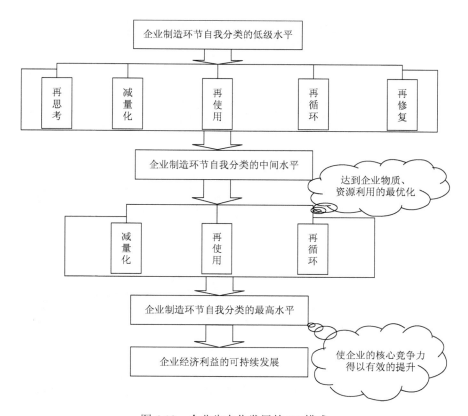

图 4.10　企业生态化发展的 5R 模式

再思考：改变旧经济理论。新经济理论的重点是不仅研究资本循环、劳动力循环，也要研究资源循环，生产的目的除了创造社会财富以外，还要保护被破坏的最重要的社会财富，维系生态系统。

减量化：除了原有的改变旧生产方式，最大限度地提高资源利用效率，减少土地、能源、水和材料的投入的概念外，还延伸到在提高人类生活水准时要合理地减少物质需求。它属于输入端方法，旨在减少进入生产和消费过程的物质量，从源头节约资源使用和减少污染物的排放。

再使用：除了原有的尽量延长产品寿命、做到一物多用、减少废物排放的概念外，还延伸到企业和工程充分利用可再生资源的领域。它属于过程性方法，目的是提高产品和服务的利用效率，要求产品和包装容器以初始形式多次使用，减少一次性用品的污染。

再循环：除了原有的废物利用，形成资源循环的循环外，还延伸到经济体系由粗放的开链变为集约的闭环，不仅使生产流程再循环，而且要形成再循环的产业和经济体系。它属于输出端方法，要求物品完成使用功能后重新变成再生资源。

再修复：不断修复生态系统与维护自然和谐。自然生态系统是社会财富的基础，也是第二财富，不断地修复被人类活动破坏的生态系统与自然和谐也是创造财富。

（三）企业生态化的并联共生网络模式

自我分类理论的核心就是去人格化，去人格化的完成包括形成内群体分类和自我分类两个显著前提条件，以及去人格化的结果即各种具体的群体现象。这里我们根据企业自我分类理论的内群体分类，提出了企业生态化的并联共生网络模式。并联共生网络模式是指整个行业中的企业内有很多由生态原料链构成的企业循环子系统，这些企业间不存在投入产出关系，相对独立，但是这些子系统中的企业自成一个内群体而且每个子系统之间都可以通过网络进行信息的交流。并联共生的网络模式适用于那些不能将所有部门连成一个系统网络的行业。它的优点是能够因地制宜，节约土地空间，比较适合老企业的改造，以及企业生态化发展自身的需求。在内群体内部，可以通过资源循环再利用、节约资源和能源等方式获取最大的综合效益，如图 4.11 所示。

（四）企业生态化的一体化实践模式——生态工业园

生态工业园强调的是外部一体化而内部进行自我分类管理，并非通常的自上

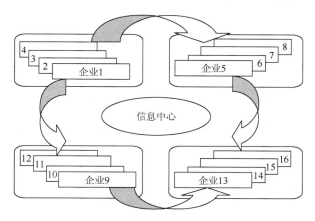

图 4.11　企业生态化的并联共生网络模式

而下的计划过程，它是一种自组织过程，即通过市场力量和参与利益引导产业生态化发展。一体化自我分类管理涉及如下几个方面。

1. 物质一体化利用

在生态工业园中，没有绝对的"废料"，也就是说要提倡尽可能最大限度地节约。因为某家企业的废料可能是另外一家企业潜在的原材料。生态工业园中的企业都力争优化材料的使用，减少有毒材料的使用量，利用共同的有毒废料处理设备。有意识地吸引一些从事资源回收和循环的企业加入一体化进程管理来处理副产品，实现共同发展，为园中的制造企业提供再生的原材料。

2. 能量一体化流动

在生态工业园中的企业应通过对建筑、照明和基础设施的传递流动来达到提高资源利用效率的目的。例如，将某家公司用过的冷却水导向另一家公司为其提供热量，或用于民用供暖系统。从目前实际运作中的生态工业园来看，一些生态工业园基础设施还在尝试使用可再生能源，如风能和太阳能等。

3. 废弃分类一体化回收

建立专门的废弃物回收处理中心，对废弃物进行分类与成分分析，了解可被回收利用的成分及相关的回收利用企业，确定具有潜在回收利用价值的成分、目前的技术能力及商业开发模式，将废弃物回收、分类再投入到企业群中进行生产。这样可减少交易成本和重复建设，从而实现处理过程的规模经济。

4. 信息和服务一体化共享

生态工业园中的企业要求在原材料使用、能源需求和产生废物方面有良好的信息交流，将各自可以利用的信息进行共享，以使企业能够根据市场行情、信息服务将企业的工艺流程、生产制造等环节加以改进。各成员应在注意保密的前提下主动地提供必要的信息，这样才有可能实现园区内企业的平稳运行[68]。

第三节　生态化技术创新的测量与评价

对技术创新的研究不能仅仅停留在理论层面，国内外学者对技术创新的测量也有一定的基础，但是对生态化技术创新的测量仍较少。

国外技术创新测量研究始于 20 世纪 60 年代末。当时人们对创新活动过程认识有限，开始时只将 R&D 投入和工程技术人员数量作为测量技术创新的主要指标。后来人们认识到技术创新过程并不遵循上述简单的线性模式，且对企业技术创新进行稍微复杂的测量。1986 年，克莱因（S.Kline）和罗森堡（Rosenberg）提出了创新的"链环-回路模型"（chain-linked model）[19]。但是90 年代中期以前，国内外对技术创新测量的理论研究仍比较缺乏，使用的方法较为单一，指标也比较粗略。直到 90 年代后期，随着更多学者关注技术创新测量的领域，测量方法才得以丰富起来，其评价指标体系也逐渐细化。目前，国外技术创新测量研究主要集中在创新调查分析和创新测量指标的研究两方面。国外学者对于技术创新测量指标的研究做了不少尝试，但始终没有形成一套完整的指标体系。国内学者对于技术创新测量的研究是从 80 年代中后期才开始的，主要集中在企业技术创新能力的研究、企业技术创新绩效和效率的研究等方面。

一、生态化技术创新的测量

对于生态化技术创新的测量，尹艳冰等[38]根据系统性、科学性、实用性、动态性和可测性的原则，较早地提出了生态化技术创新测量模型，并采用了一种改进的基于模糊积分的模糊测量方法对其进行测量。

改进的基于模糊积分的测量方法的具体步骤如下：①定量指标的无量纲化；②定性指标的量化。

尹艳冰等提出的指标体系主要将生态化技术创新分为生态化技术创新主体、生态化技术创新能力、生态化技术创新过程和生态化技术创新效益四个一级指标。

其中，生态化技术创新主体分为核心主体和支撑主体两部分；生态化技术创新能力分为潜在技术创新资源、技术创新投入和技术创新产出三个二级指标；生态化技术创新过程分为创新方式选择、创新过程控制和共生创新程度三个二级指标；生态化技术创新效益分为经济效益、社会效益和生态效益三个二级指标，并共设有 48 个三级指标。该指标体系展示了生态化技术创新的逻辑层次和影响要素，具体评价指标如表 4.1 所示。

表 4.1 生态化技术创新评价指标

一级指标	二级指标	三级指标
生态化技术创新主体	核心主体	①产权结构多元化程度 ②领导团队的素质结构 ③科研人员投入强度（%） ④生态化技术创新 R&D 人员比例（%） ⑤技术中心专家（含博士）人数（人） ⑥循环经济与生态化技术创新测量体系的建设程度 ⑦循环经济与生态化创新的考核及激励机制
	支撑主体	①政府对技术创新的重视程度 ②政府对技术创新的优惠政策 ③产学研机制 ④公众的生态化意识及其对生态产品的认可程度
生态化技术创新能力	潜在技术创新资源	①R&D 人员数量（人） ②工业增加值增长率（%） ③人均工业生产值（万元）
	技术创新投入	①科研经费占产品销售收入的比例（%） ②循环经济（清洁生产）项目经费占产品销售收入的比例（%） ③技术开发经费占产品销售收入比例比上年增长（%） ④技术中心人员培训费占中心人员总收入的比例（%）
	技术创新产出	①生态化产品销售收入占全部销售收入的比例（%） ②生态化产品利税率（%） ③当年授权专利数量（件） ④年均企业主持或参加制定国际、国家、行业标准数（件） ⑤当年授权发明专利数量（件）
生态化技术创新过程	创新方式选择	①创新决策的科学性和系统性 ②自主创新成果占所有创新成果的比例（%） ③中长期项目经费占全部项目经费的比例（%）
	创新过程控制	①对政策和市场的敏感度 ②技术创新战略的制定和实施结果 ③项目计划的合理性和科学性
	共生创新程度	①信息系统建设完善程度（%） ②各创新主体间交流沟通情况 ③合作创新经费占全部项目经费的比例（%） ④合办开发机构当年完成并应用的开发项目数（项）
生态化技术创新效益	经济效益	①新产品的销售收入占产品销售收入的比例（%） ②新产品的销售利润占产品销售利润的比例（%） ③企业出口创汇额（万美元） ④主导产品市场占有率（%）

续表

一级指标	二级指标	三级指标
生态化技术创新效益	社会效益	①技术进步奉献率（%） ②年扩展就业率（%） ③公众对企业生态环境的满意度（%） ④用户对新产品的接受程度（%） ⑤当年完成新产品新技术项目数（项）
	生态效益	①单位工业增长值综合能耗（吨标准煤/万元） ②工业用水循环利用率（%） ③工业固体废弃物综合利用率（%） ④行业特征污染物排放达标率（%） ⑤资源综合利用率（%） ⑥危险废物处理处置率（%）

二、生态化技术创新的评价

生态化技术创新有经济指标评价、生态指标评价和社会指标评价，各个行业的生态化技术创新都会涉及产业发展水平、产业发展潜力、资源综合利用、污染控制、社会和公众认可等因素。

徐建中和王莉静[69]也设计了一套测量企业生态化技术创新水平的指标体系，从企业技术创新能力和企业生态化水平两个层面进行评价，其中企业技术创新能力包括对技术创新基础能力、技术创新投入能力、技术创新产出能力进行评价；企业生态化水平包括对生态化经济水平和污染减量化水平进行评价。具体评价指标如表 4.2 所示。

表 4.2　企业生态化技术创新水平的指标体系

评价层面	评价因素	评价子因素
企业技术创新能力	技术创新基础能力	①科研机构数（个） ②微电子控制设备原价（万元） ③科技活动人员（人） ④R&D 人员全时当量（人·年）
	技术创新投入能力	①科研活动经费（万元） ②消化吸收经费（万元） ③技术引进经费（万元） ④新产品开发经费（万元） ⑤购买仪器设备费（万元）
	技术创新产出能力	①新产品销售收入（万元） ②发明专利数（件）
企业生态化水平	生态化经济水平	①单位产值能耗量（万吨标准煤/万元） ②废弃物处理率（%）
	污染减量化水平	①固体废弃物处理率（%） ②废水处理率（%）

这些评价指标不是相互独立的，而是相互演进的。科研水平和科研力量是生态化技术创新的基础，只有引进科研设备和科研人才，对技术进行深入研究，才能发现技术上的不足并创造向生态化演进的技术，促进技术创新，所以这是技术创新的第一步，也是技术创新的基础。在技术创新演进过程中，科研人员的研究经费、设备引进所需要花费的经费、产品开发经费等的投入，才能保证科研的顺利进行，保证完成生态化技术创新。而技术创新产出能力是对技术创新基础能力和技术创新投入能力成果的检验。生态化经济水平与污染减量化水平是对生态化技术创新成果的检验。

基于超效率 DEA（data envelopment analysis，数据包络分析）模型，孙斌和赵斐[41]提出了基于超效率 DEA 模型的区域生态化创新绩效评价。区域生态化技术创新体系是基于生态化技术创新理论及借鉴国内外权威机构建立起来的。生态化技术创新绩效指标体系有区域生态化技术创新投入指标和区域生态化技术创新产出指标。区域生态化技术创新投入指标包括资金投入、人力资源投入、信息的投入及科研设备的投入，但实际上创新的投入归根结底是对资金和人员的投入。区域生态化技术创新产出指标要从经济效益、社会效益、生态效益三个方面对区域生态化技术创新绩效进行全面评价，产出指标包括人均 GDP、高新技术产品产值、发明专利申请量、万元工业增加值综合能耗、环境质量综合治理指数。

更进一步的，孙斌和赵斐提出了评价方法——超效率 DEA 模型。DEA 模型可以作为绩效评价的客观指标，可以同时给出投入和产出的调整方向及建议调整值，即在建议值成立之后，可达到投入产出最优。DEA 模型分为投入导向型和产出导向型。投入导向型就是在产出固定的情况下，追求投入最小化。产出导向型就是在现有的投入情况下，追求产出最大化。投入最小化和产出最大化能够评价企业的工作效率和企业资源利用效率，在进行技术创新过程中，评价生态化技术创新给企业带来的收入与利润。

基于可持续发展的视角，索贵彬[43]提出将生态化理论引进企业创新系统主导力研究领域，建立了企业生态创新系统主导力评价模型，并运用灰色层次分析方法进行实证研究。生态创新系统主导力评价指标体系如表 4.3 所示。

表 4.3　生态创新系统主导力评价指标体系

评价因素	评价子因素
持续创新生态性	①不可再生资源投入 ②产品可回收利用率
持续创新的动力	①生存的压力与利益的诱导 ②创新系统的创新使命感
持续创新的能力	①创新要素的素质 ②创新资源的获取能力

评价因素	评价子因素
持续创新的能力	③创新决策的决断能力 ④创新条件的改善和利用能力
持续创新的活力	①创新氛围或创新文化 ②创新系统的弹性 ③接受新事物的速度
创新的预见力	①对环境变化的敏感性 ②对发展趋势的判断力 ③对信息的判断力 ④对机遇的把握
创新的控制力	①创新主体的自我控制力 ②对系统资源的控制力 ③对创新过程的控制力 ④对创新资源的组织力
创新系统的凝聚力	①价值观的一致性 ②团队精神 ③组织的亲和力 ④沟通渠道的畅通程度

基于上述生态创新系统主导力的评价指标，索贵彬提出了运用灰色层次分析方法进行研究论证，运用这一方法，首先，确定灰色多层次评价指标权重，可以采用群体层次模型法，分别求得专家的权重集，采用模式识别将远离中心模式的孤立意见剔除后求均值。其次，制定评价指标的评分等级标准，该系统评估模型采用群体专家意见法，将评价指标定性地分为五个级别：最弱、弱、一般、强、最强，分别赋值为1、2、3、4、5。再次，组织专家评分，求评价样本矩阵。组织 m 位评价专家，分别对企业的生态化技术创新系统主导力评价指标，按评分等级进行打分。最后，确定评价灰类。为了真正反映属于某类的程度，就需要评价灰类的等级数，即分为五个等级：最弱、弱、一般、强、最强。

基于能值分析，李俊莉和曹明明[70]提出了基于能值分析的评价方法。能值分析理论从系统生态角度出发，将自然生态系统与人类经济系统相结合，以太阳能能量为基本衡量单位建立的一套价值理论体系，与能量流图相结合，实现对不同尺度、不同类型系统的统一评价，架起了区域生态系统与经济系统的耦合作用桥梁。能值分析方法将环境要素纳入能值计算范畴，体现了环境及其服务功能对经济发展的贡献。根据 3R 原则和资源型城市循环经济发展的内涵，将能值分析理论与区域循环经济、可持续发展理论相结合，从能值流量、社会经济发展、资源循环利用、资源环境安全和综合指数 5 个层面评价循环经济系统，促进生态化技术创新。

第四节　生态化技术创新的障碍

作为一种新的技术创新理念，生态化技术创新在理论及实践上必然需要经过一段时间的探索，才能真正实现经济、社会、环境、生态的协调统一。众多学者在研究过程中，总结出了生态化技术创新的障碍，并针对性地提出了部分理论见解。

杨永芳和胡良民[71]分析了我国企业生态化建设缺乏成效的原因及企业和政府之间的博弈关系，提出企业在进行生态化建设时，应在政府的宏观调控下，建立完善的、适应市场机制的环境经济政策体系，运用经济手段和法律手段相结合的方式建立一套完整的引导、鼓励机制。

彭福扬和刘红玉[72]指出生态化技术创新是社会内在的和谐发展动力，其实施具备了思想上、经济上和政治上的有利条件，但是仍存在如思想认识差距、生态化技术创新意识不强和缺乏良好的实施环境等方面的障碍。

彭福扬等[28]认为要实施生态化技术创新，首先必须要转变传统的以经济利益为唯一目标的观念，树立正确的技术创新观；其次还要对发展战略及其相应的管理体制进行调整；最后还需要加大生态化技术创新的宣传力度并及时合理测量生态化技术创新的实施效果。

刘红玉[25]认为生态化技术创新是引领经济复苏的有效手段，也主要是从确定科技发展战略开始着手，强调健全、完善促进生态化技术创新的政策法律体系的重要性，并提出了应当建立生态化技术创新合作交流机制。刘巧绒等[63]指出生态化技术创新面临的困境，要联合市场、企业、政府、科研机构、公众及国际合作等多方力量及各自作用机制来推动循环经济下的生态化技术创新。

一、资源环境市场失效

生态环境具有生存性和生产性两种功能，生存性功能提供人类生存所必需的空气、淡水资源等生存基础，生产性功能为人类生产活动提供物质和能源。生态环境并不具有无限供给性，人类生产活动范围的扩大使得生态资源也成为一种稀缺物品。从物品属性来看，生存性生态环境属于纯公共物品，生产性生态环境也具备准公共物品的特征。这使得环境消费者在消费生态环境时都想当"免费乘车者"，不支付任何成本就得到利益。因此，市场机制在激励生态化技术创新方面存在许多缺陷。

首先，生态化技术创新具有非常强的正外部性，公共收益远高于个体收益，个体付出的创新成本在很多情况下难以得到充分的补偿，以至缺乏进行生态化技术创新的动力。其次，自然资源价格往往只包含开发成本，生态成本被忽略，资源市场价格的扭曲导致企业缺乏资源市场压力，进而生态化创新动力弱化。最后，生态技术的复杂性使得创新的成本规模和风险非常大，附加生态约束的技术创新成本与收益不对称，导致生态化技术创新供给不足[63]。

二、企业传统发展模式路径依赖

路径依赖类似于物理学中的"惯性"，一旦进入某一路径，就可能对这种路径产生依赖。劳动力众多、经济基础薄弱、技术条件不足、资源管理混乱及环境成本较低的国情，使得企业依赖大量资源投入和技术引进，发展劳动密集型产业，单纯追求经济效益，忽视社会效益和生态效益。这种路径依赖推动了中国近 30 年的高速发展，也造成了资源的衰竭、生态环境的恶化，对这些传统产业进行生态化技术改造的代价非常高昂。

技术创新生态化的主体是企业，因而企业应该拥有较多的对生态化技术创新进行研究的科研技术人员，而我国虽然人力资源总量可观，但质量堪忧，技术力量比较薄弱，配置不合理，在人才资源方面显得比较匮乏，科研人员大多集中在政府研究机构和高等院校，企业所占比例不到20%，而且技术设备落后，研发生态化技术创新的能力明显不足。此外，在生态化技术创新的经费投入上比重小、强度低，滞后于经济增长，使得生态化技术创新产出效率低、创新能力薄弱，导致生态化技术积累和创新不足，原始性创新的成果不多，创新影响力不大，成为经济持续增长的瓶颈。有关资料显示，我国的发明专利只有日本和美国的30%、韩国的25%，而且其中70%的发明专利还是由外国人申请的，核心技术和关键装备也基本依赖国外引进。与国外大公司战略性的知识产权相比，我国的技术创新能力和知识产权保护意识比较薄弱，许多企业都显得无能为力。不仅如此，企业部分科研技术人员的环境意识和生态意识淡薄，思想认识还仅仅停留在传统的技术创新理念上，以及为了提高企业经济利润的狭隘圈子里，未能自觉地承担起保护环境的责任和义务。

企业作为生态化技术创新的主体，从创新决策到创新投入、创新实施、创新效益的获取与分配，是整个生态化技术创新活动最主要的参与者，可是企业实施生态化技术创新也存在许多障碍[67]。

（一）创意产生阶段

随着生态环境的日益恶化，大家越来越关注环境问题，对生态产品、生态工艺、生态技术的需求也越来越多。创新创意的产生主要有两个影响因素：生态因素和行业因素。生态因素包括人们对生活质量的要求提高，资源能源的限制，许多资源能源面临枯竭的窘境，绿色需求的牵引，以及政府的相关政策引导。行业因素包括先进技术推动、同行竞争压力、降低生产成本等。在该阶段，要对产生的创意进行仔细的分析评价，并且慎重、适时地做出暂停、中止、继续和加速进行等各样的决定。

在创意产生阶段，对创意进行调查、评价的难度大，企业对创意的分析评价存在不确定性，进行一项新的技术研究开发存在很多风险，分析技术创新的成本、价值、市场，以及技术创新是否能成为企业的核心技术等多方面的内容，是一个庞大复杂的过程，任何不充分的调查都会导致创新过程的失败。

（二）研究开发阶段

研究开发是生态化技术创新的重要环节，该环节的成功与否直接决定了整个创新过程能否成功，同时，这也是资金投入量最大的环节之一。在该阶段，对产品的生态设计要求是研究的中心。

在研究开发阶段，大多企业的研发投入不足。生态化技术创新过程的核心是进行产品的生态设计，主要由研发部门完成，可是目前设有专职研发部门的企业较少，只有一些大规模的企业才有能力和财力设置专职的研究开发部门，相关科技人才的缺少和资金投入的不足同时制约着企业进行生态化技术创新。

（三）生产制造阶段

根据生态化技术创新的指导原则，在研究开发阶段的生态化技术成果的指导下，进行生产制造，并且在生产制造的过程中进一步地修正改进所研究的创新成果。在生产制造的过程中需要注重时刻与外部环境进行相关信息技术的交流，包括技术信息、安全要求、工艺瓶颈需求、环保要求、产品试制模型或模拟模型的反馈信息，以及相关政策的要求等。

（四）销售阶段

销售阶段是将生态化技术创新的产品进行市场化的过程，该过程可以实现生态化技术创新过程的经济效益。在该阶段中提倡生态营销方式，即提供的产品与服务不仅要满足消费者的需要，实现企业的营销经济目标，同时也要有利于保护生态的平衡，提高环境的质量及资源的循环利用效率。

　　在销售阶段，消费者对生态化产品的接受度比较低，把生产出来的生态产品市场化、实现经济效益是企业最根本的目的。可是对于企业来说，一般生态化产品的成本相对较高，消费者会习惯性地对类似产品进行价格比较，接受生态化产品相对比较困难。

三、政府推动不够

　　生态环境作为一种具有社会共有性质的短缺要素，企业利用这种要素所创造的利益必须得到公平的分配，而且必须保证它的可持续利用，使用这些要素获得利益的企业必须使他人的利益不受伤害，或者对受到伤害的个人、单位或社会组织予以补偿，或企业尽可能地将污染降为最低，以利其复原，让他人能够继续使用，这显然需要主管部门对资源的可持续能力和环境的承载能力阈值有充分的认识，并需要社会做出一种制度安排，迫使生态环境的使用者改变原来的技术范式，采取新的循环利用技术体系和生态化生产方式。

　　在目前的财税制度下，地方政府的税收主要靠 GDP，短期行为的决策导向必然决定他们力争任期内效益最大化。在此背景下，地方政府有两种选择，要么自主创新"开源节流"，要么依赖资源"杀鸡取卵"。而后者显然费时少、见效快。因此，其结局必然是以耗尽资源和牺牲环境为代价。中央政府已经认识到环境问题的严重性，并建立了一个较为完整和庞大的环境政策体系，政策手段也呈多样化。但鉴于多种原因的制约，环境政策仍不够完善。例如，环境保护政策总体上仍属于污染预防型，缺乏必要的强制性和技术标准，对企业的约束力不够，还缺乏一套激励各级政府和企业长期有效配置环境资源的机制或环境经济政策，无法有效推动企业的生态化技术创新。环境经济政策是指按照市场经济规律的要求，运用价格、税收、财政、信贷、收费、保险等经济手段，调节或影响市场主体的行为，以实现经济建设与环境保护协调发展的政策手段。与传统行政手段的"外部约束"相比，环境经济政策是一种"内在约束"力量，具有促进环保技术创新、增强市场竞争力、降低环境治理成本与行政监控成本等优点。

　　在制度方面，有效机制尚未形成，企业缺少应有的压力和动力。首先，我国目前关于环境保护的法律法规不健全，存在诸多法律漏洞，且对污染企业的监管与处罚力度不够。例如，《中华人民共和国环境影响评价法》于 2003 年 9 月 1 日就已正式颁布实施，2016 年 7 月 2 日第十二届全国人民代表大会常务委员会第二十一次会议重新修订。但仍有些项目置国家法律于不顾，未经环境评价就上马的现象依然存在，以至于全国范围内没有被污染过的河流已屈指可数，而那些污染大户往往又是各地的利税大户，那些私营小企业往往又与一些地方政府的官员有着千丝万缕的联系。其次，企业在治污方面投入资金进行生态化技术创新的成本自然要高于那些对污染不进行任何处理的企业，并且我国现有环境保护法规的排污收费标准过低，范围过窄，没有实现真正意义上的污染者付费，起不到对排污企业的惩治作用，导致企业在研发生态化技术创新方面的激励力是很小的，使企业的决策、管理及技术人员缺少应有的危机感、责任感和使命感。

另外，政府对自然资源的控制价格失准，使得资源表现为无价或低价，导致企业主要以大量消耗资源和能源作为获得经济增长的手段，而不会从节能降耗的角度考虑生态化技术创新，导致我国在传统的发展模式下对资源的无偿占有、掠夺性开发及资源使用上的巨大浪费。反观欧洲诸国，它们多以自然资源粗加工起家，如森林工业、造纸工业等，这些都是污染很严重的产业，但是它们很早就意识到了环保的重要性，制定了严格的环保标准，结果其产品往往因为在环保方面具有高性能而在国际市场上畅通无阻。因此，我国在制度方面的不足，影响了技术创新生态化的推进[8]。

四、科研机构与产业严重脱节

我国许多企业缺少研发的概念和动力，大多依靠引进生产线，买完之后也不做研发，加之目前高校和科研院所所申请或承担的科技课题或项目主要来自政府部门，来自企业的则占较小的比例，加上信息不对称，使得一方面高校和科研院所的技术成果养在深闺人未知，不能实现其经济价值；另一方面企业急需新技术但找不着门路，无法实现生态化技术创新。

我国高校、科研院所对科技成果转化的认识还有待提高。"重研发、轻转化""重论文、轻专利"等现象仍然存在。全国人民代表大会常务委员会于2016年7～8月对《中华人民共和国促进科技成果转化法》的实施情况进行了检查。检查中，一些单位和科技人员提出，高校、科研院所的科技人员向企业流动的机制尚不健全；按照现行的人才计划、项目计划、学科评估等方面的评审机制，人才引进、人员考核评价和职称晋级，仍侧重以纵向科研、论文发表等指标为导向，影响了科技人员从事科技成果转化的积极性。

五、公众生态意识淡薄，生态产品市场需求不旺

人类与自然从来就是紧密联系、相互作用的。马克思主义告诉我们：人的意识指导人的行为。人类有什么样的意识常带来什么样的行为。在日常生活中如此，在处理人与自然的关系上也是如此。生态马克思主义理论家在论述生态问题时有一个共识，即生态文明建设不是项目问题、技术问题、资金问题，而是核心价值观问题、人的灵魂问题。

　　公众生态意识的强弱,对于形成技术创新生态化的市场,拉动技术创新生态化的发展起着重要作用。在我国,公民的生态意识总体上偏低,农村相对城市更低。我国大多数消费者的生态意识不强,环保意识淡薄,经济收入不高,加之绿色物品价格较为昂贵,我国消费者在选购商品时,关注更多的是价格,而较少顾及自身生活质量的提升,更不用说环境保护。公众生态消费不足,企业缺乏绿色市场的刺激和绿色消费的有效拉动,致使企业研发生态化技术压力不大,动力不足。王是企业在研发生态化技术上的压力不大,动力不足,以至于我国为数众多的私营企业往往目光短浅,只追求短期利益,这些企业的经营者与所有者充满了投机性和一夜暴富的思想。在改革开放之初由于政策放松,相当一部分人通过投机倒把、倒买倒卖等手段聚敛了大量财富。而最近几年常常听到的"诚信危机"其实也是这种投机思想的反映,而抱定了投机心态的企业是不可能有技术创新生态化的冲动的[73]。

第二篇　问题提出

第五章 生态化技术创新存在的问题

国内对生态化技术创新的研究起源于 2002 年，至今发展时间仍比较短。无论是在理论研究还是在实践中，生态化技术创新仍不够成熟，仍有许多需要改进的地方。企业生态化技术创新是企业和谐发展的有效途径，与以单纯获取经济利益为目标的传统技术创新不同，其目的是协调企业与生态环境之间的关系，解决生态环境问题，实现经济、环境可持续发展。但从现实情况来看，许多企业为了眼前利益、经济利益，不惜以资源、环境和健康为代价。与此同时，国际贸易已步入生态化时代，在逐步取消全球多边自由贸易关税壁垒的情况下，环保等技术要求已成为一些国家新的贸易武器。据不完全统计，生态化壁垒使中国出口德国的纺织品中有 60%不能通过生态测验，日本"植物检疫实施细则"使中国出口日本的瓜果受阻，等等，发展生态化技术创新任重道远[74]。目前企业生态化技术创新在实施过程中仍存在较多突出的问题，主要体现在以下几个方面。

第一节 企 业 方 面

一、认识不足

（一）企业经营者认识不足

目前，很多企业领导还没有放弃粗放经营方式，尚未树立污染预防的意识，往往仅侧重于污染物的末端处理，没有把企业生态化建设作为提高企业整体素质和增强企业竞争力的重要措施[71]。

同时，很多企业经营者对发展生态化技术创新的重要性认识不足。目前我国大多企业都是粗放型经营方式，且经营者大都生态化意识淡薄，经营思想仍处于追求企业自身利益的过程中，忽视对环境造成的影响；同时开发环保产品和推广"清洁生产"需要较大的资金投入，这对更广泛地在企业内推行清洁生产、发展生态化技术创新产生了很大制约。对经营者而言，提高经济效益比保护环境更具有迫切性和现实性。认识的不足使坚持经济利益导向的企业的环保意识不强，积极性不高[74]。

经营者若缺乏生态化技术的观念，在做决策时就不会将生态化技术理念应用于公司决策中。即使经营者对生态化技术有足够的了解，但若有其他可以赚钱的机会，他们一般是不会优先考虑生态化技术的。此外，生态化技术是生产过程的一部分，采用生态化技术，不论是改变原料还是改变过程，对产品质量的影响都难以预料，产品质量一旦出差错，就会影响公司的生存。这也是经营者不愿冒风险的原因。

（二）企业过分追求短期利益

我国多数企业缺乏生态环境保护意识和责任意识，受经济利益的驱动，只考虑企业短期利益，而不考虑长远利益，只急功近利地片面追求经济的增长，而不顾给生态环境带来的损害，许多企业甚至宁愿受罚也不愿投资开展生态化技术创新。

在我国中小企业中，企业家及企业人员总体素质不高，创业盲目性和投机性太强。中小企业存活期短，中小企业经营者更加关注企业的短期利益目标，在短期利益的支配下，企业的经营行为不可避免地呈现出短视倾向，从而造成中小企业在社会和环境方面的意识非常薄弱，对于技术创新尤其是生态化技术创新缺乏紧迫感且重视程度不足。没有认识到生态化技术创新是可以节约资源、提高效率、提升竞争力和市场声誉的有效途径，这也直接导致我国中小企业虽然数量众多但整体实力不强，产业层次较低，可持续性发展能力不足[75]。

二、技术水平较低

（一）高新技术人才缺乏

生态化技术创新是一项高智力的投入工作，需要一批科技人才的参与实施。拥有某项高精尖技术的高素质的人才是生态化技术创新的核心和关键因素。人才投入直接影响技术创新能力。在《国家中长期人才发展规划纲要（2010—2020 年）》中明确指出要围绕提高自主创新能力、建设创新型国家，以高层次创新型科技人才为重点，努力造就一批世界水平的科学家、科技领军人才、工程师和高水平创新团队，注重培养一线创新人才和青年科技人才，建设宏大的创新型科技人才队伍。人才资源是国家的战略资源，创新型人才更是国家战略资源的重中之重。目前，我国人才绝对数量很大，但相对规模很小；人才结构虽然在不断改善，但高层次人才匮乏；企业人才主体地位正在确立，但产业研发仍然十分薄弱。目前，我国科技人才发展的总体水平与发达国家相比仍存在明显差距。高层次创新型科技人才总量不足，尤其是缺乏具有世界一流水平的顶尖科学家和领军人才。获国际权威科学奖的我国科学家寥寥无几。据有关部门 2008 年统计，在 158 个国际一级学科组织及其 1566 个主要二级组织中，参与领导层的我国科学家只占 2.26%。

我国"合格工程师"的数量和整体质量，在参与排名的 55 个主要国家中位列第 48 位。我国"适合全球化要求"的年轻工程师只有 16 万人，不到美国的 1/3，我国国际化工程师占全国工程师比例不到 8%[41]。对于中小企业，人才缺乏问题更加突出。中小企业很难吸引、留住优秀的技术创新人才，引进人才困难和人才流失严重直接导致中小企业生态化技术创新能力不足[75]。

（二）技术设备落后

我国生态化技术创新起点较低，整体科技水平落后。以美国为首的西方发达国家已经建立起成熟的生态化技术体系，而我国在很多领域却刚刚起步。生态化技术创新起点低，攻克高端复杂的核心技术显得力不从心[76]。

据 2004 年国家统计局和国家环境保护总局（现生态环境部）的调查，80%以上的中小企业工业生产存在污染问题，占中国污染源的 60%，且有增加的趋势，成为我国环境污染的主导因素，而且污染源正由过去的点状分布发展为城乡复合型的面状分布的局面。中小企业污染源分散，结构性污染突出，主要集中在技术水平低、污染治理难的行业[75]。

目前，我国大部分企业的经济模式多为"资源消耗—产品—废物排放"的单向线性经济模式，资源消耗量和废物产生量很大。我国企业尤其是中小企业多是靠政府推动，被动继续生态化建设，积极性不高。环保技术多数仍属"末端治理型"，企业被动处理工业废物，达标排放率低。通过对历年工业生产总值、能源消耗、"三废"排放的统计分析发现，三者仍然出现明显的比例关系，说明近年企业生态化没有质的改变，环境污染生态恶化趋势在总体上还没有被遏制[74]。

生态化技术创新要兼顾生态、资源、环境和社会的后果，技术性强，复杂程度高，难度大。我国多数中小企业的设备陈旧落后，现有的低技术水平很难与先进的生态化技术相匹配，这也是阻碍生态化技术创新在中小企业中推广的一个主要因素。

同时，企业生态化发展需要大量的科学研究作基础，包括循环经济的理论研究；国外发展情况的研究；经济政策、法规的研究；污染治理技术、废物利用技术、清洁生产技术和生态工业链接技术的研发。目前，我国对这些理论和技术的研发还有待加强[76]。

（三）资金匮乏

技术创新是一种高风险高投入的事业，必要资金的投入是生态化技术创新的一个前提条件。但是，目前我国中小企业生态化技术创新的投入相对不足。一方面，生态化技术创新相对于一般的技术创新而言，短期的投入与产出比更低，让经营者在此方面更加缺少热情和积极性，出现主观上投入不足的现象。另一方面，我国大多数中小企业成立的时间不长，规模较小，资本的原始积累较少，难以满足生态化技术创新的资金前期投入，必须有赖于外部资金的注入。但是大多数中小企业不具有直接融资权，无法以自身信用发放企业债券。中小企业自有资金不足，又缺乏融资渠道，直接造成中小企业在生态化技术创新中投入不足。

企业要进行生态化发展，就要进行技术改造，这需要相当大的资金投入。从企业内部来说，我国企业利润率普遍不高，存留资金有限。而为了躲避金融风险，银行对企业污染防治的资金信贷也持顾虑态度，积极性不高。同时，我国经济总体水平较低，对发展生态企业也缺乏必要的资金投入和政策倾斜，导致政府不能从客观上采取有力措施支持生态企业的发展。

生态化技术创新是一种新型的技术创新，其技术投资和运行费用昂贵，所以企业进行生态化技术创新需要投入大量资金。但是受到资金限制，中小企业投入到技术创新方面的资金很少，而投入到生态化技术创新方面的资金则更少。有关资料显示，企业基建资金中用于生态化技术创新的只有 4.5%，更新改造投资中用于生态化技术创新的仅有 1.3%，排污收费只占应征额的 51.4%，可见中小企业在生态化技术创新上的投资更少。

（四）生态化技术本身的因素

由生态化技术本身特性所决定，它在使用上存在最小经济规模，其技术投资和运行费用昂贵，而广大技术含量低、劳动密集型高的高污染行业企业的生产规模很难达到生态化技术所要求的最小经济规模。适应中小型工业企业使用的实用生态化技术系列的缺乏，限制了广大中小企业采用生态化技术及进行生态化技术的创新。

三、企业自身局限性

（一）产业分布不合理

调查显示，我国企业总体呈现数量大、规模小、传统产业占主导的特点。企业主要分布在机械、纺织、建材、食品等行业，高污染企业多且分布广，且绝大多数为资源型企业。鉴于传统产业高污染和高消耗的特点，如果再不加以改变，我国环境将会进一步恶化，资源也面临枯竭的危险。基于产业分布不合理的基本情况，我国生态化技术创新难以顺利实现[74]。

（二）抵御风险能力弱

　　生态化技术创新是一项探索性、创造性的技术经济活动，在技术创新过程中不可避免地会面临各种环境因素的不确定性，再加上技术创新项目的难度及复杂性，以及创新者自身能力与实力的有限性，而导致生态化技术创新活动达不到预期目标并造成损失的可能性。根据美国学者曼斯菲尔德对美国某三大公司的研究，技术创新项目技术成功率、商业成功率和经济失败率分别高达40%、70%和88%。中小企业局限于自身实力，往往一项技术创新活动的失败会使一个小企业面临灭顶之灾。抵御风险能力较弱是中小企业的一个重要特征，因此如何识别技术创新风险，采用有效措施规避和抵御生态化技术创新风险，是中小企业迫切需要解决的问题。然而，绝大多数中小企业信息化水平和资讯管理能力都处于较低水平[75]。

（三）企业传统发展模式路径依赖

　　企业传统发展模式一旦进入某一路径就可能对这种路径产生依赖。劳动力众多、经济基础薄弱、技术条件不足、资源管理混乱及环境成本较低的国情，使得企业依赖大量资源投入和技术引进，发展劳动密集型产业，单纯追求经济效益，忽视社会效益和生态效益。这种路径依赖推动了中国近30年的高速发展，也造成了资源的衰竭、生态环境的恶化，对这些传统产业进行生态化技术改造的代价非常高昂。

　　然而，传统发展观所确立的政绩观，使一些政府官员形成的仅以GDP增长为业绩考核的方式和观念，没有得到及时、切实的纠正。短期行为的成文和不成文的政绩考核制度，也往往使某些政府官员偏好形象工程，偏好数字效应，重视短期经济行为，而忽视技术创新发展的可持续性和质量，忽视技术创新的环境效益和社会效益。在经济增长和就业压力下，一些地方政府把保障和鼓励更多的企业生产放在第一位，有意识地忽视对环境的保护，对国家明令禁止或限制的一些高耗能、高污染企业，不适当地采取保护、鼓励措施。这样的传统政绩观使企业对传统产业、传统的技术创新形成"路径依赖"。

（四）对创意的分析评价存在不确定性及战略选择不当

　　在创意产生阶段，对创意进行调查、评价的难度大，企业对创意的分析评价存在不确定性，进行一项新的技术研究开发存在很多风险，分析技术创新的成本、价值、市场，以及技术创新是否能成为企业的核心技术等多方面的内容，是一个庞大复杂的过程，任何不充分的调查都会导致创新过程的失败。

而生态化技术有若干层次，采用何种层次的战略，要依据企业所处的环境及自身生态化技术创新能力做出恰当的选择。而在现实中，许多企业对所处环境及自身实力认识不足，从而导致企业不能正确地选择适合自身发展的创新战略。例如，若干实力雄厚的企业只简单地实行末端处理技术，但这种技术并不能从根本上解决环境污染问题，并且从长远来看，它比其他生态技术成本高、效益低。另外，也有实力较弱的企业花费大量人力、物力从事较高层次的生态化技术创新，结果是虽然付出高昂的成本，但并未取得预期的效果，反而使企业陷入困境。因此，根据企业所处环境及自身条件来选择正确的生态化技术创新战略，对企业来说是非常必要的[77]。

第二节　政　府　方　面

一、政府部门生态观念缺失

长期以来，在片面经济发展观的指导下，单一追求经济价值的传统技术创新观一直主导着我国技术创新的发展方向。一些政府部门不能从战略高度来看待技术创新生态化的紧迫性和重要性，对污染治理还停留在"末端治理"的认识水平上，以此为基础的环境政策往往表现出滞后性、被动性、消极性、事后性，不能对技术创新生态化起导向和激励作用。目前，环保部门、经济综合部门和行业主管部门各级领导对企业生态化建设及其对环境保护、资源节约和提高经济效益的重要意义没有形成统一的认识，导致对推行企业生态化建设缺乏紧迫感，对企业实施生态化建设没有应有的动力。此外，现行政绩考核中以 GDP 增长为硬性指标，也诱导一些领导者和决策者偏好数字经济，看重短期经济行为，而轻视技术创新发展的可持续性和质量，忽视技术创新的生态效益和社会效益[78]。

二、政策支持力度不足

（一）法律法规不够健全

对生态化技术本身健康发展的保护力度不够，对污染环境企业的惩罚程度不足，不能全面地引导企业从事生态化技术创新活动。管制效率较差的主要原因如下：一是信息不对称，政府管制部门制定各种环境标准、法规和政策，敦促企业采取措施达到规定标准，企业对这种标准、法规和政策是比较清楚的，但管制部门面对的是众多企业，有限的人力不可能或很难了解到企业执行环境标准的情况，以及是否履行环境保护义务，这种信息不对称的情况就使企业难以受到充分管制；二是当前对企业排污收费的标准太低，大大低于实际需要的治污成本。这对于引导企业自觉开展生态化技术创新，将生态化技术推广到越来越多的企业中，是十分不利的[74]。

虽然我国已经认识到生态保护的重要性，并相继制定和颁布了《中华人民共和国环境影响评价法》《中华人民共和国清洁生产促进法》等一系列法律法规，形成了一个较为完整和庞大的环境政策体系，政策手段也呈多样化，但仍不够健全完善。从总体上看还没有形成促进技术创新生态化发展的法律框架，已有相关立法质量有待提高。知识产权法及其相关法规，没有对生态技术做出较为详细的规定，也不对其具有适用性和可操作性。已有的一些规定比较笼统，可操作性不强，对企业的约束力不大，无法有效促使企业开展生态化技术创新。

（二）现行相关政策法规的配套性、系统性和操作性不强

生态企业作为一种新型的企业生产模式，它的成长与发展需要政府和全社会的支持，虽然我国政府制定了一系列相关法规和政策及促进生态化运动开展的措施，但现行相关政策法规的配套性、系统性和操作性不强。以《中华人民共和国清洁生产促进法》为例，虽然此法为我国主要的循环经济法，但没有具体明确企业的责任和义务，也缺少更加具体的专项法律法规作为配套。我国促进资源综合利用的一些优惠政策现在还处于初级阶段，主要表现在对科技人员、企业、消费者的激励政策滞后，因此无法从宏观上有力调控生态企业实施清洁生产和生态化营销策略，从而制约了我国生态企业的健康发展[74]，限制了企业生态化技术创新的发展。

（三）政府各部门利益制约

环境政策的制定和实施通常涉及多个部门，多个层次，各自所要解决的问题及关心的利益往往不同，这使得环境政策的制定和实施过程成为一个复杂的利益、权利划分的过程。这些制定和实施环境政策的机构不仅为整体经济和社会利益服务，它们还有着自身系统的利益要求，于是就会出现各自为政、政出多门的情况。由于政府权力配置制度存在弊端，环境问题的行政干预还会受到地方保护主义的影响。现行政府官员政绩的考核主要是以经济增长为标准，我国政府始终将经济建设作为其中心工作，以发展经济为中心的制度安排，凭借其较大的影响力左右着政府收入与分配状态，直接关系到资源的有机配置效率，对地方政府来说，这

种以经济效率为中心的制度安排创造的机会大大超过了因创造这些机会而支付的单纯经济成本，政府只注意了净利益而忽视了环境成本。环境保护不存在竞争机制和利益驱动，当经济发展与环境保护相冲突时，政府官员就会以牺牲环境为代价来发展经济[72]。

（四）缺少激励机制及信息机构支持

国家政策和激励机制是中小企业进行生态化技术创新的外部动力。目前，我国缺少推进中小企业生态化技术创新的激励机制，如财政、税收、金融政策体系和法规体系及措施等。这样，对于一部分具有生态化技术创新意识的企业，由于缺少相应的政策支持和激励机制，则会挫伤其生态化技术创新的积极性，阻碍生态化技术创新在中小企业中的实施和推广。政府缺乏相应机构来为企业提供生态化技术信息、解决生态化技术问题也是企业进行有效生态化技术创新和推广的一个制约因素。我国的污染防治政策更强调和鼓励末端治理，而对企业生态化技术创新推广的政策扶持与鼓励不够，导致企业缺乏必要的经济动力。生态化技术信息的缺乏，使我国企业难以把握相关技术领域的发展动态和发展趋势，进而会影响我国企业生态化技术率先成果的先进性与技术创新性，也会影响创新和技术引进的质量与水平，造成不必要的资源浪费。市场信息缺乏，使企业难以把握和寻找生态化创新机会，更无法保证创新成果的市场前景，同样会造成资源的浪费和创新活动的失败[79]。

三、财政支持力度不足

在目前的财税制度下，地方政府的税收主要靠 GDP，短期行为的决策导向必然决定他们力争任期内效益最大化。在此背景下，地方政府有两种选择，要么自主创新"开源节流"，要么依赖资源"杀鸡取卵"。而后者显然费时少、见效快。因此，其结局必然是以耗尽资源和牺牲环境为代价。

技术创新是一种高风险高投入的事业，必要资金的投入是生态化技术创新的一个前提条件。但是，目前我国企业生态化技术创新的投入相对不足，尤其是中小企业的生态化技术创新更受到资金不足的影响。目前，我国财政、税收、金融政策体系和法规体系及相关措施等推进中小企业生态化技术创新的外部激励机制很不完善，必然会挫伤中小企业进行生态化技术创新的积极性，阻碍生态化技术创新在中小企业中的实施和推广[80]。

要实施企业生态化技术创新，需要对传统产业进行生态化技术创新改造。我国劳动力众多、经济基础薄弱、技术条件不足的国情，使得依赖技术引进，发展劳动密集型产业，成为我国改革开放以来的主要发展模式[81]。这种模式推动了我国经济近 30 年的高速发展，但也造成传统产业产生大量沉没成本，对这些传统产业进行生态化技术改造的代价昂贵。因此，我国企业在实施生态化技术创新时需要政府在财政方面对其进行支持推动，而目前政府对生态化技术创新的资金投入仍相对不足。

政府缺乏对企业生态化技术创新进行激励、扶持和优惠的财政、税收、金融政策体系及措施等。生态化技术创新需要更多的资金投入且具有更大的风险。微观经济主体在利益驱动下，难以有大量的资金投入。因此，政府的投资是生态化技术创新资金投入的一个重要来源。但是政府的投入，一方面要考虑投资的效益，只有基础性的研究才有广泛的适用性。而专门应用方向的技术创新，政府一般是不会投入大量的资金。另一方面，政府作为经济主体，有它自身的利益，对其资金投入也要进行成本收益比较。而民众也是从直接的可见的效果来评价政府的行为。政府为了适应民众的短期化要求，就必须表现出它的政绩。因此，政府在对技术创新的资助过程中，必然存在对近期利益的偏好。生态化技术不能保证在短期内带来显示政绩的效益，使得政府对这类投资不会有很大的积极性[77]。

发展循环经济所需要的污染治理技术、废物利用技术和清洁生产技术都是高新技术、生态化技术，而这些技术都需要大量研发投入及技术推广费用。目前，资金匮乏是制约企业开展循环经济生态化技术创新的严重障碍。如果不解决这个问题，生态化技术创新企业就会陷入投入资金不足—不创新—资金更不足—企业倒闭的恶性循环[82]。

第三节　市　场　方　面

一、市场失灵

市场失灵就是市场机制的某些障碍造成资源配置不到位或缺乏效率的状态，生态化技术创新具有较强的综合效益，可实现经济效益、生态效益、社会效益与人文效益的协同，但这在某种程度上弱化了企业技术创新的经济效益，这就客观导致了市场经济条件下企业缺乏生态化技术创新的积极性，不愿意进行生态化技术创新的投入和相关成果的应用，这就是生态化技术创新的市场失灵。

（一）资源环境的公共物品性和无偿使用制度是导致生态化技术创新市场失灵的根源

公共物品具有消费的非竞争性和非排他性。资源环境的这种公共物品性使我们可以无偿地、互不排斥地共同使用它，这就导致了理所当然的"先占先得、无须负责"的不负责任利用方式甚至"竭泽而渔、杀鸡取卵"的急功近利利用方式，无节制地通过各种技术手段开发利用有限的资源，向自然环境倾倒各种废弃物，导致了哈丁所称的"公地的悲剧"。

生态环境具有生存性和生产性两种功能，生存性功能提供人类生存所必需的空气、淡水资源等生存基础，生产性功能为人类生产活动提供物质和能源。生态环境并不具有无限供给性，人类生产活动范围的扩大使得生态资源也成为一种稀缺物品。从物品属性来看，生存性生态环境属于纯公共物品，生产性生态环境也具备准公共物品的特征。这使生态化经济的环境消费者在消费生态环境时都想当"免费乘车者"，不支付任何成本就得到利益。因此，市场机制在激励生态化技术创新方面存在许多缺陷。

（二）对传统技术创新负外部性的宽容阻碍了生态化技术创新

对传统技术创新负外部性的宽容是产生资源生态化技术创新的制度根源之一，阻碍了生态化技术创新的进行。传统技术创新的负外部性是指人类在从事技术创新活动时，过分追求经济效益，以致对资源的利用程度超过了可再生资源的再生能力或不可再生资源的替代能力，向大自然排放的废弃物超过了环境的容量与自净能力，从而导致资源利用告急，环境质量恶化，影响和破坏了他人的生产、生活，给他人造成了实际或潜在损失。对于负外部性问题，理所当然要采取措施予以降低或消除。很早以前，庇古就提出了征收"庇古税"作为纠正生产负外部性的方法，旨在利用税收的力量实现资源的有效配置。遗憾的是由于管理者缺乏信息及负外部性评估的难度较大，"庇古税"在大多数情况下难以有效实行。可以说，对于传统技术创新所产生的负外部性问题，政府和企业通常缺乏有效的应对手段。对传统技术创新负外部性问题的宽容，使企业养成传统技术创新的惯性和惰性，缺乏生态化技术创新的动力。

（三）"搭便车"现象影响企业生态化技术创新的积极性

英国生态经济学家康芒（Michael Common）等认为，经济主体不愿意显露其对公共物品需要的意愿，不愿主动为公共物品付费，总想让别人生产公共物品，而自己免费享用。市场经济中"搭便车"问题的存在，人们的利己主义心理不能实现社会资源的帕累托最优配置，使得人们对资源节约、环境保护和生态维护这类提供公共物品的活动动力不足，公共物品供应短缺。

生态化技术创新是正外部效应很强的公共物品，可以防止环境污染和环境破坏，保持生态平衡，扩大有用自然资源的再生产，保障人类社会的发展。生态化技术创新是一种为社会提供集体利益的公共物品和劳务，它往往被集体无偿加以消费，任何人都可以享受它带来的利益，而无须支付任何费用。市场机制会导致生态化技术创新的供给不足，有时甚至会出现供给为零的局面。因此，如果人们不对这种行为支付报酬，政府不对这种行为特别加以补偿，经济主体就会缺乏开发生态化技术的积极性，就不再愿意为集体利益提供公共物品和劳务。

（四）市场机制不可能自发实现生态化技术创新

生态化技术创新的经济学本质是实现"外部效应的内部化"。实现外部效应内部化，企业必然要更多地限制其自身的行为，承担更多的成本，这是在市场经济条件下企业不愿意做的。

市场机制在激励生态化技术创新，实现外部效应内部化方面存在一些缺陷。首先，传统技术创新一般是一种负外部性较强的创新，个人收益高于社会收益，企业有较高的积极性；但生态化技术创新具有非常强的正外部性社会收益，且生态效益远高于企业经济效益，企业付出的创新成本在很多情况下难以得到充分的补偿，以致缺乏进行生态化技术创新的动力。其次，生态技术的复杂性使得创新的成本和风险非常大，而成本、风险与收益并不对等。企业要冒很大风险，花费巨额成本，但有时收益并不大甚至亏损，这导致企业生态化技术创新的内在动力不足。再次，生态化技术创新涉及面较广。生态化技术创新是对传统技术创新的一次变革，涉及物质、能量和信息利用方式等方面，这种变革有时并不局限于单个企业内部，往往涉及园区、城市甚至更大范围的区域，协调管理难度较大。最后，转换成本高。在传统经济发展模式下，企业形成了传统技术创新的路径依赖。生态化技术创新是一次技术"范式"的转换，通常转换成本较高，涉及生产技术设备的更新换代，技术人员的岗位培训，管理流程的更新升级等问题。这些都需要企业花费巨额成本才能解决。因此，企业的生态化技术创新积极性不高[83]。

二、体制机制不健全

（一）传统科技体制的束缚

科技体制决定着科学技术的运转机制，决定着科技力量和科技资源的配置，决定着科技转化为生产力的成效。我国的科技体制长期生存在计划经济体制下，存在很多弊端，严重影响了我国科技的发展和创新。

我国的计划经济在 20 世纪 50 年代这一时代背景下曾对经济发展发挥过非常

积极的作用，大力推进我国经济运行尽快走入正轨。然而，随着改革开放的深入，诸多因素发生了变化，传统的经济体制越来越不适应现代化建设的需要，一方面计划赶不上变化，无法应对纷繁复杂的市场情况；另一方面缺乏严格的竞争机制[84]。

（二）市场驱动机制不健全

市场机制的核心是价格和竞争机制，市场通过价格信号为处于竞争中的企业主体指示方向，通过竞争迫使市场主体对价格信号做出反应，通过供求关系的变化和企业经济主体之间的竞争，协调生产与需求之间的关系和生产要素的流动与分配，从而实现资源的有效配置。我国的市场体制不健全，市场对资源的配置功能未能真正发挥作用，市场本身未能形成良好的竞争环境，企业普遍缺乏一种外在的约束迫使其改革工艺，进行生态化建设。在这种市场体制下，我国的生态化建设的发展以供给驱动替代了需求驱动，并不是企业主动实施生态化建设，而是政府和环保部门要求企业实施，或是通过某一援助项目实施。我国推行生态化建设的官方色彩很浓，未能营造出良好的生态化建设市场机制，缺乏竞争力，企业的主动性较弱[72]。

生态化技术创新前期投入较大，在中小企业普遍缺少生态化意识的环境中，国家政策有效的激励机制是中小企业进行生态化技术创新的外部动力。目前，我国财政、税收、金融政策体系和法规体系及相关措施等推进中小企业生态化技术创新的外部激励机制较不完善，必然会挫伤中小企业进行生态化技术创新的积极性，阻碍生态化技术创新在中小企业的实施和推广[75]。

（三）成本核算体系不完善，社会配套服务体系不健全

现行的成本核算体系没有对环境资源的消耗成本和企业因环境污染而负担的损失，以及为了治理环境而发生的各种支出进行有效的计量和核算，使得一些企业对自然资源无偿占用和耗费，以牺牲环境为代价，造成企业利润虚增。因此，一些企业只看到了眼前的经济利益，忽视了长期的生态效益，致使生态化技术创新动力不足[85]。

生态化技术创新社会服务体系是生态化技术创新体系的重要组成部分。一般来讲，企业技术创新主要包括技术研发和科技成果转化及应用两个阶段。目前，我们对技术研发阶段比较重视，相关政策及服务较周密，但对技术成果转化及技术市场化阶段的社会配套服务不足。例如，连接企业和技术市场的链条、整合社会科技资源能力等较弱；为企业发展循环经济提供的节约资源、保护环境的适用

性技术，以及提供咨询与服务的组织较缺乏；开放式、网络化的技术创新服务网络稀缺等[82]。

（四）缺乏风险保障制度

生态化技术创新不仅存在一般技术创新所面临的风险，还存在社会对生态化技术接受程度的风险、生态化技术不确定性的风险。前者表现为，社会不同利益集团在现行的制度环境下，出于自身利益的考虑，抵制生态化技术。后者表现为，人们对技术应用后果的认识在不断地发展，一项曾被认为是适应生态环境的技术，随着人们认识的深化，可能发现它会给生态环境带来破坏，不仅不能推广，还要加以限制。这种认识发展的时间间隔长度是不确定的。正因为生态化技术创新的风险要比一般技术更大，所以阻碍了人们从事生态化技术创新。因此，没有创新风险保障制度，完全靠企业自发的创新活动，生态化技术创新的数量难以满足社会可持续发展的需要[81]。

（五）激励机制、投资机制、技术创新机制严重滞后

市场经济的运行是建立在经济主体利益最大化的基础上，以个体利益激励经济主体的经济行为。经济主体通过成本收益的比较决定自己的抉择。生态化技术是一种富有外部正效应的技术，它不能使创新者获得技术创新的全部效益，相反它的成本较高、风险较大，因此在市场竞争中不具有优势。尽管生态化技术符合人类的根本利益，但市场机制不能自发解决外部性问题，市场制度并不鼓励生态化技术创新[81]。

一些国有企业缺乏独立性和自主性，缺乏依靠科技进步和加强科学原理的内在动力。国家的企业之间没有形成所有者和投资者的合理的利益结构与相适应的机制，导致企业行为短期化，使企业重扩大生产规模，轻技术改造和挖潜[83]。

（六）未能形成重视生态化教育的教育体制

生态化技术创新和任何一种经济活动一样均是由人来从事的。初等教育尽管已设置了环境保护方面的课程，实际上却尚未把它作为基础教育的必备知识。而高等教育、生态教育也刚刚起步，大多数高校尚未把培养学生的生态素质作为人才素质的内容。因此在非环境类专业中，普遍没有开设与生态教育相关的课程，致使培养的学生不具备系统的生态学和生态经济学知识及生态环境保护的理念。这样的学生在今后的经济活动中自然难以自觉地推动生态化技术创新[86]。

生态化技术创新的引导机制不健全，主要表现为未能形成重视生态化科技的宣传教育体制，未能形成引导企业为主体的生态化技术创新产业发展的有效机制。

三、生态化技术创新产品消费市场发育不足

消费者的需求及由这种需求引致的消费市场，从根本上决定了技术创新成果的商业价值实现。目前，生态化创新技术仍处于发展初期，一方面，相应的产品和技术市场规模相当有限；另一方面，消费者的生态化消费偏好是非主导和不稳定的，在消费外部性广泛存在和预算支出有限的条件下，生态效用远未成为大多数消费者的效用函数内核。从发展趋势看，消费者行为的自发演化也存在路径锁定和满意导向特征，表明向生态化技术产品消费模式的自发转变是一个沿着初始消费惯例出发的长期的渐变过程，消费者往往遵循满意导向而非生态最优，这就极大地限制了市场机制对生态化创新产品消费的驱动和催发效能[74]。

四、沉没成本高

沉没成本是指用于某种特定生产的投资一旦形成或者部分形成，将很难转换成其他产业或者产品的生产，由此形成沉没成本。劳动力众多、经济基础薄弱、技术条件不足的国情，使得依赖技术引进，发展劳动密集型产业，成为中国改革开放以来的主要发展模式。这种模式推动了中国近30年的高速发展，也造成了传统产业的大量沉没成本，对这些传统产业进行生态化技术改造的代价非常高昂。

五、诱致性变迁的局限性

当前，我国由经济与技术的发展带来的自然生态形势严峻，向人地和谐的发展模式转变刻不容缓。但是，诱致性制度变迁缓慢，这种制度演进是否发生取决于每一当事者的预期收益和费用。这意味着，在现存技术创新制度下，生态化创新生产与消费的潜在获利机会不显著，导致推动制度自发变迁的活动难以出现。因此，这种制度演进方式难以满足可持续发展对制度创新的迫切要求。

我国社会经济活动主体数目庞大、性质繁杂，不同地区社会与经济发展、不同产业结构之间的经营状况很不均衡。这样，一方面，创新者倡导、组织庞大的社会群体进行谈判，并就一系列自发的、正式的生态化创新制度变迁达成一致性意见的成本极高，以至于无法形成戴维斯所称的具有全局带动力的"第一行动集

团"；另一方面，生态化创新风险和制度变迁外部效果的存在，使得"搭便车"现象不可避免，这在一定程度上弱化了诱致性制度变迁的自发动力[74]。

六、急功近利是对生态化技术创新的最大限制

文化属于上层建筑的范畴，它反作用于经济基础，也阻碍生产力的发展，而生态化技术创新的基础是技术创新，属于生产力范畴，因此，一定的文化制约着技术创新，也制约着生态化技术创新的扩散和传播。在中国传统文化中占主流的文化是入世说、建功立业、急功近利[87]。文化是影响人们行为的一个重要因素。尽管在我国的文化传统中，也有顺应自然的一面，但它并非是主流，一般往往是出世者所创导的。在文化传统中占主流的是入世说，建功立业、急功近利成为大多数人的行为倾向。在市场经济成为人们经济活动的制度约束前，急功近利观念主要体现在政治生活或社会生活的其他方面。而市场经济的建立，强化了急功近利观念的影响。在市场经济条件下，经济活动主要靠市场机制和价格杠杆调节，逐渐培养起人们的市场观念，用市场观念评判各种问题。市场经济对人们经济行为的影响，主要集中在近期利益方面。鉴于市场变化的不确定性，从长远利益的角度考虑，往往风险更大。因此，市场主体从其利益最大化的角度考虑，短期利益优先于长期利益，往往是个合理的选择。而市场观念对近期利益的重视和人们急功近利的文化传统是一脉相承的，所以它很容易被人们所接受并强化。生态环境问题和生态化技术创新，实际上是要求人们兼顾长远利益和近期利益，整体利益和个体利益，甚至要求将长远利益和整体利益放在优先考虑地位[81]。

七、知识产权保护难

中小企业生态化技术创新的典型特征就是以应用型成果体现出来，因此技术创新的难度不是很高，模仿与复制的难度较低，再加上中小企业技术创新人才流动快，流动频率高，技术创新的扩散和溢出效应较大，从而造成"搭便车"现象，这使得生态化技术成果得不到独占性保护，创新型企业处于一种不公平竞争的市场环境。因此，有必要对创新型企业创新成果的独占性进行保护。但是，目前我国中小企业知识产权保护存在企业知识产权保护意识不强、缺乏知识产权管理专业人才、技术成果交易平台不完善、知识产权保护申请程序烦琐周期长、费用较高等问题，这使生态化技术创新企业缺少生态化技术创新投入的积极性[75]。

生态化技术创新成果知识产权保护难的现象在我国中小企业尤为突出。一方面，企业对知识产权保护尚未引起足够的重视，特别是缺乏运用法律武器保护自有知识产权的意识，这不仅使企业蒙受巨大的经济损失，也削弱了企业进行技术

创新的积极性；另一方面，制度的有效实施不够，违约成本不高，使得盗版、假冒伪劣与专利侵权现象广泛地存在，极大地挫伤了企业创新的积极性。这两者的"恶性互动"如果不能得到有效的治理，那么企业的生态化技术创新就会进入坏的"路径信赖"，生态化技术创新会失去动力和活力。

八、公众生态意识淡薄

生态环境是人类赖以生存的物质环境，是一种具有社会共有性的短缺要素，企业要利用这种要素创造利益，就必须尽可能地将污染降到最低，以利于生态环境的恢复，保证资源的可持续性。目前，尽管人们逐渐意识到环境保护的重要性，但仍有学者认为，中国正处于工业化阶段，经济增长是首要目标，随着工业化阶段进化到知识经济阶段，生态环境也将随之改善。这种观点忽视了当今世界的资源禀赋与过去的差异，它已经无法支持中国复制发达国家的工业化过程，先污染再治理的道路走不通[74]。

公众对环境问题的严重性也认识不足，没有形成爱护环境保持生态平衡的社会价值观，无法给企业生态化技术创新创造良好的社会氛围。缺乏市场需求是影响生态化技术创新的最主要因素，因为市场将决定创新的收益，如果缺乏市场需求的拉动，持续的生态化技术创新也就不可能实现。短期的财务压力（尤其是上市公司）将会更多地集中在满足现有客户的需求上。

第六章 基于低碳战略的企业生态化技术创新的提出

第一节 低碳概念的提出

一、低碳概念提出的国际背景

早在"低碳"一词提出之前，减少温室气体排放、减缓气候变暖这一话题早已在国际上受到重视。在 1992 年 6 月联合国环境与发展会议上开放签署的《联合国气候变化框架公约》（United Nations Framework Convention on Climate Change，UNFCCC）确定了"共同但有区别的责任"的原则，即发达国家率先减排，并给发展中国家提供资金和技术支持；发展中国家在得到发达国家资金和技术支持下，采取措施减缓或者适应气候变化。1997 年 12 月在日本京都召开的《联合国气候变化框架公约》第三次缔约方大会上，通过了国际性公约《京都议定书》，该协议规定了各国的二氧化碳排放量标准，规定在 2008～2012 年，主要工业发达国家的温室气体排放量要在 1990 年的基础上平均减少约 5%[88]。

低碳经济的概念最早源自于 2003 年英国能源白皮书《我们能源的未来：创建低碳经济》[88]。"低碳经济"是指为了应对全球气候变暖，通过技术创新、制度创新、产业转型、新能源开发等多种手段，尽可能地减少煤炭、石油等高碳能源的使用，实现低能耗、低污染、低排放，经济社会发展与生态环境保护双赢的可持续发展模式[89]。低碳经济的本质是可持续发展，核心是能源技术创新和政策创新[90]。真正将低碳经济的概念由一个国家范畴扩充到全球范围内，是在 2007 年 12 月制定的"巴厘路线图"。2009 年在联合国气候变化大会上制定的《哥本哈根协议》为进一步开展全球气候变化谈判开创了新起点。2011 年 11 月 28 日至 12 月 11 日在南非德班召开的《联合国气候变化框架公约》第 17 次缔约方大会进一步推动了《联合国气候变化框架公约》、《京都议定书》和"巴厘路线图"的进行[91]。

国际上各国家，尤其是发达国家都比较积极地采取措施，实施低碳战略。归纳起来，主要有以下一些国际低碳经济发展经验。

（1）英国是世界上控制气候变化最积极的倡导者和实践者，也是先行者。为强化英国在国际二氧化碳减排方面的领导地位，改善英国的二氧化碳管理体制，推动低碳经济战略，英国政府制定了世界上第一部应对气候变化的法律——《气候变化法》，将二氧化碳减排目标纳入其中。英国积极实施气候变化税（climate change levy，CCL）制度，于 2001 年设立了碳基金，碳基金是一个由英国政府投资、按企业模式运作的独立公司。碳基金的主要来源是气候变化税，在 2004～2005 年，又增加了两个新的来源，即垃圾填埋税和来自英国贸易与工业部的少量资金。英国还推出《气候变化协议》（Climate Change Agreements，CCAS）及规范排放贸易机制。英国政府十分重视可再生能源、核能、碳捕获和储存技术、输电网等能源基础设施建设，将其作为未来英国发展低碳产业的重要方向。例如，现阶段英国政府非常关注碳捕获与埋存技术（carbon capture and storage，CCS），这项技术可以最大限度地防止二氧化碳进入大气层，将二氧化碳气体注入地表以下数千米的地质层中，使其可以被应用在发电站和石油及天然气生产过程中的脱碳工艺中。

（2）德国实施气候保护高技术战略，其中生态税是改善生态环境和实施可持续发展计划的重要政策之一。德国大力发展可再生能源，于 1991 年出台了《可再生能源发电并网法》，规定了可再生能源发电的并网办法和足以为发电企业带来利润的收购价格。为减少碳排放，德国大力推进低碳发电技术研发，制定了关于二氧化碳分离、运输和埋藏的法律框架。

（3）意大利政府从 1992 年开始实施 CIP6 机制，以保证购买价格的方式支持可再生能源发电厂的建设，并且依据使用可再生能源所产生的各种费用，以及可再生能源设备种类等标准制定详细价格，为从政策导向上推动可再生能源的发展提供了必要的手段。同时，意大利分别于 1999 年和 2005 年制定了"绿色证书"制度和"白色证书"制度。"绿色证书"制度规定年产量或进口量在 1 亿千瓦·时以上的非可再生能源生产企业，必须按前一年度实际产量的一定比例向国家电网输送可再生能源。该比例开始为 2%，后逐年递增，2006 年达到 2.7%。"白色证书"，也称能源效率证（TEE），是一个为减少能源消耗而出台的鼓励措施，企业申请"白色证书"，有最低的节能目标。最终用户达到 10 万以上的企业，必须实施"白色证书"制度。节能效果超过规定目标，可出售其富余的"白色证书"。

（4）日本是一个资源比较匮乏的国家，因此也是新能源开发最领先的国家，一直十分重视能源的多样化，在太阳能发电、风能、光能、氢能、海洋能、地热、垃圾发电、燃料电池等新能源领域都走在世界的前列。2006 年，日本政府首次制定了国家能源战略——《新国家能源战略》。2009 年 4 月，日本政府公布了《绿色经济与社会变革》的政策草案，提出通过实行削减温室气体排放等措施大力推动低碳经济的发展[92]。日本建立了绿色金融体系，将资金运用到低碳技术的创新投资中，形成碳交易市场机制。

（5）加拿大、瑞典、法国等国家也都制定了各自详细而具有鲜明针对性的低碳经济发展战略。加拿大在建筑材料的节能环保方面制定了严格的管理制度，建筑商在开发建设过程中是否符合各项环保和节能要求，都必须通过具有独立认证资格的第三方的监督、检验和认证。瑞典成为全球首个实行"考驾照先学环保驾车"的国家，并为鼓励国民使用环保型汽车出台了一系列政策措施。法国计划在2020年把有机农业所占土地面积比例从现在的1%提高到20%。

二、实施低碳发展的动因

（一）国际大势所趋

节能减排如同早先的全球化一样，已成为一种国际趋势，企业必须随潮流而动。在人类200余年的工业化进程中，大量化石能源（包括石油、煤炭、天然气等含碳能源）的消耗已经使得地球变暖成为事实，并带来了更多的灾害性天气。2003年，英国能源白皮书《我们能源的未来：创建低碳经济》首次将"低碳经济"写入政府文件；生效于2005年的《京都议定书》则为低碳战略提供了一个有保障的金融机制；2007年12月的联合国气候变化大会更是将低碳战略一举推到国际社会的聚光灯下。

到2007年底，国际社会已经制定了雄心勃勃的减排计划。一个总的共识是"80-20"原则，即在20年内力争把温室气体排放量降低80%。

要达到这个目标，以中国为首的发展中大国肩负着巨大的减排压力。在2007年11月国际能源署（International Energy Agency，IEA）发布的《世界能源展望》中，预测到2030年世界能源需求将增长50%，其中40%是由中国和印度拉动的。

作为一个负责任的大国，中国未来必将通过落实更多的节能减排法规来获得国际社会的尊重和认可。而这些法规的落实，将对国内企业的生产经营活动带来冲击。

（二）国家政策所向

中国政府正在大力推进企业节能减排的力度。2006年，中国政府的"十一五"规划确立了节能减排工作的"硬指标"：到2010年，单位GDP能耗比"十五"末降低20%左右，主要污染物排放总量减少10%。

但是，2006年全国万元GDP能耗与上年相比只下降了1.23%，并没有完成预定的平均每年下降4%的目标。2007年的万元GDP能耗比2006年下降了3.66%，仍然没有完成4%这个目标。

连续两年能耗下降没有达到指标，将促使政府拿出更为严厉而有效的措施。2007年7月1日，由温家宝总理担任组长的国务院节能减排工作领导小组安排了

2008 年的工作，其中提出要"打好节能减排攻坚战"，使节能减排工作取得突破性进展。

这种节能减排的迫切愿望，加上我国实现可持续发展的长久国策，都在呼唤企业制定自己的节能减排长期战略，使自己在未来的竞争中掌握主动权，避免被各种环保新政打个措手不及。

（三）消费者人心所归

2007 年，埃森哲大中华区副总裁丁民丞在分析埃森哲的一项针对全球 7500 多名消费者的调查时称，全球的消费者更青睐那些能够积极应对气候变化的厂商所提供的产品和服务。这意味着在不远的将来，消费者的购买行为可能出现新的模式，这将迫使企业积极应对气候变化。

这项调查发现，世界各地 85% 的被访者对气候变化给予了"极度"或"一定程度"的关注，包括中国在内的新兴国家更是有高达 97% 的消费者关心气候变化，而且更为积极地采取行动。新兴国家超过 80% 的被访者（这个比例远远高于其他区域）尽量避免乘坐汽车、不买空运入境的食物、选择乘火车而不是飞机，而且使用替代能源的人数也是其他地域的两倍。

调查也发现，有 64% 的被访者表示愿意支付更高价格购买低碳的产品和服务。在这部分消费者中，人们愿意支付的额外费用平均高达 11%。

（四）企业未来竞争优势所在

考虑到能源的日渐紧缺，以及油价的不断上升，在节能减排方面处于领先地位的企业毋庸置疑将节省更多的能源费用。而从更长远的角度来看，节能减排能力将成为企业的一种长期竞争优势。根据高盛银行在 2007 年 7 月公布的一份报告，在其所调查的 6 个行业中（能源、矿产、钢铁、食品、饮料和传媒），那些在执行可持续发展政策方面处于前列的企业创造了可持续的竞争优势。2005 年 8 月以来，其市场业绩超越了一般股票市场 25 个百分点。与此同时，这些企业中的大多数在同一时期的市场业绩要优于同行。

此外，因为公众将节能减排的领头羊企业视为承担企业社会责任的典范，所以企业树立了良好的品牌形象。这种声誉将带来潜在的商机及品牌溢价[93]。

三、国内的基本状况

随着全球气候变暖、环境恶化、资源紧缺等问题日益突出，实施低碳战略，发展低碳经济已成为社会共识。为实施低碳经济，国家政府出台了许多关于低碳战略的政策，并发布了相关报告，具体如表6.1所示。

表6.1　中国政府关于低碳战略的主要成果[94]

时间	部门/会议	成果	意义
2006年12月26日	科学技术部、中国气象局和中国科学院	《气候变化国家评估报告》	我国编制的第一部有关全球气候变化及其影响的国家评估报告
2007年6月	国务院	《中国应对气候变化国家方案》	发展中国家在该领域的第一部国家方案
2009年8月	全国人民代表大会常务委员会	《关于积极应对气候变化的决议（草案）》	明确提出，要立足国情发展绿色经济、低碳经济
2009年12月18日	哥本哈根联合国气候变化大会领导人会议	温家宝总理发言《凝聚共识 加强合作 推进应对气候变化历史进程》	强调"确保机制的有效性"和发达国家的责任和义务
2010年7月19日	国家发展和改革委员会	《关于开展低碳省区和低碳城市试点工作的通知》	确定首先在广东、辽宁、湖北、陕西、云南五省和天津、重庆、深圳、厦门、杭州、南昌、贵阳、保定八市开展试点工作
2011年3月	中国"两会"	《中华人民共和国国民经济和社会发展第十二个五年规划纲要》	明确未来五年应对气候变化工作的目标、任务，要求综合运用调整产业结构和能源结构、节约能源和提高能效、增加森林碳汇等多种手段，控制温室气体排放

党的十八大报告将生态文明建设与经济建设、政治建设、文化建设、社会建设并列，宣示了中国特色社会主义事业总体布局为"五位一体"，提出了建设"美丽中国"的构思，强调"着力推进绿色发展、循环发展、低碳发展"，提出应当"从源头上扭转生态环境恶化趋势，为人民创造良好生产生活环境"。

目前我国发展低碳经济处于探索阶段，在企业低碳战略实施方面，尚未形成整体思路，同时企业自身低碳化管理能力还比较薄弱，导致企业制定和实施低碳战略存在诸多不确定性。

第二节　低碳战略的相关概念

低碳战略，就是以低碳作为发展模式、产品标准和无止境目标的宏观架构。低碳战略是一个系统工程，包括企业使命与理念、产业结构与项目规划、科技创新与技术改造、原材料与初级产品及其他上下游供应链采购、生产销售与物流、产品服务与回收、企业文化与品牌传播、人才团队与规模控制、建筑节能与资产管理、资本运作与融资模式等。有实力的大企业可以进行低碳战略的整体规划和实践，实力有限的企业可以分阶段、分环节地先做一部分[93]。

一、低碳经济

低碳经济是指在遵循经济、社会、生态和环境可持续发展的原则下，运用科技创新、制度创新、新能源开发利用等不同措施，以减少煤炭、石油等高碳能源的大量使用和消耗为前提，从而减少温室气体排放，如二氧化碳、二氧化氮等，以实现经济、社会、生态和环境和谐发展的一种新兴的经济发展模式。人类社会的生存和发展，离不开各种能源的开发和使用，随着对生物质能的利用受到制约，尤其随着当今经济、社会、生态环境的不断发展，各方面出现了不协调的矛盾，不断增长的经济发展规模使得化学、生物等常规能源的利用出现破坏生态、环境的问题，汽车及工业废气污染、水资源污染、森林树木过度砍伐、二氧化碳大量排放致使全球气温升高等情况越来越引起社会乃至全世界各国的普遍关注，各国都在种种危机问题中清醒地认识到，要促使经济的健康、快速、长期发展，就要寻求与经济、社会、生态环境发展相适应的新途径和新方法。在此前提下，如"低碳理念""低碳化技术""低碳化社会"等一系列新理念、新措施被提出，对于低碳经济的理念、发展和模式，鉴于历史发展的原因，各国政府、各国科学研究者对其进行了不同的研究和理解，但均以发展低碳经济、利用新型能源促使经济、社会可持续发展为目的，在新形势下，出现了许多通过技术创新、理论创新对低碳经济和低碳战略模式而进行的研究。

（1）低碳经济这一概念的提出，最早见于英国发布的《我们的能源未来：创建低碳经济》能源白皮书，其概念的提出具体是指，在提高资源利用率的前提下，以更低的资源消耗和环境污染来获得更多的产出，从而促进人们经济生活水平的提高。该白皮书的发布和低碳经济概念的提出，旨在降低碳排放量，确保其经济能源的高效利用，而其后的研究表明，英国政府在其低碳战略执行和低碳经济发展中，认识到低碳经济发展的目标涉及更多的层面，包括环境保护、生态发展、人文和谐等。

（2）我国学者对低碳经济的研究虽处于起步阶段，但也取得了许多成果，对低碳经济研究的相关文献从不同内容归类，如表 6.2 所示，可分为以下两种：一是对各省份发展的模式进行研究，为发展低碳经济提出不同的设计规划理念及相关的具体措施对策，将促进低碳经济发展贯穿于社会经济产业的转型发展，即研究低碳经济在中国经济社会发展中的具体微观问题；二是将国外对低碳经济发展模式的相关理论研究与中国经济发展的实际情况进行对比，对低碳经济发展的宏观概念和学术理论知识进行探讨和研究。

表 6.2　低碳经济观点

序号	年份	学者	观点
1	2005	庄贵阳	低碳经济发展，是以不影响经济、社会、生态环境的发展为前提，以较少的能源消耗和较少的温室气体排放，实现同等资源消耗下的社会经济发展，减缓全球气候变化
2	2008	金涌	当今世界，在化学能源应用的局限性和大气二氧化碳含量上升，导致气候极端变化等问题下，发展低碳经济，就是发展低能耗、低污染、绿色、循环、可持续发展的经济
3	2009	刘传江	全球气温上升促使气候极端变化等问题频频出现，发达国家提出了低碳经济这一新的经济发展模式，是通过控制温室气体的排放，以较少的污染来获得较大的经济产出为重点内容
4	2009	冯之浚	低碳经济是包括低碳技术、低碳生活在内的一系列低碳理念为基础的经济形态，基于碳能源对全球气候极端变化所产生的影响和作用，以低消耗、低污染为特点，以实现经济、社会的协调和可持续发展为目标
5	2010	段红霞	低碳经济是以低碳燃料为消耗主体，减少温室气体，尤其是二氧化碳的排放，以追求低能耗、高效用及低污染为目的的一种经济发展模式

总的说来，国内学者对低碳经济和低碳战略的研究，内容广泛且成果丰富，但从系统研究来讲，至今却还未形成完整的理论研究体系。

（3）基于相关文献资料的研究，本书认为低碳经济的内涵是基于对低碳经济的特性和本质的研究，应该正确认识低碳经济的特性和本质。

低碳经济是以新理念、新模式为特性的一种经济发展方式。低碳经济是以寻求经济、社会快速发展与环境、气候、生态保护相协调、相适应发展为理念；是以探索经济、社会发展转型为基本目标，理论和实践相结合的经济发展模式；是以建立低碳经济发展，促进低碳产业、低碳生活、低碳技术发展等所有低碳经济形式相结合的新型经济形态。

开发和利用新型环保能源，提高能源利用率，降低以二氧化碳为主的温室气体排放，构建低碳生产、低碳消费的社会生活新形式，促进经济发展方式向更高水平转变，这是低碳经济发展的最本质内容，同时也是最根本要求。

二、碳排放与"碳金融"

在实施低碳战略过程中，除了传统的措施外，"碳汇""碳汇交易""碳金融"等新的理念及机制在《京都议定书》和《联合国气候变化框架公约》的基础上逐渐成为时代的亮点。

在"碳金融"方面，"碳税"是一个行之有效，并且已经较为广泛推广的制度。目前，世界上很多国家自 20 世纪 90 年代以来就已开始设立了二氧化碳排放税[95]。芬兰是最早提出"碳税"的国家，早在 1990 年就推出了二氧化碳附加税。多年间，这一税种的税率由每吨二氧化碳征收 1.12 欧元增加到了 2013 年的 20 欧元。瑞典于 1991 年开始对化石能源征收二氧化碳排放税，但生物燃料及泥煤可享受免税。爱尔兰的二氧化碳排放税是于 2010 年开始实施的。最初，它所针对的只有石油产品（汽油、重油、煤油和液化气）和天然气，但政府决定从 2013 年起扩展至煤炭和泥煤等领域。自设立以来，它已经为政府带来了 10 亿欧元的收入。丹麦、挪威和瑞士也都设立了二氧化碳排放税。此外，一些欧洲国家的化石能源税也可以被列入碳排放税的范畴。产煤大国、人均二氧化碳排放量几乎居全球之冠的澳大利亚也于 2012 年开始实施了极具争议、极不得人心的二氧化碳排放税。但是，政府提出将在 2014 年取消这一税种，并用碳排放交易机制将其取代。另外，加拿大的一些省及美国的一些地方政府也实施了二氧化碳排放税。"碳税"制度一方面为政府带来了税收收入；另一方面为制约排放二氧化碳等温室气体起到了一定的作用。

三、低碳战略的内涵

现在，许多科学研究都从能源开发利用、科学技术创新、产业转型等不同方面提出发展低碳经济的策略和方法，目的就在于要将低碳经济作为一种战略加以阐述和论证。对于低碳战略，在理论上的研究还不够深入，或只从单方面进行研究考虑，很多学者提出发展新能源、调整常规能源与新型能源交互利用的低碳战略。

（一）我国学者对低碳经济在能源战略方面的主要观点

姬振海从两个方面阐述了低碳经济的战略意义和实施途径，以此来实现低碳经济的发展：一方面是提高能源的利用率，降低对传统能源的使用和依赖性；另一方面则是通过能源结构的调整，控制温室气体，即二氧化碳的排放。

此外，我国学者李怀霞在低碳战略方面的观点是：中国经济的转型发展，应该制定相应的能源政策和法律法规，通过政策和法律法规的执行引导企业、社会的低碳发展，从而实现低碳经济的转型发展。

（二）国外学者对低碳经济在能源战略方面的主要观点

国外研究学者 Abdeen 于 2007 年提出，要减少能源在生产和消费方面的消极影响，促进经济、社会、环境、生态的协调、可持续发展，必须通过两种主要方式，一是减少能源方面的消费或使用；二是积极采用清洁能源或可再生能源。

而另一位学者 Parrish 于 2009 年提出，在实现低碳经济转型的过程中，企业应该以可持续发展作为战略基点，以此进行企业战略管理设计，这对低碳经济的发展起着十分重要的现实作用。

大部分文献研究都指出，在低碳经济转型发展的问题中，要实现政策与战略的相互协调、相互促进，将能源和战略相结合才能解决低碳经济发展过程中遇到的困难，促进经济转型发展。基于以上国内外学者的观点可以发现，发展新能源、调整常规能源与新型能源交互利用的低碳战略对低碳经济的转型发展有重要作用。

四、实施低碳战略的必要性

（一）全球气候变暖背景下，低碳战略日益引起国际社会的普遍关注

伴随当前世界工业经济的飞速发展，城镇化进程的不断加快，由此引发的全球气候变暖问题日益突出，给人类社会的健康发展带来了越来越突出的负面影响，进而给整个地球的生态环境带来了严重威胁，这一现状引起了世界各个国家与地区的高度重视。发展低碳战略已成为世界的共识，如何规划发展低碳战略已成为当前亟待解决的重大课题。

（二）国际金融危机以来，低碳战略日益成为经济增长中关注的焦点

世界金融危机给全球经济带来了巨大影响：实体经济的衰退，导致能源、资源、环境压力减退，为我们提供了转变经济发展方式、调整产业结构、淘汰落后生产力，实现节能减排的机遇；金融危机重创了一些生产低附加值产品的外向型企业，为企业的转型、升级、创新带来了机遇和动力。因此，实施低碳战略日益成为经济增长中关注的焦点。

（三）传统的依靠大量消耗能源资源以促进经济发展的模式日益受到挑战

近年来经济高速增长已经传递出了一个明显的信号：资源供给已经远远不能满足经济持续高速增长的需要，资源压力迅速增大。传统的依靠大量消耗能源资源以促进经济发展的模式日益受到挑战。低碳战略应该想办法尽量提高高能耗、高排放的产业和产品的碳效率；低碳战略不会影响我们的生活质量。从长远战略

来看，低碳战略是世界经济发展的大势所趋，今后的竞争不是传统的劳动力竞争，也不是石油效率的竞争，而是碳生产率的竞争。

第三节　低碳战略的制定

企业低碳战略的制定要求企业明确低碳战略分析的必要性和紧迫性，准确检测、科学计算企业的温室气体排放量和计划减排目标，能识别潜在的排放量并制定相应的减排计划，且必须跟进、评估和监督该计划的实施情况，以便进一步完善企业的低碳战略。

一、低碳战略制定的一般步骤

（一）企业面临的风险和机遇分析

对企业而言，低碳时代在带来风险的同时也带来了很多发展机会。所涉及的风险主要包括监管和政策风险、市场风险、资源供应的安全性风险、技术更新和替换及改变产业链风险等。在机遇方面，主要包括调控和政策机遇、新兴市场的机遇、全新的盈利模式、企业竞争力的提高。从战略高度看，企业在生产与经营过程中更加关注全球季节性与气温的变化，防止环境的变化导致企业风险的增加，提高资源利用率，从而增加企业的市场占有份额，开拓全球市场，增加企业的经济和社会效益，使企业走可持续发展道路的同时提高资源利用率，减少碳排放。

（二）低碳发展战略实施的方法制定

在充分了解企业所面临的风险和机遇的基础上，应及时准确地对温室气体排放进行标准化的计量和分析，从而确定温室气体的组成部分，在计算碳排放量的基础上制定排放标准和减排目标。温室气体的调查是指利用数学工具计算企业的组织层和产品层排放负荷，包括二氧化碳和甲烷等 6 种温室气体。迄今为止，全球比较公认的几大计量温室气体排放的有效标准包括：由最具权威的世界资源研究所（The World Resources Institute，WRI）和最负盛名的世界可持续发展工商理事会（World Business Council for Sustainable Development，WBCSD）共同合作开发的温室气体排放协议、国际标准化组织（International Organization for Standardization，ISO）推出的 ISO14064 系列、世界上第一个被推出的碳足迹方法标准 PAS2050、由英国标准协会（British Standards Institution，BSI）颁发的《商品和服务在生命周期内的温室气体排放评价规范（PAS 2050：2008）》。此外，企业必须在编制温室气体排放清单的基础上计算碳排放量。

　　需要特别强调的是，碳排放量计算本身不是目的，减少碳排放是我们要实现的最终目标。因此，实施温室气体排放量必须在调查的基础上，识别潜在的减排链接，分析可行的减排措施，并制订实施减排计划。

（三）低碳发展战略实施的能力建设

　　企业的低碳发展是一个转化过程，包括全面转变观念、体制、政策和管理等。因此，企业必须加强自身能力的建设，特别是企业的高层管理者必须首先提高自己的低碳意识。企业低碳发展战略的成功离不开企业高级管理人员的重视和支持，因此，企业必须建立以高级管理人员为核心的低碳小组，小组通过严密方案的制订及有效实施，以及监督体制的不断完善和实施效果的监控，借鉴其他企业的低碳发展策略，构建低碳管理系统，该系统既有助于企业低碳效果的实现，又可对效果进行评价。此外，企业的低碳文化建设也应在企业的日常经营和员工的培训中得到体现。在建立温室气体数据收集和管理系统的基础上，贯彻落实企业低碳发展战略。

（四）实施结果的跟踪、评估和对外合作交流

　　企业在实施发展低碳策略的过程中，要时刻注意把握碳排放的进展情况，及时进行科学的测量和效果评估，以最大限度地实现碳减排目标。企业将所有上述活动进行对外披露，也是让众多利益相关者信服及提升企业形象的良好渠道。一些向低碳快速转型的公司，充分认识到了碳测算、碳信息披露与碳管理可以创造商业价值。这对那些想提前应对未来监管要求、到国际市场上参与竞争的公司是非常重要的。世界范围内有越来越多的消费者和投资者希望公司能够实施气候变化应对战略，以在低碳时代获得成功。因此，高瞻远瞩的公司应未雨绸缪，把握先机，赢得成功。企业还应积极参与国家和地方政府节能低碳政策的制定。一个在节能低碳领域成绩卓著的企业，将会成为制定政策的标杆，其在同行业中的作用也将举足轻重。

（五）筹措低碳发展战略的实施资金

　　企业低碳发展战略的实施，不可避免地会遇到资金的问题。低碳发展的资金主要可以通过三个渠道取得：第一，争取中央和地方政府扶持低碳企业的政策性

资金和对生产低碳产品的补贴资金。第二，企业内部融资，对于规模较大的企业可以积极筹划上市，通过上市实现融资规模的扩大，以缓解现金流的紧张；对于一般性企业，可以通过增加股东进行筹资，或者通过股东大会面向现有股东进行增资。第三，通过外部金融工具进行有效融资，可以向商业银行贷款以增加资本，也可以以发行债券的方式进行融资。同时，随着碳排放权交易制度的完善，企业也可以将自己因节能减排获得的碳排放指标进行交易，从而获得资金。对低碳发展资金的筹措不仅能保证企业低碳发展战略的成功实施，而且能降低企业风险，并创造更多的利润。

（六）提出政策建议

针对企业实施低碳发展战略的主要困难，几乎所有的企业都提到两个难点：一是缺乏资金；二是缺少激励政策。为此，国家和地方政府应尽快在金融、财政、税收和节能计量等方面出台政策，以推进企业的节能减碳工作，如发电行业应尽快实行煤电联动，出台有助于金融机构明确支持重点、鼓励金融机构为节能资金开发新的担保方式、推广节能量计量的独立第三方认证机制等政策。对广大的供应商而言，因为多为中小型企业，地方政策对其影响甚重，所以地方的节能减碳政策应更具指导性和激励性，而不是采取"一刀切"的管理模式[96]。

二、美国的借鉴

美国皮尤研究中心（Pew Research Center）于 2006 年 10 月发布了一份名为《抢先一步：制定应对气候变化的企业战略》的研究报告。报告的作者美国密歇根大学的安德鲁·霍夫曼教授深入调查了包括美国铝业公司、杜邦、惠而浦、壳牌等在内的 31 家大型企业，并在此基础上总结出了企业制定气候战略的 8 个步骤。这8 个步骤又分为三个阶段：战略制定、关注外部和关注内部。这些步骤没有一定的顺序，企业在制定自己的碳战略时，可因地或者因时制宜。

步骤 1：评定碳排放。企业在该步骤中，要分析整个价值链中温室气体的排放情况，包括排放的来源、种类，以及排放量的大小，这是整个低碳战略的起点。

在这个步骤中，既可以使用绝对排放量进行衡量，也可以使用相对排放量进行衡量。前者是二氧化碳的总排放量，而后者是单位产品、单位产值的排放量。前者可用来评估企业对环境的总体影响，而后者多用来设定企业的减排目标。

企业可使用实际的排放数据，或者使用基于能源、材料消耗而估算出的数据。前者成本高昂，并且需要大量人力，但后者则存在多种估算方法而显得复杂。

很多公司已经开发出了测量和跟踪排放量的新系统，有些系统已经和企业管理解决方案（System Applications and Products，SAP）等信息系统整合在了一起。例如，水泥行业的瑞士豪西蒙公司（Holcim）的 SAP 企业资源规划平台就与一个二氧化碳模块连为了一体，其排放可根据产量、能耗、使用的燃料类型等自动算出。

步骤 2：衡量风险和机遇。企业在该步骤中，不仅要考量自己的运营或者销售会受到什么样的负面影响，还应该看到减排中蕴含的机遇。

很多公司都在使用标杆比较这个工具，旨在发现行业中减排方面的最佳实践，从而进行效仿。当然，更重要的是避免舆论风险。若企业在减排方面被冠以落后之名，其潜在的损失可想而知。另外，如果企业是减排方面的领导者，自然会获得很大的益处。

随着时间的推移和经验的积累，很多公司将减排重点从避免风险和保护利润，转向了开拓机遇和提高销售上。例如，为现有的产品线找到新的用途。美国杜邦公司就基于其特卫强（Tyvek）产品线，为欧洲顾客开发了一种特殊的房屋罩，可减少房屋的能源消耗，从而降低二氧化碳排放量。

步骤 3：评估多种行动计划。该步骤与设定减排目标紧密相连。有些企业习惯于先设定目标，然后寻找各种可能的解决方案。有些企业则倾向于在评估各种解决方案之后，再设定目标。

低成本的减排方案包括鼓励节能行为，如在企业中强调人走关灯、用可视电话会议替代出差等。还有一些公司则采用突破性的技术达到减排的目的。例如，荷兰皇家壳牌集团正在加利福尼亚州建造一座氢能发电站。在该项目中，集团在加利福尼亚州的炼油厂生产的石油焦将首先被分解为氢气和二氧化碳，然后，发电站将把氢气燃烧的能量转化为电能，为南加利福尼亚州 32.5 万户家庭提供电力。而大约 400 万吨的二氧化碳在捕捉后将被转移、深埋到地下的油库中，进一步提高采油的效率。项目建成后，它将成为世界上最大，同时又是碳排放量最小的氢能发电站。

步骤 4：设定目标和目标值。大多数公司通过分析各个事业部的风险与机遇来确定要达到的目标，而不是给所有的事业部设定统一的目标。从短期看，企业会把设定能源效率目标与设定减排目标区分开来，尽管从长期看，这两个目标将统合在一起。

通常情况下，减排幅度最大的公司通常都设定了张力目标（stretch goal），即必须通过较大的努力才能达到的目标。例如，美国杜邦公司 1994 年就给自己制定了到 2000 年温室气体排放总量比 1990 年降低 40% 的目标，这一目标在 1999 年成功实现。2006 年杜邦公司的目标是：2010 年温室气体排放总量比 1990 年减少 65%。而惠而浦公司的目标则是，到 2008 年，在销售量增长 40% 的基础上，生产和产品使用能耗降低 3%。

步骤 5：确立财务机制。在该步骤中，企业要考虑的问题包括：为了达到减排目标，企业要花去多少成本？以及要使用什么样的财务工具支持这些目标？

衡量减排的成本可以使用三种方法。第一是绝对值，例如，杜邦公司计划支出 5000 万美元来开发管端控制技术，以减少一氧化二氮的排放。第二是归一化成本（normalized cost），如美国辛辛那提能源公司 Cinergy（已合并入美国 Duke 公司）当时预计 2004 年减排 1 吨二氧化碳需要花费 8.28 美元。第三是财务回报，如美国铝业公司一般不投资节能减排项目，除非该项目在一年内能够收回投资。

而当节能减排项目本身回报低而无法满足企业的财务要求时，企业可以考虑进行碳交易。碳交易市场日趋活跃，清洁发展机制（clean development mechanism，CDM）为大量的发展中国家的减排项目提供了资金支持，使企业有可能去采纳回报率低的环保项目。

步骤 6：发动组织。一方面，企业的碳战略能否成功实施，一个关键的因素是员工是否买账。为了获得员工的支持，很多公司将碳战略与奖励结合起来。例如，杜邦公司就将环境绩效指标与员工的奖金关联起来，并且设立特别奖项，对杰出的环保业绩予以奖励和认可。

另一方面，高层的支持几乎是碳战略成功实施的最重要因素。2005 年 10 月，沃尔玛首席执行官李斯阁（Lee Scott）宣布了一系列雄心勃勃的可持续发展目标，包括只购买来源于可再生能源的电力、实现零污染、将运输卡车能效提高一倍、削减 20% 的温室气体排放等，并要求数以千计的供应商参加该项减排计划。这一计划一开始遭到高管的抵制，但很快他们就转变了态度。原因正是李斯阁本人 100% 地致力于可持续发展计划。

步骤 7：为政府新政做准备。因为企业的业务战略和政府政策有很大的关联度，所以几乎所有的企业都希望能够参与到政府的政策制定中。Cinergy 公司的一位高管认为，参与政府的政策制定，能够避免政策风险。否则，一个监管机构或者一位国会议员很可能会发布一项让公司资产一夜贬值的法案。有时，这种迫切的参与态度不单单是为了维护公司的利益，更是希望能够向政府建言献策，使之能够出台合理有效的政策。

步骤 8：管理外部关系。企业在低碳战略方面的外部利益相关者包括：非政府组织（Non-Governmental Organization，NGO）、政府、公众、投资者等。这些外部群体，特别是如皮尤研究中心、美国环保协会等 NGO，能够为企业提供关键的知识，以及完成商业目标的手段。与口碑良好的 NGO 合作还能提升企业形象。

例如，Cinergy 公司在首次制定基准排放指标时，就得到了美国环保协会的协助。美国环保协会重新审查了 Cinergy 公司对排放的定义，批准了衡量温室气体减排量的方法，评估了该公司温室气体基金的落实情况。现在美国环保协会是 Cinergy 公司温室气体管理委员会的一名成员。

唤醒公众的环保意识并与其良好互动也非常重要。瑞士再保险公司通过拍摄环保公益片，潜移默化地改变了很多人对节能减排的态度。鉴于投资者对企业的环保责任日益关心，将企业的低碳战略及时通报给投资者，也可以减轻来自投资者的环保压力。中国证券监督管理委员会也已经要求所有上市公司每年披露企业社会责任报告，这顺应了投资者的呼声。

不管是在美国还是中国，针对节能减排的各项政策已经在地平线上露出了它们的轮廓，一旦这些政策落地，世界商业的版图就将发生剧变，未雨绸缪的公司将抢先获得优势，而无动于衷的公司可能在挣扎中灭亡。在高位徘徊的油价，也为企业的低碳战略提供了合理的理由。投资者对低碳公司的日益青睐，也在对企业施加压力。制定低碳战略，不仅是为了地球，为了全人类，而且也是为了公司未来的生存和发展[93]。

第四节 低碳战略的实施

一、跨国公司实施低碳战略借鉴

（一）研发低碳技术、产品和服务

通过低碳技术的研发、低碳产品和服务的设计，在低碳市场上获取竞争优势。例如，英国石油公司（BP）作为全球大型的能源供应商之一，一直致力于低碳事业。在低碳燃料研究和开发上大力投资，并积极转让研发技术，促进与合作方共同实施。BP 开展的投资为 2500 万美元的碳捕获项目（Carbon Capture Projects，CCP）资助了一系列有关碳捕获与埋存技术的商业和学术研究——主要探究如何使得此项技术更安全更经济，从而提高采油效率。BP 与合作伙伴在位于阿尔及利亚撒哈拉沙漠天然气田开展的碳捕获计划，每年可捕获并储存大约 100 万吨的二氧化碳，相当于从马路上减少 20 万辆汽车。

（二）构建低碳供应链

供应链包括计划、采购、制造、交付和回收五个基本流程，许多跨国公司把绿色、低碳、环保的理念植入供应链流程的各个环节。从公司生产计划的制订，原材料采购，产品的研发与制造，到消费者的使用过程，再到产品的废弃、回收，跨国公司都特别关注低碳战略的实施。例如，爱普生通过绿色采购、环境友好型产品和完善的产品回收体系，最终实现在产品整个生命周期的低碳承诺。飞利浦所有产品都要经过生态设计流程，并在能源消耗、有害物质、回收处理、重量和终身可靠性等方面经过测试以确定其环境影响。

（三）推动碳足迹验证

"碳足迹"来源于一个英语词组"carbon footprint"，是指个人或企业的温室气体排放量，以二氧化碳为标准计算。目前在全球各地各种碳足迹减量运动盛行，如欧盟的"你可以控制气候变化活动"（You Control Climate Change）、日本的"地球温暖化防止国民运动"（Eco-Family）、英国的"无碳城市"（Zero Carbon City）、美国的"能源之星方案"（Energy Star）等。全球零售业巨头沃尔玛为了顺应各国碳足迹验证的要求，已要求 10 万家供应商必须完成碳足迹验证，贴上不同颜色的碳标签，以刺激供应商降低碳排放。以每家沃尔玛超市的直接供应商有 50 家上、下游厂商计算，其影响所及超过 500 万家工厂[94]。

二、我国实施低碳战略的基本路径

在处于能源需求正在急剧增长的时期，发展低碳战略的起点和任务与发达国家截然不同，中国不仅要节能减排，还要加快发展，必须在加快实现工业化、城市化和现代化的进程中走出一条中国特色的低碳战略之路。中国特色的低碳发展道路应该是基于国情并且符合世界发展趋势的渐进式路径。综合国内学者的众多理论和实践研究，中国特色低碳战略道路取向应包括以下方面。

（一）将低碳化作为国家发展战略，提高能源利用效率

把低碳化作为国家经济社会发展的战略目标之一，在可持续发展的前提下，把低碳发展作为建设"两型"社会和创新型国家的重点内容，纳入新型工业化和城镇化的具体实践中，并把相关指标整合到各项规划与政策中，结合各地的实际情况，探求不同地区的低碳发展模式，努力控制碳排放的增长率，降低能源消费强度和碳排放强度，努力减少二氧化碳排放增长率，提高能源利用效率，实现碳排放与经济增长逐步脱钩。

（二）调整优化产业结构

在资源环境绩效的前提下，抓住战略机遇期，利用目前国内外相对较好的资

源能源条件加速完成重化工工业化任务。产业发展是经济发展的基础和支柱，产业结构体系的调整、优化升级是转变经济增长方式、实现经济可持续发展的根本保障。按照技术密集程度高、产品附加值高和能耗少、水耗少、排污少、运量少、占地少的原则，重点发展高新技术产业，促进第二产业"高加工度化"；发展再生资源产业和环保产业，大力提高第三产业比重。

（三）转变居民消费理念，提倡低碳消费模式

低碳消费是一种基于文明、科学、健康的生态化消费模式，代表着人与自然、社会经济与生态环境的和谐共生式发展。已有的研究结果表明：二氧化碳减排的有效方式包括居民消费理念的转变，即由奢侈型消费向节约型消费转变。基于此，民众要改变以往高消费、高浪费的生活方式，倡导文明理性消费、绿色生活模式及促进家用技术革新，实现低碳发展。低碳消费模式的实现程度与社会经济发展阶段、社会消费文化和习惯等诸多因素有关。因此，推行低碳消费模式是一个不断深化的过程，需要从政府、社会、企业、公众等层面下功夫。

（四）创新发展低碳技术

低碳技术是实现中国低碳发展的核心，是提升未来核心竞争力的关键。利用国际金融危机的契机，充分利用碳减排、能源安全和环境保护的先进技术，不断提高我国低碳技术与产品的竞争力，减少潜在的"碳锁定"影响，逐步向低碳转型，实现跨越式发展。积极参与关于低碳能源和低碳能源技术的交流与合作，引进国外先进理念、技术和资金，通过新的国际合作模式和体制创新，促进生产与消费模式的转变。为获得低碳技术，一方面，可以通过清洁发展机制引进发达国家的成熟技术；另一方面，通过原始创新和集成创新，重点攻关中短期内可以获得较大效益的低碳技术，尤其是针对提高重化工行业能耗的新技术。

（五）参与国际规则制定

积极参与国际气候体制谈判和低碳规则制定，为我国的工业化进程争取更大的发展空间。通过承诺符合国情与实际能力的自愿减排行动，提升负责任大国的国际形象。同时，坚持要求发达国家率先大幅度减排，并建立"可计量、可报告、可核实"的技术转让与资金支持新机制。

三、我国低碳战略的实施状况

（一）以技术创新带动效益提升

从技术创新出发，带动能源结构优化，提高经济效益，是推动我国低碳经济发展的最佳着眼点。对比技术和制度两大手段可以发现，靠制度的强制性去优化能源和经济结构困难重重且收效甚微，因为它超越了中国当前的发展阶段。在一定的条件下，制度不仅不能为企业带来效益，反而会要求企业以牺牲效益为代价，这不仅不能调动市场的积极性，反而会产生反作用力，甚至扰乱市场的正常步伐，最终阻碍国内经济目标的实现。发达的资本主义国家有发展成熟的市场经济作为基础，制度的执行力自然可以得到充分发挥，但我国的国情相对要复杂得多，必须具体问题具体分析。

宏观调控的目的是调动企业的积极性，最终还是要通过市场机制来发挥作用，如果投入切实的经济效益，低碳经济将是更为遥远的一个发展目标。所以我国低碳经济发展的可行之路是先从技术入手，用技术的进步来提高能源效率，用更清洁高效的新能源来代替旧能源，用更低的成本来处理碳排放物，用新的创收点来吸引企业的目光。

（二）以局部示范带动整体发展

大力开展低碳经济发展的试点工作，以局部的发展推进整体进步，是符合现实中国国情的可行策略。从国外发达国家看，全民性低碳经济浪潮已经在如火如荼地开展起来，然而对于中国而言，这种全民式的推进是不可行的。一方面，中国正处在工业发展上升期的特殊历史阶段，高消耗、高污染、高排放的特征与要求低消耗、低污染、低排放的低碳经济存在根本冲突，此时如果在全国范围内全面推进低碳经济发展则势必会牺牲经济发展目标，这是不可取的。另一方面，中国地广人多，各地区、各行业经济发展状况参差不齐，这种经济系统内部的不均衡性要求我们必须针对不同的地区和行业采取不同的策略、不同的节奏。如果采取整齐划一的推进策略，既达不到既定的减排目标，也会产生扰乱国内经济步伐的弊端。在这种情况下，我们只能从经济发展状况较好的局部地区入手，建立一个个低碳经济发展的示范点，这样既比较容易进行低碳经济的各种实践和探索，能在短时期内有效地积累起相关经验，同时也避免了大范围开展所带来的经济紊乱的风险。

（三）以实践探索带动制度创新

市场有它本身的规律，在实践中探索符合自身国情的制度，以实践带动制度的建设是符合现阶段我国实际情况的有效手段。对于一个正处在上升期的国家而言，各种层出不穷的不确定因素和复杂多变的经济环境极大地弱化了制度的执行力。在前一阶段的实践中可以看出，政府一直试图在法律法规和经济政策等方面建立一些被发达国家所广泛推行的低碳制度，但是由于缺乏经济创收点做支撑、缺乏社会实践做基础，这些制度慢慢被束之高阁而难以践行。我们不可否认制度的确使我国的节能减排工作取得了一些成效，但与推行它本身所付出的巨大人力、物力和财力相比，制度的作用被大打折扣。发展中国家的制度建设之路注定比发达国家更为坎坷曲折，迫于现实状况，我们可以把精力从制度的完善上暂时解放出来，转而去进行更多的低碳实践。不管是开发技术生产力还是建立局部低碳试点，当有了低碳市场的雏形之后，也就出现了对制度创新的极度需求，此时我们再去设计符合市场所需要的制度，它的执行力才会更具现实可行性，毕竟制度的意义是规范秩序，而不是束缚实践[97]。

（四）发挥行业竞争的激励作用

一个企业的分布越广泛，其行为越透明，来自于利益相关者的关注越多，越会积极采取环境管理措施以应对各方压力。因此，充分的全球竞争有助于诱导企业实施低碳战略。当前，发达国家对碳排放的相关规定乃至"碳关税"的实施，对发展中国家无异于一道贸易壁垒，但它同时也迫使企业自愿提高能效管理水平，通过"创新抵偿"（innovation offset）[98]赢取新的竞争优势。要因势利导，化危为机，将碳壁垒变为促进产品升级和贸易转型的动力。在国内市场上，则应注重行业竞争的标杆效应和供应链效应的激励作用，将大型企业和国有企业作为重点，开展"低碳标兵企业"评选之类的活动，发挥其榜样作用[96]。

（五）把低碳理念融入企业文化

"自我规制"需要企业家具有战略眼光、较强的社会责任感并认同低碳经济的价值，为此，各级行业主管部门和行业协会应通过宣传倡导、组织培训等形式，提高企业家对低碳经济的认知水平，引导经营者走出短期利益最大化的理念误区，在低碳经济浪潮中争做急先锋。

四、实施低碳战略的政策保障

（一）理顺能源比价关系

应进一步理顺煤炭、石油、天然气等非再生能源价格体系，实现全成本定价，严格执行差别电价、惩罚性电价政策，尽早开设碳税，通过成本倒逼机制促使企业自觉节能。

（二）完善低碳消费鼓励制度

培育消费者对低碳产品的选择偏好，是低碳产品获取差别化优势的重要源泉，也是当前"扩内需、调结构、转方式"的宏观战略所急需的。要大力加强低碳知识的宣传普及，如在城市街道、机关、学校、社区和家庭推行简易的碳排放核算表，直观动态地显示人们日常活动的碳排放情况，唤醒公众自觉维护生态公共产品的价值理性，从而逐步减少高耗能的"便利消费"嗜好，提高对低碳产品的支付意愿。政府采购也要优先选择低碳产品和服务，通过不断扩张的市场为低碳企业创造"干中学"的机会。从消费客体角度看，有必要引进碳标签等制度，使顾客能够以较低的成本乃至零成本识别产品的低碳化程度。在上海进行的一项假想选择实验表明，消费者在选择空调和冰箱时，更为关注带有能源效率标签的产品，并且厂商提供的节电信息越多，越会受到消费者的偏爱。我国环境保护部已开展低碳产品认证，对通过认证的产品授予中国环境标志——低碳产品，《低碳产品认证管理暂行办法》也已于 2013 年发布，这有望促成以顾客为导向的低碳产品采购和消费模式，加速企业低碳化转型。

（三）创设鼓励低碳创新的产业政策

低碳经济作为一种涵盖技术创新和管理再造的全新模式，要求转变以"扶优"为导向的传统产业政策，以"选优"为核心，着重筛选和培育有创新潜能、符合低碳化趋势的企业和项目。针对我国中小企业量大面广的现状，应从完善金融市场和技术市场入手，帮助企业克服低碳化发展的资金、技术障碍。一是细化绿色信贷操作细则，优先支持低碳项目；二是尽快建立上市公司的环境信息披露制度，发挥资本市场对碳减排的监督和激励作用；三是扩大推进碳交易试点，使企业能凭借"碳资产"的创造来获取金融收益；四是积极运用税收减免、财政贴息等手段，对执行低碳战略的企业给予经济援助和鼓励；五是大力发展低碳科技服务业，为低碳技术的研发、扩散和应用扫清障碍。在《京都议定书》的框架下，清洁发展机制为发展中国家提供了促进可再生能源项目和提高工业能效项目的资金和技术转让机制。应进一步引导、支持企业参与清洁发展机制，利用国际平台实现低碳技术的跨越式发展。

（四）建立政府与企业的联动机制

落实《温室气体自愿减排交易管理暂行办法》，研究制定"节能减排自愿协议实施办法"，明确自愿协议的政府主管部门，探索可行的操作模式。

要建立政企相互信任基础上的"商业—政府合作伙伴"关系，须在自愿协议签订前做到程序透明化和公共参与。协议履行中给予经济刺激或某种便利，如对参与企业缩短审批时间、简化许可程度、减少检查频率、简化报告要求、开展能效评级、授予荣誉称号等，违反协议则要受到行政惩罚，更有效地推动企业参与自愿协议行动，取得预期效果[96]。

第五节　低碳战略与生态化技术创新的关系

技术创新是促进经济增长的动力之一。不同的经济发展模式下，需要得到相应的技术水平支撑。经济发展模式对技术创新具有导向作用，反之，技术创新又影响经济模式的发展方向，不同的经济发展模式下的技术创新呈现出各自不同的特征。传统的经济发展方式注重量的增长，很少考虑环境对经济发展的承载能力及未来的可持续发展，认为市场机制能通过技术创新克服资源的局限性。传统发展模式下的技术创新具有高能耗、高污染、低效率等特点；可持续发展的理念对经济增长有了较为理性的认知，认为生存空间和地球系统存在实际的局限性，自然资源和社会资源并不可以被无限替代，其发展模式的重心从增长转向可持续发展，技术创新在注重经济效率的同时也需考虑资源的有限性和环境的承载能力；低碳经济相对于可持续发展模式而言，目标更加明确且具有可操作性。作为一种发展道路，低碳经济的实质就是提高能源利用效率和优化能源结构，即依靠有效的政策措施和技术创新，建立一种以实现更清洁、更有效的能源利用和温室气体低排放的经济发展模式。倘若仍然停留在过去的技术水平或偏离低碳经济要求的方向，则不可能实现低碳经济的目标。低碳经济是技术创新的方向和指导方针，技术创新是实现低碳经济的内在驱动力。

一、低碳战略需要生态化技术创新

长期以来，人们坚持"增长优先"的发展观，把发展简单地理解为经济增长，把经济增长又片面地归结为物质财富的增长过程。传统的技术创新观便是受这种发展观的指导并服务于它。在工业文明时代，传统的技术创新推动了经济的迅速发展和繁荣，然而，这种单一目标追求的发展观其不良后果随着时间的推移逐渐暴露出来。一方面，人与自然的矛盾日趋尖锐，导致经济发展因失去健全的生态基础而难以为继；另一方面，受经济利益的驱使，人成为经济增长的工具和手段，造成了人的单向度发展。技术创新等能力的差别导致的区域间经济发展、社会发展悬殊等弊端日益显现。在传统社会观指导下的技术创新在某种程度上加剧了生态危机和社会危机。

生态化的技术创新要求技术创新活动不再单纯追求经济效益，而是在追求经济效益的同时要追求生态效益、社会效益和人的生存与发展效益。其中，生态效益注重的是技术创新活动既不污染环境又有利于保持自然生态平衡。经济效益追求资源消耗的极小化和产出价值的最大化，前者是保证生态效益的要求，后者是实现经济效益的需要，而技术创新就是为实现"极小化"和"最大化"提供可能的选择手段。社会效益则要求技术创新要有利于社会的和谐稳定和进步，有利于建立和维护人与人之间的合理关系。人的生存与发展效益致力于提高人的生活质量、拓展发展空间和促进人的全面发展等。例如，生物技术、网络技术、计算机人脑模拟技术等高新技术创新及其在生产中的运用，都要有利于人自身的生存和全面发展。"四效合一"的生态化技术创新活动致力于建立一个完整稳定的社会生态，其特征是环境优美、社会稳定、经济持续增长，人民生活质量、健康水平不断提高。这样的技术创新目标追求适应了科学发展观的内在要求，必然会在建设全面小康社会进程中显示出强大的动力。

低碳战略的三个阶段：节能减排、能源使用、碳捕获技术。为了能够顺利实施低碳战略，在这三个阶段中，都离不开生态化技术创新的支持。

（一）节能减排阶段

通过能源利用率的提高和碳排放量的减少，或者通过新型的碳交易方法促进资源的合理、科学利用，实现节能减排。

一方面，生态化技术创新追求的经济效益是资源消耗的极小化和产出价值的最大化，它要求企业按生态学原理和方法开发和使用技术，使技术应用对环境的破坏降至最低点，以可持续的方式使用资源，使资源的使用程度不超过其替代资源的开发速度，减少污染并使污染排放不超过自然系统的自我净化限度，以科学合理的方式将废弃物资源化和无害化。同时，生态化技术创新强调以较少的资源投入和较低的成本创造较高质量的产品和服务，减少资源的浪费，提高资源的能源利用效率和消费者在使用商品及生产企业在生产产品时注重减少碳的排放量。

另一方面，生态化技术创新的要求提升了工艺创新水平。生态化工艺创新不仅可以有效减少废物和污染物的产生和排放，降低工业活动对环境的威胁，而且可以降低资源的利用成本，降低物耗，使产品在质量和成本上都具有较强的市场竞争力。生态化工艺创新的主要特点如下：一是科学、合理、综合、高效地利用现有资源，延缓资源危机。凡是无益于社会、生态效益的高新工艺技术都不能认作是新工艺，也不准进入生产领域。二是要采用新工艺，开发尚未利用的富有自然资源来取代已经耗竭和将要耗竭的稀缺资源。要切实加强有益于社会、生态效益的新工艺技术的研究、开发与应用。例如，我国机械工业研究开发和推广应用的各种高效、节能、无污染的冷、热加工新工艺，以及钢铁工业研究开发的内热串接法石墨化等节能、少污染工艺。三是要采用新工艺变污染末端治理为全程治理，以减少企业成本，在提高经济效益的同时取得社会效益和生态效益。

（二）能源使用阶段

能源使用阶段是指在提供产品或服务的过程中，通过使用低碳、高效、清洁的新型能源，减少生物质能和化学能源的使用，促进低碳能源的合理开发和利用。

一方面，生态化技术创新的一个重要要求就是如何使资源得到有效的循环使用，减少社会资源的浪费，促进低碳能源的合理开发和利用。资源的循环利用是指：自然资源的合理开发；能源原材料在生产加工过程中通过先进技术尽量将其加工为对环境有利的产品并实现现场回用（不断回用）；在流通和消费过程中的最终产品的理性消费；最后又回到生产加工过程中的资源回用，实现以上环节的反复循环。但是，为了实现以上资源的反复循环利用过程，不是仅仅依靠单个企业、产业就能够完成的，它需要建立一条完整的生态工业链。对于想集四效于一身的生态化技术创新而言，企业的单兵作战不能适应以上要求。每个企业应根据自身的资本、人才、科技、产品等特点构建自己的技术创新平台，并与其他企业的创新平台建立联盟，共同面向循环经济进行技术创新活动。

另一方面，生态化技术创新不断拓展产品创新领域。产品创新的重要目标在于为不断发展变化的社会需要和市场需求提供新的使用价值、新的效用和功能，从而扩大和开辟新市场，增大产品销售额和盈利的新来源。而生态化技术创新的发展正将人类文明推向一个新的转型阶段，同时这种转型也将会改造原有的产业结构，塑造新的消费观念和消费市场，这就为企业的产品创新提供了新的发展领域。

（三）碳捕获技术阶段

碳捕获技术阶段重点关注治理，寻求可将化石燃料或生物质能等产生的二氧化碳捕获到可储存的设施中，或者采用固化方法加以控制，这一阶段是以实现二氧化碳"零排放"为最终目标。

碳捕捉是指将工业生产中的二氧化碳用各种手段捕捉然后储存或者利用的过程。吸引力在于能够减少燃烧化石燃料产生的有害气体——温室气体。在世界石油大会（World Petroleum Congress，WPC）上，能源行业的老总都热切希望把它当作一个解决气候将变暖的方案。"捕捉"碳并不难，二氧化碳和胺类物质发生反应，二者在低温情况下结合，在高温中分离。这样，可以使电厂产生的废气在排放前通过胺液，分离出其中的二氧化碳；之后在适当的地方加热胺液就可以释放二氧化碳。更好的方法是使煤和水发生反应，产生一种二氧化碳和氢气的混合物。在这种混合物中，二氧化碳含量比一般电厂废气中的更高，所以更容易分离。之后燃烧的就是纯氢气了。这套处理工序成本很高，需要高技术的创新方法才能实现。例如，丹麦的一家使用单乙醇胺做二氧化碳吸收剂的实验厂和法国的阿尔斯通公司设在威斯康星的使用氨水捕捉碳的实验基地都需要雄厚的资金支持和高端的创新技术。

封存，也就是把二氧化碳深埋于地下。这个是真正麻烦的步骤。二氧化碳需要长期埋藏，必须达到很多要求。要成功地封存二氧化碳，需要一块在地平面 1000 米以下的岩体。在这样的深度，压力会将二氧化碳转换成所谓的"超临界流体"，只有这样状态下的二氧化碳才不容易泄漏。另外，这块岩体还要有足够多的气孔和裂缝来容纳二氧化碳。最后，还需要一块没有气孔和裂缝的岩层来防止二氧化碳泄漏。要完成这个过程，所花费的成本是极大的。根据麻省理工学院 2014 年发布的一份报告，捕捉每吨二氧化碳并将其加压处理为超临界流体要花费 25 美元，将一吨二氧化碳运送至填埋点需要花费 5 美元。这也就是说，发电厂每向大气中排放一吨二氧化碳就要支付 30 美元；这一数字接近联合国政府间气候变化专门委员会建议的碳价格的中间值和欧盟现行的碳价格。另外，一份由一家名为 Synapse Energy Economics 的咨询公司发布的报告提出，美国的能源公司已经开始在内部审计中按每吨 3～61 美元计算碳价。而这一范围的中间值也是 30 美元。面对如此昂贵的成本和重重困难，国际上急切需要更加生态化的技术创新来实施低碳战略，且必须先于全球变暖的步伐。

利用以上关于低碳战略的划分阶段，分析生态化技术创新对低碳战略实施的影响。通过分析，低碳战略是一个全面、科学、系统的工程，涉及经济、社会、生态和人文的方方面面。低碳战略的有效实施目前还面临着许多经济上、道德上和技术上的问题，如何通过生态化的技术创新，为低碳战略带来活力和多样化的问题解决方案是先于全球变暖步伐的重要问题。低碳战略的规划、制定和实施，都离不开技术创新的生态化，运用生态化的技术创新可以不断开发出适应市场需求、满足经济规模发展、追求社会效益和不断提升的低碳技术及低碳产品。

二、生态化技术创新对低碳战略的影响

（一）生态化技术进步关注自身存在的自然物质条件和社会选择问题

一方面，生态化技术创新意识到自身存在的自然物质条件资源日益紧张短缺，就会通过技术创新的办法来提高资源的利用效率，降低碳的排放量。技术作为人类从事生产活动或其他活动的手段和方法体系，最主要的是指活动的工具。不论是原始的工具，还是现代技术的机器体系，抑或当代高新技术都包含自然的要素。任何技术都必须符合自然规律，违背自然规律的技术是不存在的。不论新的技术有多么大的创造性，技术都不可能完全脱离自然物质资源条件的支撑。自然是人类进行经济技术活动的物质基础。自然的物质资源条件直接决定着技术的发明、发展，决定着技术的可能形式。任何对自然规律和自然条件的蔑视和忽视，都最终要祸及自身。在当今资源日益紧张短缺、生态环境日益恶化并面临崩溃的现实情况下，技术创新只有以节约资源和保护生态环境为己任，才可能为自身的发展创造条件，才可能为社会所接受，才可能发展起来。

另一方面，技术创新的生态化转向表明技术进步开始关注社会选择问题，其中影响最重要的是市场选择。市场经济同时也是法制经济，污染环境、破坏生态的行为会受到限制和要求，不能适应市场这种变化的技术将被淘汰，因此人们开始关注环境友好型、资源节约型的技术创新，这符合低碳战略的要求。我们知道，任何技术的目的性都不是天然的自然界固有的，而是社会的人所具有的，是在社会中产生，又随社会的发展而变化的。技术的社会属性还表现在无论是技术的发明还是应用都是一种社会活动。技术的实施后果总要关系到人、关系到社会。因此它们都强烈地受到社会政治、经济、文化条件的制约。许多技术还会产生人们不能充分预料的重大社会后果，因而客观上存在一个技术的社会选择问题，它所指的是技术上可能的发明能否发芽、成长，最终为社会所接受。技术的社会选择形式有三种，即市场选择、政府选择和文化选择，其中影响最深远的是市场选择。由于技术具有经济效益和社会效益，人们总要通过技术满足对利益的追求。市场的需求、利润的获取、财富的增加实际上是对技术的一种社会承认。但市场经济

同时也是法制经济，在日益严重的环境生态压力下，世界各国都加大了法律对环境和生态的保护力度，法律更加严密、执法更加严格、处罚更加严厉。污染环境、破坏生态的技术的开发应用将受到越来越严格的限制。不能适应市场这种变化的技术将不可避免地被淘汰，这就是市场选择。对生态环境的保护不仅体现在法律上同时也体现在政府的经济政策中，无论是国家的中长期发展规划，还是具体的产业政策；无论是着眼于国家技术发展的整体布局战略，还是立足于重大技术项目的重点扶持和一般性政策调控，都必然要向绿色技术、绿色技术系统倾斜，以促进技术的生态化转向。

（二）生态化技术创新的价值观从二元对立到和谐共存的转变和以人为中心向以人类为中心的转变

一方面，价值观从人与自然相互对立到和谐共存重新影响了人们对技术价值的判断。传统发展观把现代化过程片面地归结为单纯的经济增长过程，把经济增长过程又片面地归结为物质财富的增长过程，使技术不可避免地成为人统治自然的工具，从而技术也不可避免地与环境破坏、生态危机联系在一起。现代价值观的重新建立，有利于技术创新由单纯追求经济增长向人与自然和谐共存、保护生态环境转变。

事实上，隐藏在一系列生态环境危机现象背后的实质是文化和价值的危机问题，而非技术和经济问题。经济和技术问题只是生态环境危机的表层现象。生态环境问题的实质是价值取向的问题，是目标和意义的选择问题。从人与自然的关系来看，技术创新的生态化转向体现了人们的价值观从二元对立到和谐共存的转变。人类不仅要从价值论的视角来审视自然，更要从存在论观点出发来看待自然。要重新确定自身在自然界中的坐标，摆正人类在自然界中的位置。树立尊重生命、善待自然、自觉维护生态系统平衡及良性运行的环境意识和伦理责任感。树立人与自然和谐相处的新理念，具体地说，就是要用人与自然和谐共存的价值观代替人是自然的主人的陈旧观念。把人看作自然界的有机组成部分，把自然看作人的生命构成的有机部分。

另一方面，从人与人的关系来看，技术创新的生态化转向体现着人们的价值观从以人为中心向以人类为中心的转变。人与自然关系的恶化，并非单纯是人与自然关系的不合造成的。相反，首先是人与人之间的生产关系恶化所造成的。我们知道，大自然本身没有国界，生态环境是一个相互联系、不可分割的有机整体。生态危机作为一个全球性问题，其后果涉及全球每一个人的利益。不论是哪一个国家、哪一个地区、哪一个阶层，所有的人都不能幸免。而且，它不只是影响当代人的利益，还涉及后代人的利益，涉及整个人类的命运。一句话，涉及人类的可持续发展。可持续发展包括生态持续、经济持续和社会持续，它们之间互相关联并且不可分割。孤立地追求经济增长必将导致经济崩溃；孤立地追求生态持续不能节制全球环境的衰退。生态持续是基础，经济持续是条件，社会持续是目的。人类共同追求的应该是自然、经济、社会复合系统的持续、稳定、健康地发展。可持续发展实际上是一种新的发展模式，它立足于人类的存在，以人类为本位来思考问题，而不是将固守局部利益的"本位主义"作为思考问题的出发点。人类赖以生存的自然资源是有限的，资源和环境是人类社会生存与发展的基础和条件，离开了资源与环境就无从谈起人类的生存与发展。

（三）生态化技术创新的基本理念是可持续发展，最高价值取向是以人为本

一方面，生态化的技术创新在理念上认同并支持可持续发展，其核心目标在于实现人的全面发展、人与自然的协同进化。同时，它的转向只有接受科学发展观的指导，才能克服传统技术创新观的"见物不见人"的缺陷。真正使技术创新成为社会发展的持久动力。

工业经济发展模式的种种缺陷使得人类要彻底战胜所面临的危机，就必须寻找和建立新的文明发展模式。可持续发展模式便应运而生。要实现可持续发展就必须实现技术创新的生态化转向。而技术创新生态化转向提出的基本动因就是支持社会发展的可持续理念。它坚持可持续发展观的基本思想：首先，确立经济、社会、环境协调发展的目标。发展既包括经济发展，也包括社会发展和保持建设良好生态环境的发展，只有三者协调发展才是可持续的。其次，保障自然资源的永续利用。自然资源的永续利用是保障社会经济可持续发展的物质基础。可持续发展主要依赖于可再生资源特别是生态资源的永续性。必须把发展置于当代人之间，当代人与后代人之间公平、合理、持久利用自然资源的基础之上，即发展应是"不损害未来世代满足其发展要求和资源需求前提下的发展"。最后，建立以人的全面发展为核心的整体价值观。可持续发展的核心是解决人与自然之间的矛盾、冲突，建立二者之间的互利共生、协同进化机制，确认自然的价值和环境的价值，肯定人内在于自然，依赖于自然，人与自然之间有着共同的利益和命运。人的全面发展不只是人的基本需要的满足，人的素质的提高，人的潜力的发挥，而且也是人与自然的协调，发展与环境的相融。

技术创新的生态化转向不仅是技术创新观自身发展的历史要求，更是社会可持续发展的需要。生态化的技术创新在理念上认同并支持可持续发展，其核心目标在于实现人的全面发展、人与自然的协同进化。同时，它的转向只有接受科学

发展观的指导，才能克服传统技术创新观的"见物不见人"的缺陷，真正使技术创新成为社会发展的持久动力。

另一方面，马克思主义认为，人来源于自然，却又高于自然。作为有意识、有主体性的自然物——人的一切活动都是为了自身的生存与发展。因此，只有人才能成为发展的出发点和落脚点。人类追求发展最根本的途径就是通过自己的活动与创造，不断地满足人类日益增长的需要，推进人自身的发展。社会发展从最终意义上来说就是以人的发展为根本内容和最高目标，社会的现代化是以人的现代化为主导的，政治、经济、文化、科技的发展都渗透着人的发展，都是人的发展的不同形式和方面。人的发展，不管是从"类"还是从"个体"的角度看，都应包括人性的充分发挥、能力的全面提升、社会关系的和谐发展、自我价值的实现及个性的自由发挥。

技术创新生态化的转向尽管包括社会、生态、经济等多方面的内容，但它的实际内容只有一个，即人的生态化。人的生态化是人的全面发展的最高表现形式，它强调人在发展中的主体性作用和地位，注重符合人性，注重人的需要的满足，人的素质的提高和能力的发挥，并注重人的发展赖以进行的社会条件的创造，是自然生态平衡协调、社会生态和谐有序真正的"天人合一"。经济的稳定增长、物质财富的积累是人的生态化的物质前提；自然生态化、社会生态化的双重目标为人的生态化提供优美的生态环境和良好的社会条件。而生态、社会、经济的协调发展，又只有真正通过人的生态化才能真正实现。

以人为本是科学发展观的基本要求，作为实现科学发展观的一种手段和途径，技术创新的生态化转向必定能够在致力于人的生态化的过程中，即以人为本的发展过程中发挥日益重要的作用。

（四）生态化技术创新是生态化自然技术创新、生态化社会技术创新和生态化人文技术创新的有机统一体，三者之间存在非线性的复杂关系

生态化技术创新是生态学向传统技术创新渗透的一种新型的创新系统，是在建立新的企业生态系统和经济社会系统中，在技术创新的各个阶段中引入生态观念，从而引导技术创新朝着有利于资源、环境保护及其与经济、社会、环境系统之间的良性循环的方向协调发展。生态化技术创新在内涵上，实际上是融合了新熊彼特主义、制度创新理论和生态学的观点。它以生态保护为中心，在企业生产系统中引入生态观念，追求的是生态经济综合效益，即经济效益最佳、生态效益最好、社会效益最优的三大效益的有机统一，从而确保包括微观单元企业在内的经济及整个社会的可持续发展。

第六节　基于低碳战略的企业生态化技术创新

一、基于低碳战略的企业生态化技术创新的内涵

李万明认为，绿色技术创新是指将环境科学新知识与绿色技术用于生产经营中，以创造和实现新的经济效益与环境价值的活动，它可以使企业的经济效益与生态效益协调一致，通过获得绿色竞争优势，实现企业自身的持续发展。郑文峰等从产品生命周期的角度分析，绿色技术创新是指在创新过程的每一阶段整合环境原则，以实现产品成本总和最小为目的的技术创新，是绿色技术从形成思想到推向市场的全过程。也有研究者将绿色管理创新从绿色生产技术创新中剥离，此时，绿色生产技术创新主要包括绿色产品设计、绿色工艺、绿色材料、绿色设备、绿色回收处理、绿色包装等技术的创新。

二、基于低碳战略的企业生态化技术创新与传统技术创新的对比

技术创新是经济发展的动力源，是实现经济高速发展的助推器。但传统的技术创新是以实现经济增长为目标的技术革新。这就导致传统的技术创新是一种只关注经济效应的单向度的技术创新。单向度的技术创新在实现经济增长的同时，由于无视环境保护产生了极为严重的生态危机，严重制约了经济社会的可持续发展和人的自由全面发展，如表 6.3 所示。

表 6.3　绿色技术创新与传统技术创新的比较

不同方面	绿色技术创新	传统技术创新	绿色技术创新的优势
技术发展目标	以自然、社会和经济的协调发展为目标	单一的经济增长，并以损害生态环境的方式来实现	兼顾社会效益、经济效益和生态效益
技术的体系结构	以太阳能、生物能等再生能源为主的能源开发利用技术为基础，以生物技术、信息技术等高新技术为中心，以各种再生型或低耗型技术为补充，形成结构合理的整体性复合型技术网络体系	以非再生资源的开发利用为基础	大大地缓解甚至摆脱了资源枯竭对经济开发的制约
技术运行过程	显著特点：封闭性和逆向性沿着"资源—产品—再生资源"物质回路运行	显著特点：开放性和单向性沿着"资源—产品—废弃物"单一流向运行	通过原材料的最充分利用而降低消耗，通过运行过程的生态化循环控制避免或减少污染

基于循环经济的生态化技术创新是对传统技术创新理论的一种全新阐释和定向改变，要求在科技创新的各个阶段、环节全面引入生态学思想，使技术创新朝着有利于环境保护、资源节约及其与经济、社会、自然环境系统之间良性循环的方向协调发展，既保证技术创新对经济增长的推动作用，又合理开发和利用生态系统的自然资源及物质能量，保持生态系统的平衡稳定。在实现商业价值的同时，又创造生态价值。传统技术创新因生产与消费的联合性引发的外部效应产生生态危机和社会危机，主要原因是："在生产过程中追求单一的利润最大化；运用线性非循环的生产流程；单一的以某种市场需要作为技术创新的唯一导向。"线性非循环的生产流程违背了生态原则中的"循环"原则，遵循"循环"原则的经济系统应该是一个网状、开放的系统。技术创新过程应该是一个外向联合的过程，要注重生产废弃物的可持续利用设计，开展网络化的联合，注重互补资产与创新的关系，搞好互补技术与本次技术创新的联系等[98]。

循环经济的生态化技术创新导向主要表现在以下几个方面：使用能源清洁化（主要指太阳能、核能、水能、风能等可再生能源）、生产废料资源化（企业生产中，按照工业营养的食物链，使每道工序的废料成为其他工序或者部门的资源）、生产过程闭路化（在某个工业企业中使用封闭的物料循环系统，使废料得到重新利用）、产品及服务绿色化（降低生产和消费对环境的影响，产品满足环境管理体系 ISO14000 的检验）[98]。

三、基于低碳战略的企业生态化技术创新的推进

随着低碳经济的发展，对碳排放的要求会更加严格，碳税、碳关税、碳竞争等都会对产品提出更高的要求，只有掌握相关技术，进行企业运作系统调整，实现产品的转型与升级，才不会在低碳竞争中败下阵来。我国企业应结合发达国家的经验，抓住机遇，积极应对，实施低碳战略，以低能耗、低排放、低污染作为发展模式和产品标准。

（一）基于政府层面的激励政策

1. 建立和完善国内排污权交易制度

排污权交易是目前受到各国关注的环境经济政策之一。它由美国经济学家戴尔斯于 20 世纪 70 年代提出，并首先被美国国家环境保护局用于大气污染源及河流污染管理，后来德国、澳大利亚、英国等国家相继进行了排污权交易政策的实践。我国在大气污染控制方面也开展了公开交易排污许可证的试点工作，并取得了一定的效果。

目前，我国主要执行排污费征收标准和超标排污处罚，其执行标准偏低，法律赋予环保部门的手段单一、办法较少、权利较弱，客观上造成了付费即可排污的不合理状况，污染排放总量难以得到有效控制。排污权交易制度在我国的实施还处于起步阶段，还没有形成统一完善的法律制度，但国外的成功经验，以及各个排污权试点成功的实践，地方的零星立法，国家关于污染物排放许可制度和污染物排放总量的立法确立，以及各种国际环境条约的推动，都成为构建我国排污权交易制度的基础。

碳排放权交易制度不仅能体现总量控制策略，而且能依靠市场手段促进企业主动实现总量控制目标。由政府核实当地碳排放总量，碳排放权进入交易市场，企业通过技术创新减少的二氧化碳排放量可以在二级市场上买卖获利。这样，企业就有了减少碳排放的利益动力。可以设想，当地碳排放总量一旦确定，其排放权就类似于垄断资源，有限的碳排放权必然带来价格不菲的交易，而碳排放企业在利益驱动下，就会通过各种途径减少二氧化碳的排放。

2. 建立基于低碳经济的技术创新的制度和税收政策

发展低碳经济需要充分发挥法律、经济政策、行政手段等的组合作用，并不断调整和创新政策工具。在"十一五"期间，我国采取了较多的行政手段，而在未来的发展中，应以法律手段为基础，逐步加强经济手段的运用，并辅之以必要的行政手段。

首先，应从国家层面制定出发展低碳经济的规划，明确政府、企业及各利益相关方的责任和义务，突出政策在绿色发展中的主导地位，同时建立国家绿色发展的综合协调机制。

其次，优先解决资源、能源及环境要素的价格形成机制，改变现有资源配置的不均分配，使其价格真实反映资源稀缺度、市场供求关系及污染排放的外部成本。为此，应通过公正透明的程序来听取利益相关方对环境定价机制的意见，依靠市场进行调节。

最后，在涉及资源环境税收（如能源税、环境税、碳税等）的议题上应统筹考虑，配合相关财政政策及整体税制改革，同时减少人力资源相关税收，使税负总体水平保持平衡，以减少对企业竞争力的影响。

碳减排不只是技术问题，更是经济问题、机制问题，只有在市场经济中建立合理的机制，才能引导企业进行各种节能减排的创新，企业才能拥有创新的动力，才能取得最后的胜利[98]。

3. 建立生态化技术创新的法制保障机制

政府应建立生态化技术创新的法制机制，来保障企业的低碳技术得以顺利进行。一是制定有关鼓励和保证低碳经济发展的相关法律，如《低碳经济法》《可再生能源法》《节约能源法》等，鼓励企业通过生态化技术创新实现低碳发展；二是建立碳基金，通过提供资金上的扶持，鼓励企业开发低碳技术[99]。

（二）基于企业层面的推进策略

1. 建立和完善低碳技术创新投资

国内企业应从以下几个方面建立和完善低碳技术的创新投资：

第一，要在充分调研的基础上，根据不同领域的特点，调整和深化研究机构的改革，加快预算制度，促进人事制度等配套制度的完善，以及科技资源的合理流动和有效利用。

第二，应协调低碳经济、节能环保等相关内容的研发项目，优先制定低碳发展科技路线图，同时关注商业化示范项目并吸纳更多的企业参与。

第三，在低碳技术研发领域，除了研发单项技术外，还要特别关注符合我国国情和长期利益关系的低碳技术系统的开发和示范，如协调控制系统（coordination control system，CCS）、整体煤气化联合循环发电系统（integrated gasification combined cycle，IGCC）和煤炭多联产系统。

2. 企业运作系统的技术创新

企业技术创新战略实施最直接的支撑条件在于内部创新运作系统的建立与完善。企业应转变观念，建立低碳文化。从中长期发展的视角审视企业的成本与利润，改善生态环境质量，提高资源的利用率，合理配置和利用资源，促进资源的可持续利用等；不是把实现低碳经济停留在概念层面，而是要真正把低碳经济意识、低碳发展计划纳入整个企业运作系统。

运作系统包括三大要素，首先是企业家的创新决策能力，这是决定企业绿色创新系统有效运行的首要因素，是企业创新决策的出发点。企业家的每一个决策，都影响着企业的发展方向，低碳战略会成为企业未来竞争的优势所在，企业家应该形成低碳思维，中国企业现阶段应走出新的低碳路线。其次是企业技术平台，企业各领域的硬件、软件技术基础，往往侧重于产品技术、生产制造技术、营销技术及管理技术，企业技术平台是企业进行创新最直接的平台。实现低碳遇到的最大挑战可能是成本会比较高，这就需要企业灵活应对，如果自身技术开发能力较弱，可以通过产学研合作和企业间合作来加速技术的扩散，获得新技术。最后是生产运作平台，生产运作不仅仅是生产能力的问题，它是指企业整个业务流程的高效运作能力，当然生产制造能力是较为重要的。在整个生产运作中，应注重过程中的每一个环节，有效控制和降低碳排放，引领和助推低碳经济的发展，同时利用推进低碳经济的机遇，不断提高产品品质和核心竞争力，切实增强应对市场竞争和变化的能力。

3. 自觉执行低碳技术标准，规范企业低碳产品的制造过程

世界各国特别是发达国家纷纷出台相关政策法规，促进并规范低碳经济深入发展。制定低碳产业与产品的技术标准，超前做出企业的低碳战略部署；在企业中推行低碳标识，规模化、规范化应用低碳技术，将企业社会低碳责任与产品质量、信誉结合起来。

我国的一些企业已经取得了一定的成功，如由欧派橱柜、美的空调等组成的中国家居业冠军联盟掀起低碳风暴，组织了各类环保活动。欧派是橱柜业首次取得国家最高环保认证——"十环认证"的企业；大自然地板首创活性生态漆技术，产品已入驻上海世博会零碳馆；雷士照明一直倡导绿色照明，推广高效节能照明产品，为上海世博会零碳馆提供灯光照明系统，并成为广州 2010 年亚运会灯光照明产品供应商；东鹏陶瓷依靠科技创新，探索超薄陶瓷产品，减少原材料与能耗，有效实现节能减排；美的中央空调采用变频多联式智能控制系统，大大减少了能耗，受到消费者热捧；红苹果家具全部通过欧洲 E1 级标准，在甲醛排放等方面达到国际标准。

4. 企业应尽可能使用清洁能源和低碳能源

我国的能源状况是贫油、少气、富煤。2009 年有关资料显示，如果以世界人均水平为基础单位计算，中国除煤炭资源能达到 58.6%的水平之外，其他重要矿产资源都不足世界人均水平的一半。天然气、石油的人均储量分别相当于世界人均水平的 7.69%、7.05%，但是中国可再生能源资源很丰富。因此，我国企业应摒弃传统的粗放经营方式，着力调整和改进能源构成结构，多使用清洁能源和低碳能源，充分利用和开发我国的太阳能、水利资源、风力资源、生物燃料、地热、潮汐能及核能，把太阳能、风能、生物质能等综合形成一条能源链，达到调整能源结构、缓解能源短缺、减少二氧化碳排放的目的，实现资源可持续供给[99]。

5. 通过"碳标签"推动低碳产品的生产

走在前列的欧美国家很多产品已通过"碳标签"及低碳产品认证以标明该产品生命周期内的碳排放量。在低碳经济时代，消费者会更有意识地选择低碳产品。低碳产品认证以产品为链条，吸引整个社会在生产和消费环节参与应对气候变化，通过向产品授予低碳标志，从而向社会推进一种以顾客为导向的低碳产品采购和消费模式。

6. 通过产业转型实现企业向低碳产品的转型

我国的企业正加速进军节能环保、资源循环利用、新能源等新兴产业，借助国家调整产业结构和转变经济发展方式的机遇，走上"低碳转身"的转型之路。因此，需要对市场变化更敏感，尤其在经历了金融危机后，企业转变发展方式的需求更迫切，许多企业也已具备转型升级的条件和基础。于是一些企业抓住调整产业结构的机会，走出了一条低碳转型的新路径。从长远战略来看，低碳产品具有巨大的发展空间，企业大力推动低碳产品的生产不仅是企业社会责任和环境责任的体现，同时也有利于进一步提高企业的竞争力。

第三篇　分　析　论　证

第七章　企业低碳战略及生态化技术创新评价体系设计

对企业低碳战略及生态化技术创新进行评价是本研究的重点内容。在进行评价之前，根据相关科学的程序及原则，采用合理的方法设计评价指标体系是必要的工作。本章首先提出了评价体系的设计程序及量表选择原则，然后提出了评价指标体系的构建思路、问卷的设计及研究方法，最后分别采用探索性及验证性因子分析法设计了企业低碳战略及生态化技术创新的评价指标体系，并分别进行因子路径分析。

第一节　评价体系的设计程序及量表选择原则

一、评价的一般程序

尽管企业低碳战略的具体评价量表与生态化技术创新的评价量表不同，但是在评价过程中都遵循相同的程序。在此将企业低碳战略及生态化技术创新评价的一般程序分为以下四个步骤。

（一）明确企业低碳战略及生态化技术创新的内涵

在进行企业低碳战略及生态化技术创新评价之前，需要明确这两者的内涵，根据评价量表选择思路对内涵进行界定，这是企业低碳战略及生态化技术创新评价模型构建的理论依据。

（二）选择企业低碳战略及生态化技术创新评价的角度

从不同的角度进行评价，企业低碳战略及生态化技术创新的侧重点将会有所不同。从企业的角度评价，生态化技术创新的评价内容必然包括投入及产出的内容，而低碳战略的评价内容必然是关于企业的生产运作过程是否符合低碳战略；若是从政府或者是公众的角度去评价这两者，具体的内容应当有所不同。本书选择的评价角度为前者，即从企业的角度进行评价。

（三）企业低碳战略及生态化技术创新评价量表的设计

在明确企业低碳战略及生态化技术创新内涵的基础上，从不同的测量角度，针对研究目的和量表设计原则建立企业低碳战略及生态化技术创新评价量表体系，量表体系的建立需要具有明确的针对性，根据不同的研究目的进行建立。

（四）确定企业低碳战略及生态化技术创新评价的方法

在构建企业低碳战略及生态化技术创新评价量表体系的基础上，选择最佳的评价方法。通常采用定性评价和定量评价相结合的方法，具体的方法选择可以根据评价目的及所收集数据的特征来确定。

二、量表选择原则

（一）系统原则

一方面，针对企业低碳战略及生态化技术创新进行的评价，要全面、合理、客观，能涵盖和全面反映企业生态化技术创新的经济的、社会的、生态的效益情况。另一方面，还应考虑量表之间的系统性和相关性。该评价量表体系要围绕绩效评估的总目标进行分解，形成一个量表数量多、量表层次分明、各量表权重安排得当的绩效评估量表体系[43]。因此，评价量表体系应从各个不同的侧面和不同的环节进行设置，力求选取具有代表性的、可行性的量表，将涉及各方面的量表构成有机整体。

（二）可操作性原则

可操作性原则要求量表数值易于获取、简明扼要、有较大信息容量，并且应尽可能直观、形象，便于理解。量表的设置要适应企业监测力量和技术水平，最好是利用现有统计资料，能够通过现有的统计活动获得，或者从企业统计报表和会计报表制度中直接或间接获得。

（三）可比性原则

可比性原则要求评价结果在时间上现状与过去可比，在空间上不同区域之间可比。通过时间上的纵向比较，反映一个企业循环经济建设的演进轨迹；通过企业间的横向比较，反映一个企业的发展优势与问题，从而可以因地制宜地提出对策措施。

（四）独立性原则

在选择评价量表时应尽量做到不重叠、不遗漏。要全面、客观、准确地反映企业低碳战略背景下的发展状况，测评体系所包含的量表必须是必要且充分的，每一个量表都能反映企业生态化技术创新的某一侧面。同时，各个量表间相对独立，避免量表间信息重叠，充分体现每个量表的作用，因此构成量表体系的因素应尽量相互独立。

（五）动态性原则

企业生态化技术创新活动是一个动态发展、不断循环、不断提高的过程，而低碳战略则是一个长期发展的战略，在发展过程中会随着时间的变化而发生调整。因此，评价量表的设计必须能够反映企业生态化技术创新及低碳战略的现状，同时又能反映其发展趋势和潜力，并能揭示其内在规律，在指标选取时要兼顾静态指标与动态指标的相互结合。

第二节　评价指标体系的构建思路

一、评价指标体系构建的必要性

生态化技术创新作为技术创新领域中的新焦点，在传统技术创新中贯穿着生态观，是当今建设创新型社会的重要技术观。从低碳战略的角度对企业生态化技术创新进行评价研究，是符合当今社会发展趋势的做法。

目前，国内外学者虽然对技术创新测度指标的研究做了不少的尝试，但始终没有形成一套完整的指标体系。国内外关于生态化技术创新及低碳战略评价指标体系的研究尚属于不成熟阶段。现阶段我国还未有一套公认的、较成熟、较科学的企业生态化技术创新及低碳战略评价指标体系，成熟、完善的企业生态化技术创新及低碳战略评价指标体系也就更加无从谈起。

构建企业生态化技术创新评价指标体系及低碳战略评价指标体系，可以为生态化技术创新的实施效果提供检验的工具和方法，既有利于促进企业生态化技术创新的实施，又有利于发掘出企业生态化技术创新过程中存在的不足或者障碍，为解决这些问题和障碍提供线索。

　　鉴于以上原因，构建企业生态化技术创新评价指标体系和低碳战略评价指标体系十分必要。

二、低碳战略评价指标体系构建思路

　　自从 2003 年"低碳"一词诞生以来，"低碳战略"受到国际和国内从政府领导到企业到民众的广泛关注。节能减排如同早先的全球化一样，已成为一种国际趋势，企业必须随潮流而动。

　　低碳战略评价指标体系的构建主要是以价值链为线索，针对价值链的各个环节所涉及的因素设计评价指标。具体而言，包括从资源投入、原材料采购及运输、投入生产直到产品使用后处理等各个环节。

　　资源投入，关注的是研发所投入的人力、财力、物力，反映的是为企业低碳战略提供基础保障的情况。在原材料采购及运输方面，企业应该考虑的是所采购的材料性质和采购流程中涉及的相关因素。企业建立绿色采购系统等相关业务流程和运输、仓储、装卸、包装等环节中的绿色物流对于实现低碳战略至关重要，可以为企业价值链提供良性循环的基础条件。生产阶段，企业经营活动中的生产过程对环境的影响是最直接和最严重的。企业应选用少废、无废工艺和高效设备；尽量减少生产过程中间产品的产生及各种危险性因素；采用可靠和简单的生产操作和控制方法；对物料进行内部循环利用；完善生产管理、改善工作环境不断提高管理水平等。使用后处理阶段，为了节约资源、实现环境保护、保证资源合理利用，报废物回收拆解、循环利用正受到关注。该环节又被称为"绿色回收"，其本质在于对产品生命周期内产生的废弃物、末端产品，通过有效回收、科学拆卸及再制造等先进技术，使其重新获得产品的使用价值[44]。

三、企业生态化技术创新评价指标体系构建思路

　　根据企业生态化技术创新的内涵，企业生态化技术创新既要考虑经济的增长，又要考虑技术对生态环境和社会的影响，生态化技术创新力求实现经济效益、生态效益、社会效益的有机统一，因此在构建企业生态化技术创新的评价指标体系时，必须将生态化创新的条件、生态环境指标和社会效益指标纳入其中。同时，生态化技术创新就是在传统的技术创新中输入生态思想，是技术创新观的转变，技术创新是核心，其创新效率是创新效益的决定性因素，因此，必须把企业技术创新水平作为评价企业生态化技术创新的重要因素。

综合以上分析，在构建企业生态化技术创新评价指标体系时需要从以下两个方面来考虑。

一是生态化技术创新的水平方面。主要是围绕生态化技术发展水平和生态化技术支持两个方面。生态化技术发展水平指标反映了企业生态化的实施程度和发展水平。企业生态化技术支持指标反映了企业生态化技术创新受到来自企业内外的各种支持力量的力度。

二是生态化技术创新实现的效益方面。主要是围绕经济效益、生态环境效益、社会效益三个方面。经济效益指标反映的是企业生态化技术创新能力；生态环境效益指标反映的是综合资源利用、环境保护及污染控制等一系列环境要素；社会效益指标主要是反映企业生态化技术创新为社会带来的正面影响及绿色产品被认可程度。

第三节　问卷设计和研究方法

一、问卷设计

本研究中所使用的问卷是经过以下步骤设计而成：第一，在文献基础上，分别形成企业低碳战略及生态化技术创新的初始量表；第二，请专家对初始量表进行评审，提出意见；第三，根据专家意见修改量表，并转化为问卷形式。

企业低碳战略及生态化技术创新的初始量表中，试题有定性问题，也有定量问题。定性问题采用打分方法，采取1~5量表的形式设计问卷，用打分得到的数值表示对应试题的得分。定量问题根据实际情况给出对应值。如果对某试题设置的问题不了解可以打×或不予填写。问卷中每个问题的设置，包括问题的语句含义、打分标准、提问顺序、提问方式等，均与后续的数据处理和变量计算一一对应、紧密相关。

研究的前期工作包括专家咨询，即咨询国内技术创新及战略管理方面的专家。专家咨询的目的是：咨询各位专家的意见，集思广益，使构建企业低碳战略及生态化技术创新量表的研究工作更加科学严谨。专家咨询表使用打分和开放式的评价性题型，咨询的内容是量表内容和提问方法的设计。发放问卷50份，收回问卷33份，同时访谈8名专家。综合这些专家的意见对问卷做了修改和补充，得到问卷调查表。

本次问卷主要通过现场调查和网上调查两种方式完成。在现场调查方面，本研究小组选派5名责任心较强的研究生到达指定的调查地点进行现场跟踪调查，为了保证调查数据的质量，在进行正式调查前，开展了培训会议，向这5名研究生详细讲解了整个研究的框架和目标、问卷中所有的术语与各个题项的含义，并明确调查的要求。调查地点主要是广东省内高新技术企业园区中的企业，本研究所调查的高新区企业包括广州市萝岗开发区、深圳高新技术产业开发区、中山火炬高技术产业开发区、梅州高新技术产业开发区，以及惠州、肇庆、河源、茂名等地区的相关企业。从问卷发放到回收，调查时间为期一周。在网上调查方面，主要是通过亲人、朋友、同学等直接或间接发放，受访对象大多是广东省内具有一定技术创新能力的工业企业的相关负责人或者相关职员。

研究数据主要来源于广东省内具有一定技术创新能力的工业企业。问卷中缺失数据超过 5 道试题的问卷予以删除，保证数据基本完整。同时，答案偏向性严重、答题所用时间过短、明显不符合常理和实际的答卷也将其设为无效，从而保证问卷数据的有效性。同一个问卷包含企业低碳战略问卷及生态化技术创新问卷两部分，共发放问卷 500 份，收回 464 份。低碳战略有效问卷 192 份，利用 96 份问卷做探索性因子分析，另 96 份问卷做验证性因子分析和路径分析；生态化技术创新有效问卷 272 份，利用 136 份问卷做探索性因子分析，另 136 份问卷做验证性因子分析和路径分析。

二、研究方法

问卷数据收回后，需经如下两个步骤构建企业低碳战略及生态化技术创新的评价指标体系：第一，利用一部分问卷数据对初始量表做探索性因子分析，修改量表并构建初始因子结构；第二，利用另一部分问卷数据对初始量表做验证性因子分析，修改并最终建立企业低碳战略及生态化技术创新的指标体系。

研究中往往必须同时考虑许多变量，这些变量可能由于某些特征而聚成几类，每一类均具有相同的本质，某些变量之间往往存在相关性。可设想这种相互关联的现象是变量后面隐含着一个或多个共同的因子所致。因子分析（factor analysis）即用于分析影响因素、支配因素的共同因子有几个且各因子本质为何的一种统计方法。它是一类降维的分析技术，用来探索和验证一组变量之间的协方差或相关系数结构，并用于解释这些变量与为数较少的因子（即不可观测的潜因素）之间的关联。目前，因子分析包括探索性因子分析（exploratory factor analysis，EFA）和验证性因子分析（confirmatory factor analysis，CFA）。

因为研究者对测量变量与因子间的联系在事前并不知道或者并不确定，所以需要根据统计理论及准则，如计算因子的累积贡献率大小等，以确定因子的个数。这种因子分析研究过程具有探索性，被称为探索性因子分析。利用探索性因子分析除了确定最少因子个数外，还要确定测量变量因子间如何发生联系及联系程度有多大。

验证性因子分析又称确定性因子分析，是研究者根据专业理论或以往的经验得到测量变量与因子之间关系的先验知识，并根据先验知识对所建立的统计假设进行检验，用于评价隐变量（因子）与其对应的观测变量之间关系的统计方法。

第四节　低碳战略评价指标体系构建

一、低碳战略探索性因子分析

巴利特（Bartlett）球体检验法，前提假设为相关矩阵是单位矩阵，各变量之间的关系是彼此独立的。如果拒绝该假设，说明各变量间存在相关关系，可以使用因子分析。通常来讲，KMO（Kaiser-Meyer-Olkin）值大于 0.8 就说明数据质量非常好，大于 0.7 但小于 0.79 就表明数据质量中等，大于 0.6 但小于 0.69 就表明数据质量普通，大于 0.5 但小于 0.59 就表明数据质量比较差，但分析结果仍可以接受，如果取值小于 0.5，就说明数据不适合做因子分析。

借助 SPSS 13 对所收集到问卷中的所有变量进行分析，Bartlett 球形检验结果：KMO 值为 0.626，大于 0.6，Bartlett 球形值为 1762.442（$df = 435$，$p = 0$），均符合标准，说明该样本适合进行探索性因子分析。

本书中因子提取方法为主成分分析法（principal component analysis，PCA），抽取特征值大于 1 的因子，得到 8 个公共因子，累积贡献率为 79.982%。探索性因子分析将获得每个测量试题与因子之间的因子负荷量（factor loading），因子负荷量越高，表明测量题项与因子之间的关联性越强。因子负荷截取点位 0.4，即对任一因子上负荷都低于 0.4 或在多个因子上负荷都大于 0.4 的试题予以删除。经过三次重新探索后保留 4 个公共因子。4 个公共因子总解释方差如表 7.1 所示，其成分如表 7.2 所示。对 4 个公共因子重新命名：因子 1——原材料及使用后处理；因子 2——生产环节；因子 3——物流环节；因子 4——资源投入。将保留的 27 个条目组成的问卷数据为验证性因子分析使用（表 7.3）。

表 7.1　低碳战略因子总解释方差

成分	初始特征值			提取平方和载入		
	合计	方差的%	累积%	合计	方差的%	累积%
1	7.203	26.676	26.676	7.203	26.676	26.676
2	4.022	14.898	41.574	4.022	14.898	41.574
3	3.883	14.383	55.957	3.883	14.383	55.957
4	1.792	6.636	62.593	1.792	6.636	62.593

表 7.2 中的 Cronbach's α 显示：整个研究变量内部一致性相对较好，可信度较高，不用加以调整。

表 7.2　低碳战略成分矩阵和 Cronbach's α

因子	成分				Cronbach's α	
	1	2	3	4		
企业节能降耗减排的资金年投入量				0.476	0.801	0.824
企业节能降耗减排的资金年投入占企业经营年总投入的比例				0.493		
企业新能源技术研发投入比重				0.512		
企业从事低碳环保方面的专兼职工作人员总量				0.673		
企业从事低碳环保方面的专兼职工作人员总量占企业总人数的比例				0.612		
企业员工环保意识				0.475		
企业进行低碳环保方面的设备总值				0.499		
企业进行低碳环保方面的设备总值占企业设备资产的比例				0.643		
是否建立贯穿供应链的碳排放监督及测量机制			0.651		0.870	
单位材料运输环节低碳环保程度			0.720			
单位材料仓储环节低碳环保程度			0.549			
单位材料装卸环节低碳环保程度			0.490			
单位材料包装环节低碳环保程度			0.567			
单位产值水耗		0.873			0.873	
单位产值能耗		0.601				
单位产值原材料消耗量		0.823				
单位产值废水产生量		0.868				
单位产值固体废弃物产生量		0.868				
每年采购可再生材料占采购总量的比例	0.791				0.882	
每年采购生物降解材料占采购总量的比例	0.505					
企业污染物排放达标率	0.478					
企业工业废气综合利用率	0.858					
企业工业废水综合利用率	0.851					
企业工业固体废物综合利用率	0.821					
企业环境污染治理资金实际投入占所需量的比例	0.687					
包装回收利用率	0.730					
产品回收利用率	0.772					

表 7.3　企业低碳战略量表体系

因子	量表
资源投入	企业节能降耗减排的资金年投入量（a1）
	企业节能降耗减排的资金年投入占企业经营年总投入的比例（a2）
	企业新能源技术研发投入比重（a3）
	企业从事低碳环保方面的专兼职工作人员总量（a4）
	企业从事低碳环保方面的专兼职工作人员总量占企业总人数的比例（a5）
	企业员工环保意识（a6）
	企业进行低碳环保方面的设备总值（a7）
	企业进行低碳环保方面的设备总值占企业设备资产的比例（a8）
物流环节	是否建立贯穿供应链的碳排放监督及测量机制（a9）
	单位材料运输环节低碳环保程度（a10）
	单位材料仓储环节低碳环保程度（a11）
	单位材料装卸环节低碳环保程度（a12）
	单位材料包装环节低碳环保程度（a13）
生产环节	单位产值水耗（a14）
	单位产值能耗（a15）
	单位产值原材料消耗量（a16）
	单位产值废水产生量（a17）
	单位产值固体废弃物产生量（a18）
原材料及使用后处理	每年采购可再生材料占采购总量的比例（a19）
	每年采购生物降解材料占采购总量的比例（a20）
	企业污染物排放达标率（a21）
	企业工业废气综合利用率（a22）
	企业工业废水综合利用率（a23）
	企业工业固体废物综合利用率（a24）
	企业环境污染治理资金实际投入占所需量的比例（a25）
	包装回收利用率（a26）
	产品回收利用率（a27）

二、低碳战略验证性因子分析

根据探索性因子分析的结果，结合每个因子的实际含义，建立因子结构。

采用 AMOS 4.0 软件拟合模型,本书从以下 6 个常用的拟合指数反映模型的拟合程度。

（1）χ^2 卡方：受样本量影响较大，样本量越大 χ^2 越大，χ^2 是拟合度指标，好的模型应有较小的 χ^2。因为 χ^2 值受自由度 df 的影响比较大，所以人们常把 χ^2/df 作为评价模型拟合度的指标，一般认为当 χ^2/df<3 时，模型与数据拟合得好。

（2）相对拟合指标（comparative fit index，CFI）：指在研究中所建立的模型与独立模型相比，该理论模型的拟合度改进情况，其值在 0～1，越接近 1，则模型拟合越好。一般大于 0.9，说明研究者建立的理论模型拟合得较好。

（3）增值拟合指标（normal fit index，NFI）：又称 DELTA1 指标，其值在 0～1，越接近 1，则模型拟合越好。一般大于 0.9，说明研究者建立的理论模型拟合得较好。

（4）拟合的卡方检验指标（goodness-of-fit index，GFI）：其值应在 0～1。当 GFI 越接近 1 时，表示拟合越佳，一般判断 GFI 为大于 0.9。

（5）吻合指数（Tucker-Lewis index，TLI）：它具有不受样本大小的影响、惩罚模型等特性，大于 0.9 较为理想。一般大于 0.9，说明研究者建立的理论模型拟合得较好。

（6）总体差距指数（root mean square error of approximation，RMSEA）：这一指标值在 0.08 或以下表示模型的拟合是可以接受的。但是，如果 RMSEA 超过 0.1，则表明该模型拟合得不佳。

以上 6 个指标的值如表 7.4 所示。

表 7.4　低碳战略验证性因子分析初始拟合指数

指标	χ^2/df	CFI	NFI	GFI	TLI	RMSEA
模拟值	3.132	0.894	0.840	0.906	0.898	0.112
推荐值	<3	>0.9	>0.9	>0.9	>0.9	<0.08

表 7.4 的指标值显示模型与数据之间拟合效果不好，所以需要修正模型获得较好的拟合效果。首先检查在 5%水平下不显著的因子与变量之间的关系，发现所有的关系都是显著的。再参考软件输出修正指数修正模式。修正指数是指模型某个受限制的参数，若容许自由估值，则模型会因放松此参数而改良，整个模型卡方减少的数值，称为此参数的修正指数。同时，也会输出参数期望（expected parameter change），使研究者了解若容许自由估值，此参数估量值的大小和方向。实际应用时也应考虑放松此参数是否有科学根据。找出最大修正指数是 a26 与 a27 的 36.845，表明如果增加 a26 与 a27 之间的残差路径，则模型的卡方值会减少较多。从实际考虑，a26 和 a27 之间存在一定的关系，若一个企业包装回收利用率

高，则显示该企业提倡节能环保，由此也会重视产品的回收利用；反之亦然。因此，考虑增加 a26 与 a27 的相关性路径。

重新估计模型，得到表 7.5 的修正指数。虽然这些指标得到一定程度的改善，但是部分指标还是达不到要求。模型不能再修正了，因为本书是在文献研究的基础上已经建立了理论模型，并通过探索性因子分析构建了相应结构模型，不切实际地修改模型，虽能得到好的拟合指数，但是可能会得出没有理论意义的模型。本书中仅很少部分指标没有达到一般模型要求的拟合度，而大部分指标已经达到要求，没有达到要求的指标与要求值之间差别不大，所以整个模型具有一定的参考价值。

表 7.5　低碳战略验证性因子分析修正后的拟合指数

指标	χ^2/df	CFI	NFI	GFI	TLI	RMSEA
模拟值	2.812	0.909	0.899	0.926	0.938	0.082

低碳战略评价指标的结果如图 7.1 所示。标准化后的回归系数如表 7.6 所示。表 7.6 显示资源投入和物流环节对低碳战略影响较大。企业低碳经济发展中的人、财、物的投入是绿色技术的研发、创新与应用的保障，也是维持企业原有绿色产品有效运作的基础，因此企业应加大资源投入，以提升绿色竞争力。事实与实践已经证明，物流已经是企业运作中的一个重要环节，运输、仓储、装卸、包装等环节中的绿色物流对于实现低碳战略至关重要，可以为企业价值链提供良性循环的基础条件，提高绿色产品竞争力。

三、低碳战略因子路径分析

根据探索性因子分析和验证性因子分析的结果，结合每个因子的实际含义，本书做如下假设。

假设 1：资源投入对物流环节正向影响。资源投入增加，使得低碳环保方面的设备包括低碳环保的运输设备和仓管设备都会相应地增加，从而增加物流过程中的低碳环保程度，因此本书提出该假设。

假设 2：资源投入对生产环节正向影响。资源投入增加，使得低碳环保方面的研发水平增加，从而使生产更加节能和绿色，因此本书提出该假设。

假设 3：资源投入对原材料及使用后处理正向影响。资源投入增加，使得企业整体环保意识增加，很可能会变废为宝，有效利用废弃物，因此本书提出该假设。

假设 4：物流环节投入对生产环节正向影响。供应链中有效的碳排放监督机制将会监督生产环节低碳环保的生产，因此，本书提出该假设。

采用 AMOS 4.0 软件拟合模型，表 7.7 反映了模型的拟合程度。

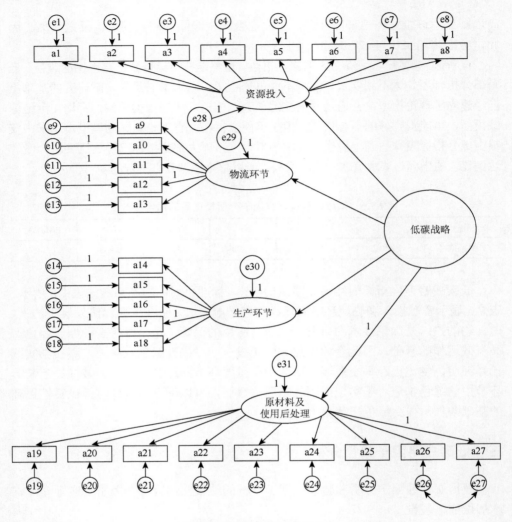

图 7.1　低碳战略因子结构

表 7.6　低碳战略验证性因子分析标准化的回归系数

因子	路径	因子	Estimate
资源投入	←	低碳战略	0.965
物流环节	←	低碳战略	0.972
生产环节	←	低碳战略	0.649
原材料及使用后处理	←	低碳战略	0.593
a13	←	物流环节	0.700
a12	←	物流环节	0.737
a11	←	物流环节	0.818

续表·

因子	路径	因子	Estimate
a10	←	物流环节	0.714
a9	←	物流环节	0.816
a18	←	生产环节	0.982
a17	←	生产环节	0.738
a16	←	生产环节	0.618
a15	←	生产环节	0.652
a14	←	生产环节	0.583
a27	←	原材料及使用后处理	0.644
a26	←	原材料及使用后处理	0.602
a25	←	原材料及使用后处理	0.674
a24	←	原材料及使用后处理	0.532
a23	←	原材料及使用后处理	0.625
a22	←	原材料及使用后处理	0.690
a21	←	原材料及使用后处理	0.935
a20	←	原材料及使用后处理	0.888
a19	←	原材料及使用后处理	0.536
a1	←	资源投入	0.529
a2	←	资源投入	0.502
a3	←	资源投入	0.647
a4	←	资源投入	0.847
a5	←	资源投入	0.745
a6	←	资源投入	0.743
a7	←	资源投入	0.762
a8	←	资源投入	0.603

表 7.7　低碳战略路径分析拟合指数

指标	χ^2/df	CFI	NFI	GFI	TLI	RMSEA
模拟值	3.002	0.899	0.840	0.906	0.908	0.092

表 7.7 显示拟合效果一般，检查在 5% 水平下不显著的路径如表 7.8 所示，考虑删去该路径。重新估计模型，拟合指数如表 7.9 所示。

表 7.8　5%水平下不显著的估计参数

因子	路径	因子	Estimate	S.E.	C.R.	P
生产环节	←	物流环节	0.010	0.054	0.193	0.097

表 7.9　低碳战略路径分析修正后拟合指数

指标	χ^2/df	CFI	NFI	GFI	TLI	RMSEA
模拟值	2.742	0.901	0.887	0.913	0.922	0.080

　　表 7.10 显示假设 1、2 和 3 得到支持，说明企业的资源投入不仅对企业物流和生产影响显著，对绿色采购和产品使用后处理影响也显著，如图 7.2 所示。因此，若要更好地实施低碳战略，需要企业持续地注入人、财、物的投入。

表 7.10　低碳战略因子之间的回归系数

因子	路径	因子	Estimate	S.E.	C.R.	P
物流环节	←	资源投入	0.737	0.119	2.838	0.005
原材料及使用后处理	←	资源投入	0.624	0.103	2.167	0.030
生产环节	←	资源投入	0.605	0.103	2.046	0.031

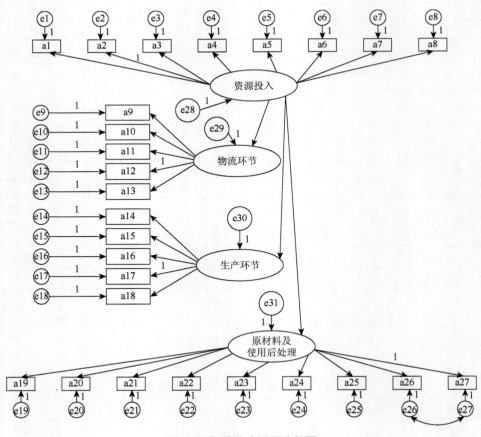

图 7.2　低碳战略因子路径图

第五节 生态化技术创新评价指标体系构建

一、生态化技术创新探索性因子分析

借助 SPSS 13 对所收集问卷中所有变量进行分析，Bartlett 球形检验结果：KMO 值为 0.610，大于 0.6，Bartlett 球形值为 1732.358（df = 465，$p = 0$），均符合标准，说明该样本适合进行探索性因子分析。

本书中因子提取方法为主成分分析法，抽取特征值大于 1 的因子，得到 7 个公共因子，累积贡献率为 75.183%。因子负荷截取点位 0.4，即对于任一因子上负荷都低于 0.4 或在多个因子上负荷都大于 0.4 的试题予以删除。经过三次重新探索后保留 4 个公共因子。4 个公共因子总解释方差如表 7.11 所示，其成分如表 7.12 所示。对 4 个公共因子重新命名：因子 1——生态环境；因子 2——生态化水平及社会对生态化产品认可度；因子 3——生态化技术创新条件；因子 4——社会效益。将保留的 29 个条目组成的问卷数据为验证性因子分析使用，如表 7.13 所示。

表 7.11 生态化技术创新因子总解释方差

成分	初始特征值			提取平方和载入		
	合计	方差的%	累积%	合计	方差的%	累积%
1	7.485	27.723	27.723	7.485	27.723	27.723
2	4.403	16.307	44.030	4.403	16.307	44.030
3	3.592	13.305	57.335	3.592	13.305	57.335
4	2.022	7.489	64.824	2.022	7.489	64.824

表 7.12 生态化技术创新成分矩阵和 Cronbach's α

因子	成分				Cronbach's α	
	1	2	3	4		
低碳和绿色产品产值占企业生产总值的比例（%）	0.739					
企业年利润率	0.401					
工业固体废弃物循环利用率（%）	0.749				0.840	0.819
环保基础设施建设水平	0.623					
绿地覆盖率（%）	0.707					
水环境指标	0.667					

续表

因子	成分				Cronbach's α
	1	2	3	4	
固体废物处理率（%）	0.759				
废气处理率（%）	0.629				
废水处理率（%）	0.701				0.840
高新技术中环境友好技术的比例（%）	0.716				
绿色生产资料投入比例（%）	0.465				
生态化产品销售收入占总销售收入的比例（%）	0.730				
企业年生产总值（万元）			0.844		
创新资源年投入量（万元）			0.870		
研发人员数量（人）			0.650		0.801
生态化技术投入资金（万元）			0.482		
创新产出效益（万元）			0.858		
生态化技术转化能力		0.485			0.819
工业生态链稳定性		0.539			
企业生态化管理的先进程度		0.661			
企业生态化技术创新激励力度		0.525			
政府对该企业的税收优惠力度		0.407			0.829
企业与高科院等机构产学研合作水平		0.403			
公众对低碳产品或绿色产品的偏好水平		0.495			
客户对低碳产品或绿色产品的接受程度		0.493			
公众对企业生态环境的满意度		0.649			
企业社会形象				0.513	
年扩张就业率（%）				0.626	0.765
企业的绿色产品知名度				0.403	

表 7.13　企业生态化技术创新量表体系

因子	量表
生态环境	低碳和绿色产品产值占企业生产总值的比例（A1）
	企业年利润率（A2）
	工业固体废弃物循环利用率（A3）
	环保基础设施建设水平（A4）
	绿地覆盖率（A5）
	水环境指标（A6）

续表

因子	量表
生态环境	固体废物处理率（A7）
	废气处理率（A8）
	废水处理率（A9）
	高新技术中环境友好技术的比例（A10）
	绿色生产资料投入比例（A11）
	生态化产品销售收入占总销售收入的比例（A12）
生态化技术创新条件	企业年生产总值（A13）
	创新资源年投入量（A14）
	研发人员数量（A15）
	生态化技术投入资金（A16）
	创新产出效益（A17）
生态化水平及社会对生态化产品认可度	生态化技术转化能力（A18）
	工业生态链稳定性（A19）
	企业生态化管理的先进程度（A20）
	企业生态化技术创新激励力度（A21）
	政府对该企业的税收优惠力度（A22）
	企业与高科院等机构产学研合作水平（A23）
	公众对低碳产品或绿色产品的偏好水平（A24）
	客户对低碳产品或绿色产品的接受程度（A25）
	公众对企业生态环境的满意度（A26）
社会效益	企业社会形象（A27）
	年扩张就业率（A28）
	企业的绿色产品知名度（A29）

表 7.12 中的 Cronbach's α 显示：整个研究变量内部一致性相对较好，可信度较高，不用加以调整。

二、生态化技术创新验证性因子分析

根据探索性因子分析的结果，结合每个因子的实际含义，采用 AMOS 4.0 软件拟合模型，表 7.14 中 6 个常用的拟合指数反映了本书初始模型的拟合程度。

表 7.14 生态化技术创新验证性因子分析初始拟合指数

指标	χ^2/df	CFI	NFI	GFI	TLI	RMSEA
模拟值	2.171	0.901	0.852	0.899	0.886	0.079
推荐值	<3	>0.9	>0.9	>0.9	>0.9	<0.08

综合表 7.14 的指标值，模型与数据之间的拟合效度一般，模型还有修正的空间。检查在 5%水平下各条路径均显著。再参考软件输出修正指数修正模式。找出最大的修正指数，e6 与 e32 修正指数最大为 32.530，但它们不属于同一个潜变量，不予考虑。继续寻找次大修正指数，A27 与 A29 修正指数为 24.556，A27 和 A29 之间存在一定关系，若一个企业社会形象好将会对其产品（包括绿色产品）的声誉有好的影响；同样若企业绿色产品知名度高，也会为企业社会形象加分。因此，考虑增加 A27 与 A29 的相关性路径。

重新估计模型，得到表 7.15 的拟合指数。这些指标得到了一定程度的改善，均达到了一般模型要求的拟合度，所以整个模型有一定的参考价值。

表 7.15　生态化技术创新验证性因子分析修正后拟合指数

指标	χ^2/df	CFI	NFI	GFI	TLI	RMSEA
模拟值	2.105	0.912	0.909	0.916	0.908	0.071

综上所述，生态化技术创新评价指标的结果如图 7.3 所示（为了使图显示美观，生态化水平及社会对生态化产品认可度缩写为水平及认可度，生态化技术创新条件缩写为创新条件）。标准化后的回归系数如表 7.16 所示。表 7.16 显示生态化技术创新水平及认可度对生态化技术创新影响最大，说明企业本身生态化技术创新发展的实际水平对生态化技术创新起决定性的作用，同时来自社会各界的力量对生态化技术创新影响也非常显著。

三、生态化技术创新因子路径分析

根据探索性因子分析和验证性因子分析的结果，结合每个因子的实际含义，本书做如下假设。

假设 1：生态环境对社会效益正向影响。企业生态环境好，废弃物利用率高，对环境有好的影响，进而可提高企业的社会形象，因此，本书提出该假设。

假设 2：生态化技术创新条件对生态环境正向影响。生态化技术创新条件即各种创新资源的投入和产出效率，效率提高的本身就是更加有效地利用资源，减少对环境的不良影响，因此，本书提出该假设。

假设 3：生态化技术创新条件对生态化水平及社会对生态化产品认可度正向影响。生态化技术创新条件是企业生态化维持和发展的基础，同时生态化发展水平的提高也会提高其产品的认可度，因此，本书提出该假设。

假设 4：生态化技术创新条件对社会效益正向影响。生态化技术创新条件对企业整体生态化发展具有决定性的影响，企业生态化发展水平高将会提高其产品知名度，进而提高其社会形象，从而对社会效益有好的影响，因此，本书提出该假设。

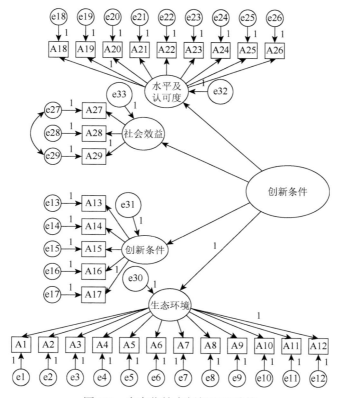

图 7.3　生态化技术创新因子结构

表 7.16　生态化技术创新验证性因子分析标准化后的回归系数

因子	路径	因子	Estimate
水平及认可度	←	生态化技术创新	0.958
社会效益	←	生态化技术创新	0.740
创新条件	←	生态化技术创新	0.725
生态环境	←	生态化技术创新	0.803
A12	←	生态环境	0.575
A11	←	生态环境	0.525
A10	←	生态环境	0.555
A9	←	生态环境	0.902
A8	←	生态环境	0.857
A7	←	生态环境	0.792
A6	←	生态环境	0.436
A5	←	生态环境	0.437
A4	←	生态环境	0.438
A3	←	生态环境	0.598

因子	路径	因子	Estimate
A2	←	生态环境	0.496
A1	←	生态环境	0.589
A18	←	水平及认可度	0.740
A19	←	水平及认可度	0.686
A20	←	水平及认可度	0.707
A21	←	水平及认可度	0.680
A22	←	水平及认可度	0.443
A23	←	水平及认可度	0.471
A24	←	水平及认可度	0.562
A25	←	水平及认可度	0.480
A26	←	水平及认可度	0.691
A17	←	创新条件	0.492
A16	←	创新条件	0.414
A15	←	创新条件	0.442
A14	←	创新条件	0.901
A13	←	创新条件	0.641
A29	←	社会效益	0.944
A28	←	社会效益	0.520
A27	←	社会效益	0.952

假设 5：生态化水平及社会对生态化产品认可度对生态环境正向影响。企业生态化发展水平的提高将会提高废弃物的利用率并有利于保护环境，从而使企业的生态环境发展良好，因此，本书提出该假设。

假设 6：生态环境对生态化水平及社会对生态化产品认可度正向影响。企业的生态环境发展良好将提高企业的社会形象，进而提高产品知名度，因此，本书提出该假设。

采用 AMOS 4.0 软件拟合模型，表 7.17 中 6 个常用的拟合指数反映了初始模型的拟合程度。表 7.17 显示各拟合指数均达到要求且因子之间路径在 5%水平下均显著，因此，不再修正模型。

表 7.17　生态化技术创新路径分析拟合指数

指标	χ^2/df	CFI	NFI	GFI	TLI	RMSEA
模拟值	2.154	0.909	0.910	0.907	0.903	0.075

表 7.18 显示上述 6 个假设均得到支持，企业应重视生态化技术创新条件的提

高，也就是增加生态化技术创新的投入，同时提高投入产出的效率，它作为企业生态化维持和发展的基础对其他 3 个因子均有正向影响，如图 7.4 所示。

表 7.18 生态化技术创新因子之间的回归系数

因子	路径	因子	Estimate	S.E.	C.R.	*P*
水平及认可度	←	创新条件	0.748	0.121	2.875	0.004
生态环境	←	水平及认可度	0.625	0.105	2.146	0.032
生态环境	←	创新条件	0.951	0.161	6.513	
社会效益	←	水平及认可度	0.923	0.124	7.437	
社会效益	←	创新条件	0.823	0.192	−2.206	0.027
社会效益	←	生态环境	0.821	0.164	2.568	0.010

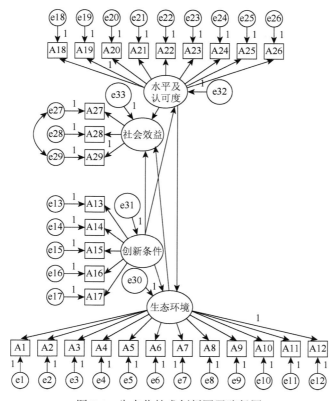

图 7.4 生态化技术创新因子路径图

第八章 基于低碳战略的企业生态化技术创新效率研究

在设计评价指标体系之后，本章运用两阶链 DEA 模型及 Tobit 回归模型对企业低碳战略及生态化技术创新进行效率评价。首先，本章对数据包络法、两阶段链 DEA 模型及 Tobit 回归模型进行了阐释；然后，将从问卷中获得的数据进行实证研究；最后，总结了实证分析的结果。

第一节 评价方法

一、数据包络法

数据包络分析（data envelopment analysis，DEA）是运筹学、管理科学与数理经济学交叉研究的一个新领域，其方法和模型是由美国著名运筹学家 Charnes 等[100]于 1978 年以效率概念为基础发展起来的一种效率评价方法，它是研究若干相同类型的具有多输入、多输出的部门（或单元）间相对有效的方法[101]。

1978 年以来，DEA 方法已广泛应用于度量具有相同输入输出的决策单元的相对效率。其结果能很好地揭示生产部门在投入产出间转换的效率。Koopmans[102]早在 1951 年就提出了有效性的概念；1957 年，Farrell[103]提出了单输入单输出决策单元（decision making units，DMU）的有效性度量方法。而实践中通常会遇到多输入多输出的情形，特别是对于多输出的生产过程，很难用已有的方法进行有效的评价。但时隔 20 多年后，著名运筹学家 Charnes、Cooper、Rhode 运用数学规划模型将有效性度量方法推广到多输入多输出情形，提出了 C^2R（用三位作者姓氏的首写字母以示纪念）模型。下面介绍 DEA 基本的 C^2R 模型。

假设有 n 个生产部门或者生产单位——称为 DMU，这 n 个 DMU 均具有可比性，每个 DMU 都有 m 种输入——资源的耗费，s 种输出——消耗资源的成效。根据实际情况，我们认为输入越小越好，输出越大越好。

基本 DEA 模型如下。

输入矩阵：

$$\begin{pmatrix} x_{11} & x_{12} & \cdots & x_{1n} \\ x_{21} & x_{22} & \cdots & x_{2n} \\ \vdots & \vdots & & \vdots \\ x_{m1} & x_{m2} & \cdots & x_{mn} \end{pmatrix}$$

输出矩阵：

$$\begin{pmatrix} y_{11} & y_{12} & \cdots & y_{1n} \\ y_{21} & y_{22} & \cdots & y_{2n} \\ \vdots & \vdots & & \vdots \\ y_{s1} & y_{s2} & \cdots & y_{sn} \end{pmatrix}$$

其中，第 j 个决策单元表示为 DMU_j，$j = 1, 2, \cdots, m$，输入向量为 $X_j = (x_{1j}$ x_{2j} $\cdots$ $x_{mj})^T$，m 种输入要素对应的权重向量为 $v = (v_1$ v_2 $\cdots$ $v_m)^T$；输出向量为 $Y_j = (y_{1j}$ y_{2j} $\cdots$ $y_{mj})^T$，m 种输出要素对应的权重向量为 $u = (u_1$ u_2 $\cdots$ $u_m)^T$。各个 DMU 的输入数据和输出数据如图 8.1 所示。

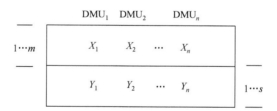

图 8.1　单阶段生产系统

则 DMU_j 的效率指数为

$$h_j = \frac{u^T Y_j}{v^T X_j} (j = 1, 2, \cdots, n) \tag{8.1}$$

根据已知输入输出数据总可以找到适合的权重系数 u 和 v，使其满足 $h_j \leqslant 1$，从而可以得出如下最优化模型：

$$(p) \begin{cases} \max \dfrac{u^T Y_j}{v^T X_j} h_j^* \\ \dfrac{u^T Y_j}{v^T X_j} \leqslant 1 (i = 1, 2, \cdots, n) \\ v \geqslant 0, u \geqslant 0 \end{cases} \tag{8.2}$$

运用 Charnes-Cooper 变换，可以将其转化为一个等价的线性规划问题，令

$$t = \frac{1}{v^{\mathrm{T}} X_j}, \omega = t^* v, \mu = t^* u \tag{8.3}$$

则经过代换对式（8.2）化简，可得到线性规划模型：

$$(p_{\mathrm{C}^2\mathrm{R}}) \begin{cases} \max \mu^{\mathrm{T}} Y = h_j^* \\ \omega^{\mathrm{T}} X_i - \mu^{\mathrm{T}} Y \geqslant 0 (i = 1, 2, \cdots, n) \\ \omega^{\mathrm{T}} X_j = 1 \\ \mu \geqslant 0, \omega \geqslant 0 \end{cases} \tag{8.4}$$

根据对偶定理可得 $p_{\mathrm{C}^2\mathrm{R}}$ 对偶规划模型：

$$(D_{\mathrm{C}^2\mathrm{R}}) \begin{cases} \max \theta \\ \sum_{i=1}^{n} X_i \lambda_i \leqslant \theta X_j (i = 1, 2, \cdots, n) \\ \sum_{i=1}^{n} Y_i \lambda_i \geqslant Y_j (i = 1, 2, \cdots, n) \\ \lambda_i \geqslant 0 (i = 1, 2, \cdots, n) \end{cases} \tag{8.5}$$

$(p_{\mathrm{C}^2\mathrm{R}})$ 和 $(D_{\mathrm{C}^2\mathrm{R}})$ 存在可行解，则两者都存在最优解并且相等，且 DMU_j 的最优效率指数 $h_j \leqslant 1$，且当 $h_j = 1$ 时，DMU_j 弱 DEA 有效；若 $h_j = 1$，且最优解 $\omega*$ 和 $\mu*$ 满足 $\omega* > 0$ 和 $\mu* > 0$，DMU_j 是 DEA 有效。

DEA 评价模型具有如下性质：

（1）存在性定理——至少存在一个决策单元，是 DEA 有效的；

（2）有效性与量纲选取无关定理——决策单元的 DEA 有效性与输入和输出量纲的选取无关；

（3）有效性与评价单元同倍"增长"无关定理——决策单元的 DEA 有效性与决策单元对应的输入和输出同倍"增长"无关。

第一个成功使用 DEA 模型解决现实问题的是 Charnes 等评价为弱智儿童开设的公立学校。在 DEA 模型的评估过程中，仅仅需要输出包括自尊等无形的指标，以及输入包括父母的照料和父母的文化程度等常规指标，而无论哪种指标都无法与市场价格比较，也难以定出适当的权重，这是 DEA 的优点之一。DEA 的优点吸引了许多应用者，其应用领域包括以下几个方面：

（1）作为运筹学的一个新的研究领域，它的产生和发展对运筹学的发展起到了推动作用，为其他学科的发展提供了一种新的分析工具，同时也可以用来解决运筹学中的问题。

（2）非单纯营利的公共服务部门，如学校、医院和某些文化设施等不能简单地利用利润最大化来对他们的工作进行评价，也很难找到一个合理的包含各个指标的效用函数，而 DEA 方法本身的特点就成为解决这类问题较理想的选择。现有的研究中有涉及高等教育、医疗卫生、银行金融、公共交通、电信技术等各行各业，甚至还有学者将该模型应用到警力评价、总统竞选、基金管理、球队评估和健康服务等特殊方面。

（3）一般某类产品在市场上有多种品种，即使是同一型号的产品其生产厂家也不仅只有一家，品牌也不仅一个。因此，如何科学地评估同类产品的质量就是一个复杂的问题。盛昭瀚等于 1996 年在其专著中介绍了如何运用 DEA 方法对产品质量进行评估。

（4）该模型不仅被用于同一行业内部不同公司、不同单位间的效率比较，还被用于不同产业间的发展比较，以及经济系统建模与相关参数估计，DEA 方法在许多方面起到其他方法望尘莫及的作用。

二、两阶段链 DEA 模型

传统的 DEA 模型将整个系统视为一个"黑箱"，仅考虑初始投入到最终产出的相对有效性，而忽略了中间的生产过程，因此无法得出中间阶段的效率并进一步挖掘系统非有效性的来源。事实上，早在 1970 年，Shephard[104]和 Fare 对动态复杂的生产过程做过研究。1984 年 Banker 等[105]将 DMU 的整体效率分解成规模效率和技术效率的乘积，同年 Byrnse 等[106]将技术效率和混合效率分开。这些模型主要研究的是单过程的生产系统。

现实生产中存在更多的是复杂多阶段的生产系统，如一个产品的生产需要多道工序，而工序之间相互影响等。在复杂生产系统中，最简单的莫过于串联系统（序列型）了，在这种生产模式中，整个生产过程由串联着的多个子过程组成。1995 年 Kao[107]在计算整体效率时，采用各子过程效率加权的算术平均数，而其加权方法的权重具有主观性。还有一些学者更加强调生产过程的阶段性，一个复杂的生产过程被分解成一些子过程，其中一些中间产物一方面是前一个子过程的输出，另一方面又是后一个子过程的输入，如 Fare 和 Grosskopf[108]、Seiford 和 Zhu[109]，但他们都忽视了子过程对整个过程的影响。1995 年，Fare 和 Whittaker[110]给出了动态 DEA 模型，将一个生产过程分成多个子过程，每个子过程中的输出都是作为后一过程的输入。1999 年 Seiford 等就是把一个商业银行的"生产过程"分成营利过程和销售过程，银行生产过程的投入有员工、资产和股东股本，它们是第一阶段的输入；整个生产过程的最后产出有市场价值、总投资利润和每股净收益，它们又是第二阶段的输出。除了这两部分以外，还存在两个中间产品总收入和总利润，它们既是第一阶段的输出又是第二阶段的输入。它们分别通过三个独立的 DEA 模型得到美国 55 家商业银行第一阶段、第二阶段及整体的相对效率。通过生产过程的分解可以找到决策单元低效率的原因。Zhu[111]用该思想分析财富榜排名前 500 的企业的财务效率。这种两阶段的概念也被用于衡量心理治疗的效果、教育效率、美国职业棒球联赛球队的效率等方面。

在这些两阶段生产系统的 DEA 效率分解中，要么是总体效率和各组成成分的效率间相互独立，忽略了它们之间的天然联系；要么是将两子阶段的 DEA 效率进行一个简单的加权平均，其中的权系数选取有很大的主观性。本书主要是尝试解决这个矛盾问题，链式 DEA 模型则可以评价有链式结构的决策单元的整体有效性和各阶段的有效性，从而可以对整体效率进行评价，并明确指出哪个阶段出现了"问题"（非有效）。

假设有 J 个决策单元，对于决策单元 j，第一阶段每个决策单元有相同的 M 项投入，$X_{mj}(m=1,2,\cdots,M;\ j=1,2,\cdots,J)$ 表示决策单元 j 的第 m 项投入；第一阶段每个决策单元有相同的 N 项产出，$Z_{nj}^1\ (n=1,2,\cdots,N;\ j=1,2,\cdots,J)$ 表示决策单元 j 的第 n 项产出。第二阶段的投入用向量 Z 表示，$Z=(Z^1,\ Z^2)$，其中 Z^1 不仅为第一阶段的产出，而且是第二阶段的投入；第二阶段每个决策单元对应 Z^2 投入部分有相同的 P 项投入，$Z_{pj}^2(p=1,2,\cdots,P;\ j=1,2,\cdots,J)$ 表示决策单元 j 对应 Z^2 投入部分的第 p 项产出；每个决策单元有相同的 Q 项产出，$Y_{qj}(q=1,2,\cdots,Q;\ j=1,2,\cdots,J)$ 表示决策单元 j 的第 q 项产出。用 λ 表示对应投入或产出的乘数；θ 表示整个 C^2R 模型的效率，θ_1 和 θ_2 表示 C^2R 第一阶段和第二阶段效率值。

衡量第 j_0 决策单元是否 DEA 有效，模型如下。

仅仅考虑第一阶段时，模型 1 如下。

$\min\theta_1$：

$$\text{s.t.}\begin{cases}\sum_{j=1}^{J}X_{mj}\lambda_j\leqslant\theta_1X_{mj_0}\ (m=1,2,\cdots,M)\\[2mm]\sum_{j=1}^{J}Z_{nj}^1\lambda_j\geqslant Z_{nj_0}^1\ (n=1,2,\cdots,N)\\[2mm]\lambda_j\geqslant 0(j=1,2,\cdots,J)\end{cases}$$

仅仅考虑第二阶段时，模型 2 如下。

$\min\theta_2$：

$$\text{s.t.}\begin{cases}\sum_{j=1}^{J}Z_{nj}^1\lambda_j\leqslant\theta_2Z_{nj_0}^1\ (n=1,2,\cdots,N)\\[2mm]\sum_{j=1}^{J}Z_{pj}^2\lambda_j\leqslant\theta_2Z_{pj_0}^2\ (p=1,2,\cdots,P)\\[2mm]\sum_{j=1}^{J}Y_{qj}\lambda_j\geqslant Y_{qj_0}\ (q=1,2,\cdots,Q)\\[2mm]\lambda_j\geqslant 0(j=1,2,\cdots,J)\end{cases}$$

两阶段链模型 3 如下。

$\min\theta_3$：

$$\text{s.t.}\begin{cases} \sum\limits_{j=1}^{J} X_{mj}\lambda_j \leqslant \theta_1 X_{mj_0} (m=1,2,\cdots,M) \\[2mm] \sum\limits_{j=1}^{J} Z_{nj}^1\lambda_j \geqslant Z_{nj_0}^1 (n=1,2,\cdots,N) \\[2mm] \sum\limits_{j=1}^{J} Z_{nj}^1\lambda_j \leqslant \theta_2 Z_{nj_0}^1 (n=1,2,\cdots,N) \\[2mm] \sum\limits_{j=1}^{J} Z_{pj}^2\lambda_j \leqslant \theta_2 Z_{pj_0}^2 (p=1,2,\cdots,P) \\[2mm] \sum\limits_{j=1}^{J} Y_{qj}\lambda_j \geqslant Y_{qj_0} (q=1,2,\cdots,Q) \\[2mm] \sum\limits_{j=1}^{J} X_{mj}\lambda_j \leqslant \theta X_{mj_0} (m=1,2,\cdots,M) \\[2mm] \sum\limits_{j=1}^{J} Z_{pj}^2\lambda_j \leqslant \theta Z_{pj_0}^2 (p=1,2,\cdots,P) \\[2mm] \lambda_j \geqslant 0 (j=1,2,\cdots,J) \end{cases}$$

三、Tobit 回归模型

Tobit 回归模型属于因变量受到限制的一种模型，其概念最早是由 Tobin 于 1958 年提出的，又称截断式回归模型[112]。如果要分析的数据具有如下特点：因变量的数值是切割（truncated）或片段（截断）的情况时，那么普通最小二乘法（ordinary least squares，OLS）的概念就不再适用于估计回归系数，这时遵循最大似然法概念的 Tobit 模型就成为估计回归系数的一个较好选择。由于 DEA 方法所估计出的效率值是在 0～1 的截断数据，如果采用最小二乘法进行估计，由于无法完整地呈现数据，将导致估计偏差。因此，本书采用 Tobit 回归分析，模型设定如下：

$$y_i = x_i \times \beta + \varepsilon_i (0 \leqslant x_i \times \beta + \varepsilon_i \leqslant 1)$$

式中，y_i 为因变量，对应三个模型计算得到的效率值；x_i 为自变量，对应各个因素；β 为各因素的系数比例；ε_i 为残差项且满足 $\varepsilon_i \sim (0, \sigma^2)$。

第二节　两阶段链 DEA 评价

本书通过问卷调查的方式，获得了广东省 96 家企业与低碳战略和企业生态化技术创新的投入产出密切相关的一系列指标数据，并进行实证分析。本书有利于揭示生态化技术创新与低碳战略的内在联系,为企业生态化技术创新效率的提升,以及政府有关管理部门推进生态化技术创新提供方法支持和决策参考。

本书利用两阶段链 DEA 模型研究基于低碳战略的企业生态化技术创新投入产出效率,该模型嵌入了第一阶段低碳战略投入产出效率和第二阶段企业生态化技术创新投入产出效率。对 96 家高新技术企业采样数据进行实证分析,从系统理论分析了实证结果。

一、基于低碳战略的生态化技术创新效率评价的两阶段投入产出链

以往学者均把低碳战略和生态化技术创新分开研究,忽略了两者的内在联系,生态化技术创新的研究和应用应在低碳战略的指导思想下进行。本书借用两阶段链 DEA 系统模型,首先把二者进行了有效整合。

两阶段链 DEA 系统示意图如图 8.2 所示。第一阶段,X 是子决策单元低碳战略的投入/输入向量;Z^1 是其产出/输出向量。第二阶段,Z^1 和 Z^2 是生态化技术创新的投入/输入向量;Y 是其产出/输出向量。

本书选取 96 家企业与低碳战略和企业生态化技术创新密切相关的一系列指标数据。因为低碳战略和生态化技术创新从投入到产出之间在时间上存在一定的滞后性,所以本书在收集数据时,低碳战略投入、低碳战略产出及生态化技术创新的投入、生态化技术创新的产出分别选择第 t 年、第 $t+1$ 年和第 $t+2$ 年的数据。具体而言,低碳战略投入指标采用 2010 年的数据,低碳战略产出及生态化技术创新的投入指标采用 2011 年的数据,而生态化技术创新的产出则采用 2012 年的数据。

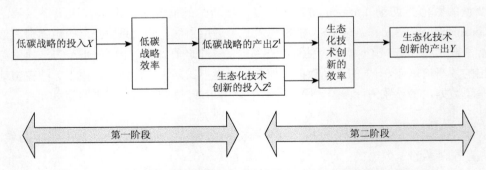

图 8.2　基于低碳战略的生态化技术创新效率评价的两阶段投入产出链

二、两阶段链 DEA 投入产出指标遴选

本书通过大量文献研究和实际调研,根据科学性、合理性、可比性、可获得

性原则，并结合当前社会经济及科技发展趋势，构建企业低碳战略评价指标体系和企业生态化技术创新评价指标体系（参见第七章），分别采用因子分析法进行分析，找出影响系统的主要因子。根据因子分析的结果，优先选用影响较大的因子作为低碳战略的投入产出因子和企业生态化技术创新投入产出因子。

向量 X 中的指标有：企业节能降耗减排的资金年投入量，企业节能降耗减排的资金年投入占企业经营年总投入的比例，企业新能源技术研发投入比例，企业从事低碳环保方面的专兼职工作人员总量，企业进行低碳环保方面的设备总值。

向量 Z^1 中的指标有：贯穿供应链的碳排放监督及测量机制，单位产值水耗，企业工业废气综合利用率，企业工业废水综合利用率，企业工业固体废弃物综合利用率，产品回收利用率。

向量 Z^2 中的指标有：低碳和绿色产品产值占企业生产总值的比例，企业年利润率，固体废弃物处理率，废气处理率，废水处理率，企业生态化管理的先进程度。

向量 Y 中的指标有：创新产出效益，生态化产品销售收入占总销售收入的比重，企业的绿色产品知名度。

根据以上指标，第一阶段中决策单元数量 $n = 96$，输入指标数量 $m = 5$，输出指标数量 $s = 6$；第二阶段中决策单元数量 $n = 96$，输入指标数量 $m = 12$，输出指标数量 $s = 3$；两阶段链模型中决策单元数量 $n = 96$，外部的输入指标数量是 11，输出指标数量是 3，同时里面嵌套了第一阶段的输出和第二阶段的输入，总的输入指标数量 $m = 23$，输出指标数量 $s = 6$，均满足 $n \geq 3(m + s)$。

三、实证结果与分析

根据两阶段链 DEA 系统模型，对所收集的 96 家企业数据采用 MATLAB 软件进行计算，获得两阶段链 DEA 系统（上述三个模型）模型投入产出效率，结果如图 8.3 所示。

图 8.3 中横轴表示 96 家企业，纵轴表示各个企业的投入产出效率，结果分析如下。

有效性分析：两阶段链、第一阶段和第二阶段计算结果中 DEA 有效的单元数量分别是 26、8 和 18，满足有效单元数量小于决策单元总数量的 1/3，三个模型均有效。

图 8.3 显示了每个企业在第一阶段、第二阶段和两阶段链中的效率值，企业不仅可以分析低效率出现在哪个阶段，同时可以与其他企业进行比较，有针对性地制定提高效率的对策。

DEA 分析得到的效率值是相对值，在一个模型内的各个决策单元具有可比性，不同模型的决策单元之间不具有可比性，因此，可通过各个企业效率的排序值进行比较以分析企业整体效率状况，结果如图 8.4 所示。

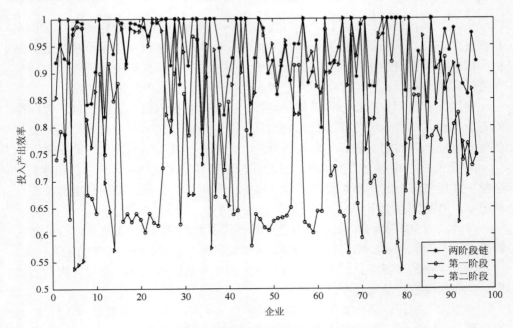

图 8.3　三个模型求解结果图示

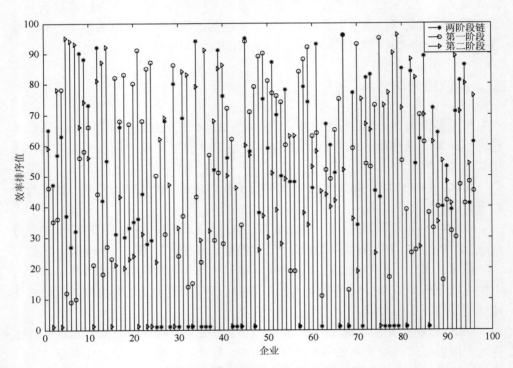

图 8.4　三个模型求解结果排序图示

图 8.4 中横轴表示 96 家企业，纵轴表示企业投入产出效率的排序值，即效率越大，排序值越小。根据企业各阶段效率排序值之间的关系比较分析，可将企业分为以下三类：

（1）企业的两阶段链效率排序值比第一阶段和第二阶段排序值均大，如表 8.1 所示。该类企业虽然两个分阶段投入产出效率都好，但两个阶段融合起来的整体效果较差，根据系统理论属于 1＋1＜2 的情况。该类企业不要孤立考虑低碳战略的投入产出效率和技术生态化创新的投入产出效率，要关注如何在前后两个过程中统一中间变量以获得最大的整体效率，要注意基于低碳战略的企业生态化技术创新中资源配置机制的有效运行。

表 8.1　两阶段链效率排序值均比第一阶段和第二阶段排序值大的企业

企业	第一阶段效率排序	两阶段链效率排序	第二阶段效率排序
1	46	65	59
2	35	47	1
8	56	90	66
9	58	88	74
10	66	73	56
12	44	92	81
34	43	94	79
39	51	91	85
45	94	95	60
51	77	87	51
54	60	78	49
61	64	93	58
63	52	67	44
64	49	60	40
69	59	77	36
72	54	82	67
73	53	83	65
80	55	85	72
85	61	89	70
87	33	72	61
88	40	64	35
90	42	53	48
93	47	81	71
94	41	86	80

（2）企业的两阶段链效率排序值位于第一阶段和第二阶段排序值之间。该类企业基于低碳战略的企业生态化技术创新中资源配置机制运行一般，根据系统理论属于 1＋1＝2 的情况。通过比较第一阶段排序值和第二阶段排序值的大小，有针对性地对排序靠后的阶段采取针对性的措施，提高该阶段的效率进而提高整体效率。

（3）企业两阶段链效率排序值比第一阶段和第二阶段排序值均小，如表 8.2 所示。塔朗菲强调，任何系统都是一个有机的整体，它不是各个部分的机械组合或简单相加，系统的整体性功能是各要素在孤立状态下所没有的新质[113]。根据系统理论该类企业属于 1＋1＞2 的情况，企业在低碳战略的理念下有效地实施生态化技术创新，资源配置机制运行良好，达到了"整体大于部分之和"的系统效果。

表 8.2　两阶段链效率排序值均比第一阶段和第二阶段排序值小的企业

企业	第一阶段效率排序	两阶段链效率排序	第二阶段效率排序
25	50	1	22
30	24	1	33
32	14	1	83
35	22	1	29
36	7	1	91
37	57	1	32
60	63	46	53
62	11	1	45
71	8	1	75
76	6	1	73
77	17	1	77
95	48	41	54

第三节　Tobit 回归分析

根据两阶段链模型计算的投入产出效率，利用 Tobit 回归模型，通过理论假设和实证分析探讨影响系统效率的因素。

一、理论假设

我们将建立 Tobit 模型对影响投入产出效率的因素进行分析。影响因素的选择遵循以下两个原则：

（1）选择已有研究文献普遍采用的变量；

（2）不应包含 DEA 模型的投入、产出变量。

本书的研究对象——基于低碳战略的企业生态化技术创新，低碳属于战略层次，生态化技术创新属于实施层次。根据三个模型中低碳战略效率、生态化技术创新效率、基于低碳战略的企业生态化技术创新效率和前人的研究成果，我们均采用意识、实力和实施三个层次的因素验证其对三个效率的影响，意识层次采用企业员工环保意识、公众对低碳产品或绿色产品的偏好水平和客户对低碳产品或绿色产品的接受程度三个指标；实力层次采用企业年生产总值、生态化技术转化能力和环保基础设施建设水平三个指标；实施层次采用每年采购生物降解材料占采购总量的比重、企业污染物排放达标率和工业废弃物循环利用率三个指标，并作如下假设。

假设 1：企业员工环保意识与基于低碳战略的企业生态化技术创新投入产出效率正相关。

假设 2：公众对低碳产品或绿色产品的偏好水平与基于低碳战略的企业生态化技术创新投入产出效率正相关。

假设 3：客户对低碳产品或绿色产品的接受程度与基于低碳战略的企业生态化技术创新投入产出效率正相关。

假设 4：企业年生产总值与基于低碳战略的企业生态化技术创新投入产出效率正相关。

假设 5：生态化技术转化能力与基于低碳战略的企业生态化技术创新投入产出效率正相关。

假设 6：环保基础设施建设水平与基于低碳战略的企业生态化技术创新投入产出效率正相关。

假设 7：每年采购生物降解材料占采购总量的比重与基于低碳战略的企业生态化技术创新投入产出效率正相关。

假设 8：企业污染物排放达标率与基于低碳战略的企业生态化技术创新投入产出效率正相关。

假设 9：工业废弃物循环利用率与基于低碳战略的企业生态化技术创新投入产出效率正相关。

假设 10：企业员工环保意识与低碳战略投入产出效率正相关。

假设 11：公众对低碳产品或绿色产品的偏好水平与低碳战略投入产出效率正相关。

假设 12：客户对低碳产品或绿色产品的接受程度与低碳战略投入产出效率正相关。

假设 13：企业年生产总值与低碳战略投入产出效率正相关。

假设 14：生态化技术转化能力与低碳战略投入产出效率正相关。

假设 15：环保基础设施建设水平与低碳战略投入产出效率正相关。

假设 16：每年采购生物降解材料占采购总量的比重与低碳战略投入产出效率正相关。

假设 17：企业污染物排放达标率与低碳战略投入产出效率正相关。

假设 18：工业废弃物循环利用率与低碳战略投入产出效率正相关。

假设 19：企业员工环保意识与企业生态化技术创新投入产出效率正相关。

假设 20：公众对低碳产品或绿色产品的偏好水平与企业生态化技术创新投入产出效率正相关。

假设 21：客户对低碳产品或绿色产品的接受程度与企业生态化技术创新投入产出效率正相关。

假设 22：企业年生产总值与企业生态化技术创新投入产出效率正相关。

假设 23：生态化技术转化能力与企业生态化技术创新投入产出效率正相关。

假设 24：环保基础设施建设水平与企业生态化技术创新投入产出效率正相关。

假设 25：每年采购生物降解材料占采购总量的比重与企业生态化技术创新投入产出效率正相关。

假设 26：企业污染物排放达标率与企业生态化技术创新投入产出效率正相关。

假设 27：工业废弃物循环利用率与企业生态化技术创新投入产出效率正相关。

二、实证结果与分析

利用 EViews 软件对上述假设进行验证，针对九个指标对基于低碳战略的企业生态化技术创新投入产出效率、低碳战略投入产出效率、生态化技术创新投入产出效率的影响显著性做回归分析，按照 5%水平上显著列出了显著因素，结果如表 8.3～表 8.5 所示。

表 8.3　基于低碳战略的企业生态化技术创新投入产出效率影响因素 Tobit 回归分析结果

层次	指标	Coefficient	Std. Error	z-Statistic	Prob.
	常数项	0.873 320	0.047 473	18.396 080	0
意识	企业员工环保意识	0.008 312	0.011 804	1.704 159	0.048 1
	客户对低碳产品或绿色产品的接受程度	0.006 067	0.008 677	1.699 220	0.048 4
实力	生态化技术转化能力	0.015 285	0.011 197	1.365 090	0.017 2
	环保基础设施建设水平	0.010 599	0.011 311	1.937 028	0.034 8
实施	企业污染物排放达标率	0.000 143	0.000 174	1.818 987	0.041 2
	工业废弃物循环利用率	0.000 291	0.000 257	1.129 859	0.025 8
Log likelihood		102.840 70			

　　表 8.3 显示，意识层指标中企业员工环保意识和客户对低碳产品或绿色产品的接受程度，实力层指标中生态化技术转化能力和环保基础设施建设水平，实施层指标中企业污染物排放达标率和工业废弃物循环利用率，对基于低碳战略的企业生态化技术创新投入产出效率影响显著，且属于正相关。

表 8.4　低碳战略投入产出效率影响因素 Tobit 回归分析结果

层次	指标	Coefficient	Std. Error	z-Statistic	Prob.
	常数项	0.634 656	0.078 200	8.115 822	0
意识	企业员工环保意识	0.005 246	0.019 443	1.269 831	0.007 8
	客户对低碳产品或绿色产品的接受程度	0.013 696	0.014 293	1.958 229	0.033 7
实力	生态化技术转化能力	0.025 627	0.018 444	1.389 443	0.016 4
	环保基础设施建设水平	0.021 107	0.018 632	1.132 847	0.025 7
实施	每年采购生物降解材料占采购总量的比重	0.001 393	0.000 476	2.925 110	0.003 4
	企业污染物排放达标率	0.000 437	0.000 287	1.522 931	0.012 7
	工业废弃物循环利用率	0.002 483	0.000 424	5.859 188	0
Log likelihood		65.907 05			

　　表 8.4 显示，意识层指标中企业员工环保意识和客户对低碳产品或绿色产品的接受程度，实力层指标中生态化技术转化能力和环保基础设施建设水平，实施层指标中每年采购生物降解材料占采购总量的比重、企业污染物排放达标率和工业废弃物循环利用率，对低碳战略投入产出效率影响显著，且属于正相关。

表 8.5　企业生态化技术创新投入产出效率影响因素 Tobit 回归分析结果

层次	指标	Coefficient	Std. Error	z-Statistic	Prob.
	常数项	0.817 799	0.093 993	8.700 654	0
意识	客户对低碳产品或绿色产品的接受程度	0.014 232	0.017 180	1.828 426	0.040 7
实力	生态化技术转化能力	0.039 548	0.022 169	1.783 895	0.007 4
	环保基础设施建设水平	0.023 427	0.022 395	1.046 100	0.029 5

续表

层次	指标	Coefficient	Std. Error	z-Statistic	Prob.
实施	每年采购生物降解材料占采购总量的比重	0.000 739	0.000 572	1.292 319	0.019 6
	企业污染物排放达标率	0.000 422	0.000 345	1.222 817	0.022 1
	工业废弃物循环利用率	0.001 469	0.000 509	2.884 558	0.000 4
Log likelihood		52.294 69			

　　表 8.5 显示，意识层指标中客户对低碳产品或绿色产品的接受程度，实力层指标中生态化技术转化能力和环保基础设施建设水平，实施层指标中每年采购生物降解材料占采购总量的比重、企业污染物排放达标率和工业废弃物循环利用率，对企业生态化技术创新投入产出效率影响显著，且属于正相关。

第九章 基于低碳战略的企业生态化技术创新对策研究

从对低碳战略的因子分析和路径分析看，资源投入作为发展该战略的基础需要企业持续投入，同时也可以从国家的规划、产业政策及税收、政府采购等方面给予支持。从对生态化技术创新的因子分析和路径分析看，生态化水平及社会对生态化产品认可度因子对生态化技术创新影响最大，因此，除了企业本身生态化发展水平之外，政府税收、产学研和公众态度也是企业生态化创新的重要影响因素。

从基于低碳战略的企业生态化技术创新投入产出效率影响因素 Tobit 回归分析结果来看，意识层指标中企业员工环保意识和客户对低碳产品或绿色产品的接受程度对投入产出效率影响显著，因此，从意识上认识其重要性很有必要；实力层指标中生态化技术转化能力和环保基础设施建设水平对投入产出效率影响显著，因此，基础设施和技术转化能力是企业生态化技术创新的基础保障；实施层指标中企业污染物排放达标率和工业废弃物循环利用率，对基于低碳战略的企业生态化技术创新投入产出效率影响显著，因此，企业实施低碳环保的行动有力地证实了企业执行力度。

综上所述，因子分析和投入产出效率分析具有相同之处，分别从政府、政策、法制、社会公众等方面影响着用低碳战略指导思想引导企业向生态化技术创新转变。因此，本章提出如下关于我国企业技术创新生态化方面的对策与建议。

第一节 构建企业生态化技术创新支撑体系

企业生态化技术创新发展可能进入良性循环的轨道，迅速优化；也可能顺着错误的路径走下去，甚至被锁定在某种无效率的状态中。要改变这种状态，往往要借助于外部效应，引入外生变量或依靠制度的变化。不同国家的企业生态化系统最初的资源禀赋、技术特征、社会文明程度、文化程度等都有一定的差别。我国企业生态化发展过程中利益多元化的形成及激励与约束机制不健全，事实上已经使得企业生态化发展陷入了某种"路径依赖"中，现有的环境使得企业为了实现利益最大化而采取大肆破坏生态环境的行为，新的利益的形成将会进一步加强这种行为[25]。

基于低碳战略的企业生态化技术创新需要从以下几方面加以考虑：企业是实施低碳战略的主体。政府的规划引导可以为企业生态化技术创新发展指引方向，使其走向生态化的轨道，经济政策的激励作用与法律法规的强制作用可以促进企业的生态化建设。社会服务体系，如中介机构、社会回收体系的建立等可以保证企业生态化体系的正常运转。公众参与是一类重要的政策手段，应视为市场机制的一种扩展，它可使消费者自由地选择绿色产品和服务，并可使公众监督企业对有关标准的遵守和守法程度，对推动低碳战略发挥积极作用。图 9.1 为基于低碳战略的企业生态化技术创新的支撑体系。

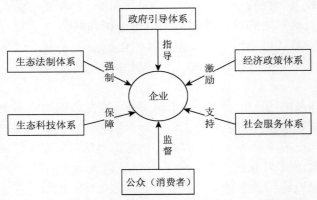

图 9.1　基于低碳战略的企业生态化技术创新支撑体系

第二节　基于低碳战略的企业生态化技术创新政府引导体系

一、营造良好的发展环境

首先，加强低碳战略理论教育的培训，使各级干部充分认识发展低碳战略的重要性和紧迫性，把低碳战略贯穿到社会经济发展的全过程。其次，要加强企业环保意识、低碳战略意识的宣传，使企业树立环保意识、低碳战略理念，引导企业转变生产经营方式，实施生态化技术创新。通过宣传教育和引导，使企业把资源循环利用和环境保护纳入总体的创新、开发和经营战略中，自觉地在生产经营的各个环节采取相应的技术和管理措施，实施清洁生产，引导有利于循环经济的消费和市场行为，结合科技界开展科学研究，开发新技术、新工艺、新装备和新产品。最后，通过教育宣传，提高社会各阶层人群的资源环境意识和绿色消费意识。政府要加强引导，利用众多的媒体渠道，在全社会倡导一种节约资源和能源的消费方式与行为习惯。

二、科学规划、合理布局

国家要尽快研究制定发展低碳经济的总体规划。转变单纯追求 GDP 的政策目标，把发展低碳经济作为推进全面、协调、可持续的科学发展的重要途径。探索将环境资源成本核算体系和以绿色 GDP 为主要内容的国民经济核算体系，作为经济社会发展业绩评价的重要参数。根据我国人口和资源分布极不均衡、各地区经济社会发展水平差异巨大的国情，以及生态环境保护必须全国一盘棋的特点，对全国经济发展布局进行大规模统一规划，对各地区在全国发展过程中的功能进行重新定位。即对生态脆弱区域限制发展；对资源丰富、生态环境保护能力较强、潜力较大的区域集中发展；防止落后区域以赶超为目标盲目发展。

积极进行工业结构调整，以提高资源利用效率为目标优化产业结构，依法淘汰一批技术落后、浪费资源、污染严重、没有市场、治理无望的生产工艺、设备和企业，减轻工业污染负荷，缓解结构性污染，创造企业间公平竞争的环境。运用高新技术和先进适用技术改造高资源消耗、高污染产业。提高高资源消耗、高污染行业市场准入条件，制止盲目投资和低水平重复建设。推进企业重组，提高企业集群度和规模效益。合理调整区域产业布局，发挥产业集聚和工业生态效应，形成资源高效循环利用的产业链。

三、国家产业政策和技术政策的宏观调节

国家产业政策和技术政策的宏观调节对企业生态化技术创新的激励作用虽然是间接的，但影响却是深远的。完善的市场机制和法律法规能够为企业技术创新生态化提供良好的外部环境与保护机制，使企业减少知识产权流失的风险，更有利于激发企业生态化创新的动力。应尽快调整产业政策，落实《中国跨世纪绿色工程规划》，适当增加环保投资，提高环保资金的利用率，并开展环境资源税和环境补偿税的收费。对资源浪费大的产业和企业加收资源税，对节约资源的行业和企业适当减免资源税。对运用清洁生产技术生产的产品和少污染或无污染产品实行优惠政策，对污染严重的产业、企业和工艺系统实行生产工艺排污许可制度，即排污收费。依排污工艺收费而不是依排污量收费，以促进严重污染工艺的改造及老化设备的淘汰。另外，要加强环境宣传教育，提高人与环境协调意识，形成强大的公众环境舆论，发挥社会公众舆论压力对企业生态化技术创新的促进作用。

第三节　　基于低碳战略的企业生态化技术创新经济政策体系

经济政策是政府实施宏观调控，进行经济调整的重要手段，也是政府自身战略意图和履行政府职能的财力保障。一般来说，经济政策主要通过三种途径介入科技创新活动：通过政府财政投入对科技活动进行资助、补贴或引导；通过政府税收优惠活动激励科技创新；通过政府绿色采购政策推动技术创新、产品创新和产业结构升级。

一、经济资助

在西方发达国家，企业一直是科技创新的主力军，美国有超过一半的技术革新都来源于企业。然而，要使企业成为创新的主体，必须使企业成为创新的决策者和受益者，这就要求在企业尤其是国有企业应进一步推进现代企业制度，明确利益分配，大幅度激励和刺激科研人员的创新意识。增加企业技术开发机构的经费投入，是使企业逐步进入自我开发、自我积累、自我发展良性循环的有效且可行的途径。技术创新生态化，是一个高投入、高技术、高风险的技术革新过程，企业在这一创新过程中承担了以往技术变革都不曾有的失败风险，更需要社会力量的支持和帮助，资金的投入无疑是这一创新过程的关键。要解决科研经费的不足问题，需要政府、企业和金融机构的共同努力，政府可通过贴息资金、建立风险投资机制等多种经济手段，有效地鼓励并引导社会资金投向生态化技术创新领域。特别是建立风险投资机制，多次实践证明它是促进企业技术创新的最有效方式之一。我国可以在借鉴国外先进经验的基础上，针对自己的发展特点，建立政府和民间相结合的风险投资机制，逐渐拓宽现有资本市场的范围，大力支持和鼓励面向企业的资本市场；与此同时，充分利用政府对风险投资的引导作用，建立国家风险基金，在生态化技术创新项目上注入相当比例的资金，以引导和调动社会风险投资者的积极性。另外，还要允许少量国外风险投资者进入国内市场，不断加强企业在国际技术交流与合作中的地位，总而言之，最大限度地调动金融机构进行资金倾斜，加大对生态企业的投入，不断加速完善资金市场，持续加大对企业技术创新生态化的扶持力度。

二、税收政策

税收是一个国家对产业发展最基本也是最有效的经济调控手段，在促进技术创新生态化的过程中，税收所起的作用不可替代，举足轻重，税收政策的作用主要在激励和引导方面，政策手段的选择上尽可能采用加速折旧、费用加计扣除等间接优惠方式，引导企业建立健全自主创新机制，与经济资助这一政策相比，税收的调节是间接的，也更能持久，具体可以归纳为以下几个方面：

（1）为国家加速生态技术创新筹集专项资金组织收入是税收的最基本职能。因此，税收不仅是国家扶持技术创新生态化的主要资金来源，还是实施财政补贴等其他调控手段的财力基础。更为重要的是，可以通过征收特别税（如传统技术创新的资源消耗费和排污费）的方式，为企业生态化技术创新筹集专项资金，专款专用。此外，还可以通过税收优惠的方式鼓励企业建立专项的生态化技术创新基金，或者直接实施对用于生态化技术创新的资金予以减免所得税或再投资退税等优惠措施，来鼓励企业筹集资金用于生态化技术创新。

（2）降低生态化技术创新的研发成本。生态化技术创新的高投入性是限制很多企业特别是中小规模企业投资的一个重要因素，因此，适量或者大幅度地降低生态化技术创新成本是政府实施宏观调控的一个重要着力点。因为缴纳税收成本是一个企业投入成本的主要组成部分，所以政府可以通过对技术投入的要素产品提供税收优惠的方式，来减少生态化技术创新的成本。对企业技术创新投入要素的税收优惠，涵盖研发人员的工资和奖金所得的税收优惠、对科技成果的引进或转让的税收优惠、对买卖研究设备的税收优惠等多种形式。

（3）降低生态化技术创新资金投入的风险。对生态化技术创新的投入予以所得税优惠，不仅是出于鼓励的需要，而且能够降低生态化技术创新所带来的投资风险。这方面的税收优惠主要包括研发税前抵扣的政策和研发费用向后结转或追溯抵扣等多种形式。

（4）增加创新投入的预期收益。高收益是与高投入、高风险相一致的。要鼓励企业对生态化技术创新的投入，其根本措施是提高其预期收益。税收上的调节，不仅可通过所得税的直接减免来降低投资风险、增加预期收益，还可以通过加速折旧等多种措施来提高投资成本的回收速度。

三、政府绿色采购

利用政府绿色采购政策推进技术创新生态化、产品创新和产业结构升级，是西方发达国家的普遍做法。政府绿色采购，就是在政府采购中着意选择那些符合国家绿色认证标准的产品和服务，利用市场机制对全社会的生产和消费行为进行宏观的引导，一方面可以树立政府环保形象，提高全社会的环境意识；另一方面可以推动企业技术进步、节约能源，促进技术创新生态化，实现经济社会的可持续发展。政府绿色采购的积极意义毋庸置疑，然而要使政府绿色采购得以很好地推行，还须采取一些必要的措施：首先，要遵循公正、公平竞争的市场原则。其次，要防止"采购垄断"。对采购的物品提出一定的要求无可厚非，但绝不能给所采购的物品刻意加入人为规定，拒其他即使是符合采购要求的同类物品于门外，而应做到公平对待，让所有符合标准的商品，都能够参加政府的招标采购活动。最后，要把政府绿色采购作为一种强制性规范。如果仅仅把绿色采购作为一种指导性意见，在实践过程中必然出现"可执行可不执行"，"可严格执行亦可变通执行"的情形，甚至有可能因此演变成各地区、各部门、各采购单位为了自身利益进行暗箱操作的借口。从这个意义上讲，绿色采购实行强制性规范实属必然，与此同时，还需要有一定的判断标准和可操作性，明确违反这种强制性规范的法律后果和应承担的责任。倘若没有一定的责任承担，采购行为就失去了约束，政府绿色采购就难以推行下去，难以真正地对生态化技术创新起到推波助澜的作用。

此外，还要采取各种方式加大宣传力度，尽快统一广大政府采购人的思想，让采购人能够自觉地响应政府绿色采购号召，积极稳妥地推进政府绿色采购，引领我国技术创新的生态化方向和绿色消费模式的建立，进而促进经济的健康可持续发展。

目前，尽管《中华人民共和国政府采购法》、《中共中央、国务院关于加强技术创新，发展高科技，实现产业化的决定》和《中华人民共和国中小企业促进法》等现行法律法规和政策，都对利用政府采购政策支持科技创新作了一些原则性的规定，但从我国制定《中华人民共和国政府采购法》的出发点来看，目前政府采购仍主要以节约资金为目的，对促进绿色创新作用不明显。因此，目前迫切需要在现有《中华人民共和国政府采购法》的框架下，尽快建立政府绿色采购实施法规，并不断细化落到实处，使绿色采购在具体操作中有据可依。同时，要健全监督检查机制，指定专门的政府采购管理部门进行严格的监管，使政府绿色采购这一技术创新生态化的巨大推力得到很好推行和落实。

第四节　基于低碳战略的企业生态化技术创新法制体系

一、加强立法工作

加快低碳战略的立法工作，为发展低碳经济提供法律保障。在人与自然和谐发展的意识尚未完全普及的情况下，法律法规作为一种强制手段能有效地推动低碳经济发展。发达国家发展循环经济的普遍做法，是建立一套比较完善的法律法规体系。通过立法，让政府各项政令和措施有法可依，生产者和消费者明确各自的责任和义务。我国低碳战略的立法已经起步，但至今还没有完善的法律法规框架。因此政府应当加强立法工作，全面构思出台完善的针对低碳战略的法律法规。

二、加大监督力度

"有法可依，有法必依"是推动企业发展循环经济的基本条件，但"执法必严，违法必究"是推动企业发展低碳战略的重要保障。我国除了要继续在立法方面对现有的环境法进行修正补充和完善外，更重要的是要树立环境法律法规的严肃性，使其得到彻底贯彻执行。要求在执法方面，应建立健全环境执法机构，加强环境执法检查，坚决杜绝执法者在执法过程中的随意和人为因素。政府的监督管理对企业生态化技术创新的作用是直接的，但要真正发挥这些政策法令的作用，在环境法规执行方面，必须有效地纠正"有法不依，执法不严"的不正常现象，解决目前环境行政主体之间利益一致，被监督者、被执法者与监督者、执法者一体化的弊端，必须进一步明确环境执法的具体程度，建立相应的环境行政司法制度，加强环境执法的可操作性，使环境执法更加科学化、规范化。同时，还应当提高公众监督的意识，提高公众监督的效果。

第五节　基于低碳战略的企业生态化技术创新科技支撑体系

一、增加绿色科技投入

树立可持续发展理念，发展绿色科技是现实低碳战略的重要方式之一，其中，需要有意识地增加绿色科技的投入。增加绿色科技投入，进行知识创新，促进技术进步，这是环保型经济增长的源泉。我国目前科技进步对经济增长的贡献率偏低，只能达到30%，大大落后于发达国家。此外据统计，我国整个绿色技术创新投资只占国民生产总值的0.7%，远远低于发达国家的投资规模，因此要结合我国的实际情况，不断增加绿色技术投入，进行知识创新。

二、加强循环生产技术的基础性研究

有关部门要紧紧围绕资源节约，制定科学研究和技术创新规划，集中解决制约资源节约的关键技术、重大装备、工艺流程，运用高新技术和先进适用的节能、节约原材料、节水等技术，加大对重点产品、重点企业的技术改造力度，特别是加大产品深度开发和资源再生利用技术的开发。应由国家经济贸易委员会、环境保护部及有关的部委负责组织，进行联合攻关，包括与清洁生产有关的重大技改、扩建、引进及科研开发、示范工程等。对于低碳战略发展中的共性技术、关键技术和专门技术，政府重点支持，组织力量进行联合攻关等。同时，加大组织编制重点行业发展低碳战略适用技术，加大新技术、新产品、新材料的推广力度。

三、促进产学研结合

产学研结合的技术创新体系在增强自主创新能力中发挥着越来越重要的作用，应当支持企业与国内外有实力的科研院所联合协作，开展多层次、多形式的产学联合，形成产学研创新联盟。开展重点技术攻关，开发一批拥有自主知识产权的技术和产品，加快科技成果的转化，为循环经济的发展提供技术支持力。同时，应当不断探索和完善科研成果转化机制，加快科研成果的转化和应用。

第六节　基于低碳战略的企业生态化技术创新社会配套服务体系

一、建立生态化技术服务和示范中心

因为生态化技术创新在初期的经济效益比一般技术创新的经济效益要差，所以依靠技术推动与市场拉动的自然发展，速度必然缓慢，建立生态化技术服务和示范中心是一个有效的措施。这一集咨询、技术服务、中介机构甚至风险投资等职能于一身的组织，可由环保部门、产业界与高校和科研院所联合组建，主要进行环境中关键技术和共性技术的系统集成和工程化研究，污染严重工艺的改造，国外先进适用环保技术的消化吸收和创新，以及咨询服务、技术培训等，成为生态化技术的培育示范基地和扩散中心[114]。同时，对大多数中小企业来说，仅仅依靠自身力量进行生态化技术的创新往往力不从心，应结合自身实际，利用外界力量组成外协式合作创新。对于环保部门不仅要加强法规、标准的执行和监督力度，而且也要积极起到中介、协调和服务的作用，利用现有的生产力中心和环保机构网络大力推行合作创新，提高企业生态化技术的创新和扩散能力。

二、构建推行生态化技术创新的服务平台

目前我国已建立了与低碳战略相关的网络体系，而要实施基于低碳战略的生

态化技术创新仍需要构建推行生态化技术创新的服务平台。一是建立生态化技术创新的信息网络系统。首先是要建立生态化技术创新网站并与国际相应的网站对接，及时准确地向政府、企业和社会提供国内生态化技术、产品、市场及政策等方面的信息与服务。其次是要建立以网站为中心、连接政府、企业和社会各界的生态化技术创新网络系统，加快国内外生态化技术创新信息的传播与交流。二是建立生态化技术创新技术咨询服务体系。组建由企业、中介机构、政府有关部门人员参加的生态化技术创新工作队伍，为企业实施生态化技术创新提供全方位的技术咨询与服务。

第七节　建立健全公众参与机制和 NGO

一、引导公众树立生态道德观

生态化技术创新是一个复杂的过程，它的成功与否受到创新主体、创新投入、企业技术能力、企业创新管理能力等因素的影响，这些因素构成了一个社会网络，共同对低碳战略及企业生态化技术创新起推进作用。生态道德是一种以保护环境为目的的道德观，它强调的是人与自然的和谐发展，人的行为在一定程度上受到道德观念的约束，而技术创新又是由人来完成的，因此，道德观念对技术创新过程有着重要的影响。企业的技术创新只有在生态道德、生态文化的约束和指引下才能实现技术系统对生态环境系统的影响最小化。因此，必须大力提倡生态文化的建设，加强生态意识、生态道德、生态伦理的研究，加强生态经济、生态工程、生态技术、绿色能源等方面的研究。

在基础教育、在职培训、高等教育和社会教育等教育中，设置循环经济的相关课程，普及循环经济知识，提高各级领导干部、企业管理人员及科研人员的循环经济认识水平。充分发挥现代大众传媒报纸、电视、广播和网络在教育公众方面的优势，组织开展形式多样的宣传教育活动，宣传典型案例，提高全社会对发展循环经济意义的认识，引导全社会树立正确的消费观。引导公众培养保护环境的良好习惯，使其自觉地摒弃浪费资源、破坏环境的不可持续的消费习惯和生活方式，逐步形成节约资源、能源及保护环境的生活方式和消费模式。

二、积极倡导绿色生活方式和消费方式

绿色消费者群体的扩大，成为企业发展绿色经营的有利保证。要向社会公众积极倡导节约资源的生活方式和消费方式，在生活中优先使用和采购再生利用产

品、环境标志产品和绿色产品，杜绝奢侈消费和过度消费，使其逐步养成绿色消费、节约消费的良好习惯，从而最大限度地减少生活型污染和资源浪费。政府和企业可以通过公益广告及宣传活动来实现倡导全民积极参与绿色生活的目的。作为消费者，应当自觉选择绿色生活方式及消费方式，如购买和使用以再生资源制成的产品，对垃圾进行分类，减少或不用一次性用品，选择可重复使用、无污染的竹篮子和布袋取代塑料袋等。

三、培育环境保护民间组织和社团

公众以个体方式参与发展循环经济的效果远不及以团体方式参与的效果，NGO 是实现公众参与的一种有效的组织形式。环境 NGO 是指致力于环境保护的非政府组织，它是一种非营利性的、自愿的、自治性的民间组织。当前，发展循环经济的理念已成为国际上一种新的潮流和趋势，各地的环境 NGO 也开始把这一理念融入自身的各项绿色行动[115]。

环境 NGO 可以对公众进行环境教育，普及低碳战略知识，是推动企业和广大公众转变生产方式和消费方式的一支重要力量。同时，环境 NGO 又将代表公众利益参与政府环境决策过程，监督环境法规、政策的实施和企业的环境行为，促进经济社会的可持续发展作为自己的责任，而这本身就是公众参与的一个重要层面。因此，应鼓励和支持民间组织社团开展各种环境保护的社会监督和公益活动，如通过国家立法为环境保护 NGO 的设立与登记及从事社会公益活动的条件等创造宽松的法律环境。同时，还可以在政府政策和行为上对环境资源 NGO 给予大力支持和配合，如对这些组织开展专业培训并提供小额资助，联合民间环保组织共同开展社会公益行动，鼓励它们自发开展一些环境友好、资源节约理念的环境群众运动等。

第四篇　案　例　分　析

第十章 青海省盐基企业生态化技术创新分析

中国作为一个发展中国家，目前的社会发展主题仍然是经济的高速稳定发展。而要走向全面发展的社会道路，必定要经历一个市场化、物质化的时段。而技术创新的首要任务也是服务于经济发展。技术创新并非是传统意义上的纯自然生态学概念，而是要用生态学整体性观点来看待技术创新的生态化全面发展。

习近平的青海之行中，也指出了盐湖资源是青海的第一大资源，也是全国的战略性资源，务必处理好资源开发利用和生态环境保护的关系。习近平对生态环境的重视，也能从"绿水青山，就是金山银山"和"保护生态环境就是保护生产力，改善生态环境就是发展生产力"这些号召口号中表现出来。另外，习近平在青海考察时不断强调"青海最大的价值在生态、最大的责任在生态、最大的潜力也在生态，必须把生态文明建设放在突出位置来抓，尊重自然、顺应自然、保护自然，筑牢国家生态安全屏障，实现经济效益、社会效益、生态效益相统一。"习近平坚持把推进供给侧结构性改革作为当前和今后一个时期经济发展和经济工作的主线，同时积极推动了青海省盐基企业的技术创新生态化转向。

第一节　盐　基　企　业

青海省的盐基企业是指在循环经济理念的指导下，以盐湖资源为基础，通过直接或间接的方式开发利用盐湖资源的企业。青海省的盐基企业主要分布在柴达木地区，在柴达木循环经济产业体系建设中，盐湖资源的开发利用处于基础和核心地位，盐基企业的生存与发展关系着柴达木地区乃至青海省的经济命脉。按照《三次产业划分规定》，盐基企业可划分为三类，即盐基农牧业类企业、盐基工业类企业、盐基服务类企业。

从循环经济的角度，盐基企业是不同于传统资源型企业的生态企业，盐基企业仿照自然生态系统，建立"能源、资源—产品（或服务）—再生资源、能源"物质能量闭环流动链网，采用可持续发展生产方式，最终实现经济效益、生态效益、社会效益、人本效益相统一。从产业融合的角度，盐基企业之间通过技术革新，呈现出技术融合、产品与业务融合、市场融合的特征，不仅从微观上改变了企业之间的行为与关系，而且从宏观上改变了产业结构和经济增长方式，提升了产业关联度。从产业集群的角度，盐基企业之间在特定的盐湖资源所在的地理范围及其开发利用范围内相互联系、相互作用，形成了"卫星式产业集群"。

第二节　青海省盐基企业技术创新生态化面临的主要障碍

一、资源的稀缺性和不可再生性

技术创新生态化的实质就是缓解资源的稀缺，在提高稀缺资源质量和使用效率的基础上，寻找替代资源。以钾盐为例，目前我国钾盐可开采量不足，分布不均，尚未找到大型可溶性固体钾盐矿床，枸溶性杂卤石还未得到重视和开发。根据 2009 年开发技术水平及经济条件测算，青海查明钾盐资源储量可满足开发规模1000 万吨，服务 34 年的需要。如果按年产 800 万吨计，可服务 43 年。其中，察尔汗盐湖钾盐以年产 500 万吨计，可服务 50 年以上。

二、技术创新生态化的基础薄弱

民族地区属于我国后发地区，在较长时期内一直是以农牧业和资源开采为主要产业，技术创新对民族经济发展的贡献率较低。青海省技术创新效率较低，基础设施较为薄弱，经济运行调控协调难度较大。铁路运输供需矛盾突出、工程性缺水严重、电网覆盖面过窄、"三废"处理配套设施建设滞后等问题困扰着盐基企业技术创新生态化的进展。

三、技术创新生态化的"双重外部性"导致企业内部驱动力不足

技术创新生态化具有知识外部溢出、环境效应溢出的"双重外部性"，故这可能会阻碍盐基企业进行生态化技术创新的意愿，使得盐基企业内部缺乏动力。民族地区属于后发区域，技术生态化创新的发展模式必然有别于先发地区技术创新的发展模式，故政府成为技术创新生态化的主要推动者。

四、传统技术创新的路径依赖

在盐基企业技术创新生态化实践中，存在产品、产业、区域三个层次上的路

径依赖形式。区域层次上存在政策依赖、粗放型经济增长依赖、建设形态的园区经济依赖；产业层次上存在产业结构调整的高新化依赖、技术选择的引进型依赖；产品层次上存在产品认知和产品创新认知的惯性依赖。盐基企业的技术创新生态化也是突破传统技术创新的路径依赖。

第三节　青海省盐基企业技术创新生态化的推进

一、技术创新生态化促进农业产业化进程

生产钾肥的盐基企业的市场需求主要来自于下游生产复合肥的工业领域和施用复合肥的农业领域。技术创新生态化能够生产农作物所需的低污染的化肥，在实现农作物持续增产的同时大幅度减少环境污染，推动了高投入高资源环境代价的农业向可持续农业的转变。2015 年全国粮食总产量实现"十二连增"，这与我国钾肥自给率长期稳定在 50%左右息息相关，其中超过一半的钾肥产量来源于青海察尔汗盐湖，促使我国钾肥供应格局实现从"国产＋进口"到"国产＋进口＋境外"的转变。

二、技术创新生态化促进盐湖资源综合利用水平显著提升

在资源深度加工循环利用产业链方面，综合开发盐湖卤水中主要组分（$NaCl$、KCl、$MgCl_2$、K_2SO_4、$MgSO_4$、Na_2SO_4 等），形成盐基企业的集群发展。在副产物资源化循环利用产业链方面，利用相关行业副产物生产市场需要的化工产品，利用无机盐副产氢气、氯气生产 PVC（polyvinyl chloride，聚氯乙烯）等。例如，青海盐湖股份工业有限公司坚持资源综合利用、清洁生产、绿色发展，围绕钾、镁、锂、钠、氯五种元素，推进钾盐、镁盐、锂盐、钠盐、氯产业集群建设。

三、技术创新生态化促进产品创新领域不断拓展

技术创新生态化促使盐基企业从单一化的发展转向工业、农业、航天业等多元化角度，不断地在创新产品的新领域中拓展。

四、技术创新生态化促进企业的绿色营销

盐基企业发挥不同投资主体优势，优化配置各种资源的运作方式，形成了国

有与民营、资金与研究、勘探与开发的项目优势组合。研究与发展盐湖生物、盐湖发电等高科技产业；开发察尔汗盐湖、茶卡盐湖等相关景区的旅游业务。这种绿色营销不仅实现了盐基企业作为技术创新主体所追求的经济效益，同时提升了盐基企业的品牌知名度和美誉度，增强了盐基企业的"文化软实力"，从而进一步强化了盐基企业的核心竞争力。

第十一章 铜陵市产业生态化技术创新分析

第一节 铜陵市产业生态现状

铜陵市位于安徽省南部、长江下游南岸，地处长三角经济圈和武汉经济圈的交汇处，是长江经济带皖江段上重要的工贸港口城市。2013 年铜陵市总人口74.23 万人，全年实现生产总值 680.6 亿元。2006 年被列为国家第一批循环经济试点城市和可持续发展实验区，2009 年被列为国家第二批资源枯竭型城市和科技进步示范城市，2013 年成为全国首批循环经济示范创建市和国家节能减排财政政策综合示范城市。经过多年的转型实践，铜陵市产业生态的总体状况已得到较大改善，但仍然存在如下方面的困境。

一、产业结构单一

2013 年第一、第二、第三产业增加值在地区生产总值中的比例为 1.8∶72.5∶25.7，工业增加值占地区生产总值的比例为 67.3%，其中铜工业增加值占工业增加值的 97.28%，重工业增加值占工业增加值的 97.28%。产业结构资源化与重工业化单一特征明显。

二、产业生态效率相对低下

与安徽全省相比，2013 年铜陵市以占全省 1.1% 的人口、0.8% 的土地，创造了 3.6% 的 GDP、5.4% 的规模以上工业增加值，同时也排放和产生了全省 7.3% 的二氧化硫、6.5% 的工业废气、3.6% 的废水、11.8% 的工业固废。单位面积主要污染物二氧化硫、氮氧化物、化学需氧量、氨氮、废水、废气排放量和固废产生量分别是全省的 9.14 倍、6.26 倍、2.02 倍、1.84 倍、4.54 倍、8.16 倍、14.77 倍。

三、资源瓶颈突出

2016 年，铜陵市有色、化工、建材、电力、钢铁、焦化六大高耗能产业产值占规模以上工业总产值的 80.6%。主导产业铜的一次资源自给率不足 6%，磷矿石

100%外购。按照目前已探明储量，以目前的开采速度仅能开采不足 30 年。资源供给和环境容量已成为铜陵市可持续发展的瓶颈。

四、生态补偿机制不健全

目前的财税体制下，大型国有资源企业上缴税收中，地方留存比例较低，而给地方带来的诸多环境、社会问题，却需由地方政府从本级财政收入中解决，必然导致资源、生态补偿机制缺位及资金不足。各市场主体在资源利用、承担补偿、环境保护的责任和义务等方面缺少法律、法规规范。

五、创新资源先天缺乏

决定矿产资源分布的自然条件导致"因资源而生"的城市往往远离经济中心城市，而国家重点科教资源 90%均分布在直辖市和省会城市，因此资源型城市区域内缺乏重点大学、研究机构等创新资源。铜陵市仅有一所以经济管理类为主的普通本科高校。并且，资源诅咒的挤出效应也成为人力资源开发、研发投入和创新活动的制约因素。

六、创新绩效呈现边际效应

铜陵市 2013 年全社会研发投入支出 19.04 亿元，其中用于资源综合利用、节能减排、清洁生产等生态环境方面的支出占 13.5%，且近三年平均增长 15%。然而从近三年的工业固体废物综合利用率、单位 GDP 能源消耗、废水排放量和主要空气污染物排放总量等指标数值来看，均只产生微小的量变，变化曲线趋于平缓，显示出明显的边际效应。

第二节　铜陵市产业生态化策略分析

资源型城市的生态环境问题，主要是由资源型产业工业化过程带来的，因此第二产业的生态化是资源型城市产业生态化发展的"牛鼻子"。2013 年铜陵市第二产业增加值占地区生产总值的比例为 67.3%，其中铜工业增加值占工业增加值的 63.75%，铜产业既是铜陵市的首位主导产业也是传统支柱产业。因为铜资源与伴生资源产业共生，所以铜陵市在发展铜产业的同时，也衍生出了有色、化工、建材、钢铁等能耗、排放、污染相对较高的传统产业，而高耗能的产业发展必然需要电力、煤气、蒸汽等能源产业为其配套提供能源。这些共生的传统产业和能源产业都是铜产业的关联产业，不仅对资源产业存在依赖性和风险性，而且所共同形成的大量物资、能量代谢形成叠加效应，加剧了对自然环境的影响，对生态系统造成了更加严重的胁迫。同时，在新常态下，资源密集型、劳动密集型传统产业的生产要素成本不断上升，资源型城市产业转型既要克服资源枯竭的约束力和要素成本上升的市场压力，又要克服环境的负效应。因此，必须要依靠产业生态化技术创新，来提高铜矿资源及伴生矿产的一次综合利用率，提高系统代谢物质的二次循环利用率，最大限度地减少资源废弃物排放，降低能源的消耗，此外，铜材料本身还可以回收进行再利用。所以，以资源化、循环化、减量化为主要特征的产业生态化模式，是有色金属——铜资源型城市产业转型的必然选择。

根据产业生态学的代谢理论，产业生态系统的代谢就是产业系统对自然资源的获取、开发、利用一直到废弃物排放分解的全部环节和过程。表现为资源流在系统及其子系统中的输入、消耗、储存及输出[116]。通过运用产业代谢理论常用的MFA（物质流分析方法）对铜陵市的主要资源工业的物质流进行简要分析。铜陵市工业生态化的策略是，以生态化技术创新体系为支撑，推进重点行业清洁生产，强化建立企业间循环链接和产业间共生耦合的循环型产业体系。

第三节　铜陵市产业生态化发展路径

一、铜资源产业

（一）铜资源代谢流量分析

铜陵市 2012 年生产电解铜 90.4 万吨，共消耗各类资源 1357.8 万吨，其中消耗国内铜矿石 1144.3 万吨，进口铜精砂 213.5 万吨，产出铜及相关副产品 360.5 万吨，废物产生量 997.3 万吨。通过发展循环经济废物减量 800.8 万吨，排放 1.5 万吨，最终处置 195 万吨（图 10.1）。经计算，铜陵市 2012 年铜矿山和冶炼产业资源利用率为 86.9%，废物减量化率为 80.3%，分别比 2010 年提高 15.3 个百分点和 19.8 个百分点，未利用资源处置率为 13.1%，排放水平约为 0.1%。废弃物处置和综合利用难度越来越大，利用率提高空间逐渐缩小，边际成本不断增加逼近上限。因此，按照产业生命周期理论，要减少代谢物质量，必须遵循适度发展铜冶炼业，限制发展铜采矿业，从源头上降低资源投入和消耗总量，优先发展铜加工业，有序发展铜拆解业，从过程和末端提高资源加工利用率和回收利用率的生态化策略。

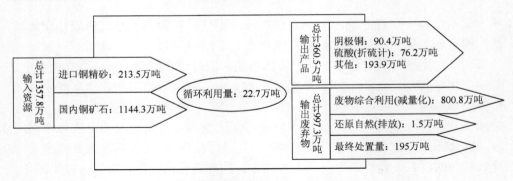

图 10.1　铜陵市铜资源代谢流量图

（二）铜资源产业生态化转型路径

2013 年全市规模以上铜及铜加工企业已达 51 户，占比 20.81%；铜产业总产值达 1287 亿元，占全市工业总产值的 72.26%。铜产业既是铜陵市的首位主导产业也是传统支柱产业。因此铜产业的生态化，应是该市产业转型升级的重点。以提高铜资源综合利用的生态水平和经济效益为核心，构建"矿山采选与修复—绿色冶炼—铜加工—铜拆解与回收利用"的铜资源循环产业链。重点开发补链项目、产业链延伸项目和铜废弃资源高值化利用项目，进一步提高矿产资源综合利用率和水循环利用率，降低能耗。不断延伸增粗铜杆（线、缆）、铜箔、铜板带、铜管、电子级磷铜球、印制电路板、LED 支架七条铜精深加工产业链，重点依靠工艺创新、产品创新、技术创新提高铜产业附加值，通过信息化与制造业融合，提升数字化、智能化制造水平，提高铜产业全要素劳动生产率和生态效率。

二、硫资源产业

（一）硫资源代谢流量分析

2012 年铜陵市硫资源产业共生产各类产品 289.0 万吨，消耗各类资源 357.7 万吨，其中硫矿山开采量 156.9 万吨，国内资源 200.8 万吨。废物产生量 68.7 万吨，综合利用 65.2 万吨，排放 0.5 万吨，最终处置 3.0 万吨（图 10.2）。经计算，2012 年硫资源利用率为 99.0%，废物减量化率为 95.3%，分别比 2010 年提高 1.7 个百分点和 1.5 个百分点。未利用资源处置率为 0.84%，排放水平为 0.14%。

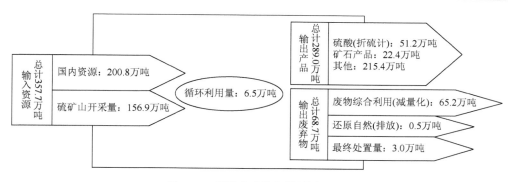

图 10.2　铜陵市硫资源代谢流量图

（二）硫资源产业生态化转型路径

按照产业生态化的发展目标，科学设计物料循环和产业耦合，大力发展具有较高技术含量和附加值的有机化工产业链。发挥生态链上重点企业的骨干作用和产业优势，加快生态补链项目和延伸项目建设，有效促进硫磷化工产业循环链的延伸完善，推进静脉产业发展，拓展与冶金、建材等产业的耦合、能量梯级利用和物料循环对接。硫酸是化工之母，位于化工产业链的上游，以硫磷化工产业链和钛精细化工产业链为主干链，推进关联企业的融合、耦合，提高资源利用率是硫资源产业生态化转型的重点：一条主链是重点发展以精制磷酸盐、磷酸铁锂、氟酸盐、钛酸盐等为代表的硫磷化工产业链；另一条主链是重点发展以金红石型包膜钛白粉、高档绝缘漆和高纯硝酸银为标志的精细化工产业链。再通过焦化副产焦油的开发利用，碳酸二甲酯配套项目开发和己内酰胺项目建设，可以进一步完善整个产业链条。生态转型的目标是最终通过生态技术和产业技术的创新，内生驱动硫磷化工、精细化工、有机化工三大产业链相互耦合，按照生态共生方式形成良性循环，不断向产业链附加值的高端延伸。

三、石灰石资源产业

（一）石灰石资源代谢流量分析

铜陵市 2012 年石灰石建材行业产出 2126 万吨，其中水泥熟料 1156.6 万吨，水泥 744.4 万吨，石料 225 万吨。消耗各类资源 3527.5 万吨，其中矿山资源 2948.9 万吨、其他 325 万吨、生活垃圾 9.6 万吨、工业固废 244 万吨。排放废物 1401.5 万吨。石灰石建材行业的资源利用率为 60.3%，水泥熟料和水泥产品对全市废物的减量化贡献水平为 13.4%（图 10.3）。从物质流分析可以看出，由熟料的生产工艺所决定，铜陵市在水泥熟料生产过程还原自然的排放物质比例很高，所以应当适度控制水泥熟料的产能增长，提高水泥产量比重，有利于市域废物减量和循环经济发展。

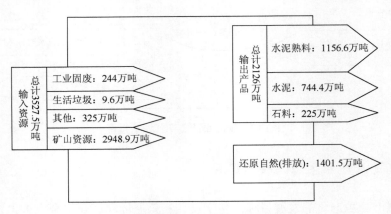

图 10.3　铜陵市石灰石资源代谢流量图

（二）石灰石资源产业生态化转型路径

石灰石资源产业的生态化转型路径的核心是提高其资源综合利用效率，因此，围绕提高建材产品加工深度和工业固体废弃物资源化利用水平，选择生态产品开发创新模式，加大产品技术创新力度，发展以超细轻质碳酸钙、高档石灰乳、超细石灰粉、污水处理剂为代表的石灰石高档产品产业链，推动产业链向高端延伸。积极发展新型、高性能、功能型建筑材料，实现资源的高层次开发和效益最大化。在保证水泥产品质量的前提下，不断加大"三废"资源和城市生活垃圾的掺入量。推广先进的余热发电技术，降低环境污染。加强矿山生态修复，建设"零排放"的生态矿山。

四、建立三大资源二次利用领域耦合循环产业链

有色行业重点开发有色冶炼烟灰、电解阳极泥、酸泥、冶炼废渣等工业固废资源。构建冶炼废渣—选铁—选铁废渣—蒸压砖—蒸压混凝土砌块循环产业链，以及选铜后硫铁资源—制硫酸—硫酸渣—铁球团—炼铁、炼钢产业循环产业链。同时，回收利用其他稀贵金属和硫酸余热及烟气资源，实现伴生资源及冶炼废渣高值化利用，利用回收废铜、硫酸铜、富铜矿为原料生产高附加值铜基颜料及发展铜基新材料等。化工行业重点开发利用磷石膏制作建筑石膏材料和水泥缓凝剂，不断提高磷石膏的利用效率，实现化工与建材、电力、冶金等工业的耦合。建材行业加大电厂副产粉煤灰的开发利用，生产水泥、加气混凝土砌块等产品，实现

电力与建材工业的耦合。冶金行业重点提高黑色冶金废渣的利用效率，在传统的利用钢铁冶炼废渣生产水泥的基础上，通过开发微细废渣制品用于水泥及保温材料的生产，实现冶金工业与建材、化工工业的耦合。通过建立工业固废耦合循环产业链，实现铜尾砂、铜冶炼废渣、磷石膏、粉煤灰、脱硫石膏等大宗二次资源的科学、高效利用，将资源价值"吃干榨尽"。

五、实现工业园区余热、余压梯级利用

按照生态工业园（eco-industrial parks，EIPs）实践理论，产业生态化需要一定的空间载体来支撑，工业园区是若干个企业在空间上的集聚，彼此具有空间上的邻接性，这就为企业之间进行物质流、能量流、技术流的循环利用、共生发展提供物理空间上的载体支撑，为产业在中观层面上实现生态化提供了空间条件。铜陵市已建成两个循环经济工业园区，两个园区可以依据热力学理论，借助系统工程方法，对不同温度的热能按应用规律进行科学分配，通过信息集成、技术集成、能量集成及基础设施共享，把能量转换、传递和利用全过程，整合到企业、园区乃至整个社区的生产与生活空间，充分利用蒸汽、天然气、煤气等工业能源，建立符合生态工业园区的能量梯级利用体系[117]（图 10.4）。

（一）建立循环经济工业试验园余热梯级利用体系

利用冶炼企业的热电站锅炉、焦化企业的燃气锅炉和园区内化工企业的余热锅炉，建设园区供热、供气管网系统，满足园区内企业的蒸汽需求，并将富余蒸汽用于洗浴、宾馆、饭店、医院和学校等领域，实现工业与服务业之间的能量梯级利用。

（二）建立横港区域能源梯级利用系统

利用皖能铜陵发电有限公司 30 万机组负荷较低，经常处于调峰状态的运行特点，进行热电联产改造，利用改造后的余热和区域内铜冶炼、化工企业余热，建设覆盖横港扫把沟地区的生产、生活能量梯级利用系统。

党的十八届五中全会提出了"创新、协调、绿色、开放、共享"的五大发展理念。铜陵市作为有色金属类资源型城市走基于生态化技术创新的生态化转型之路，是顺应当前发展形势的战略选择，符合区域实际和产业发展规律的客观要求。产业生态化需要按照产业链的关联、产品的生命周期来布局技术的创新链，通过技术的改造、升级、创新、应用，发展新技术、新产品、新模式和新业态，尤其是加强互联网、物联网等现代信息技术、智能制造、新材料、新能源等技术的应

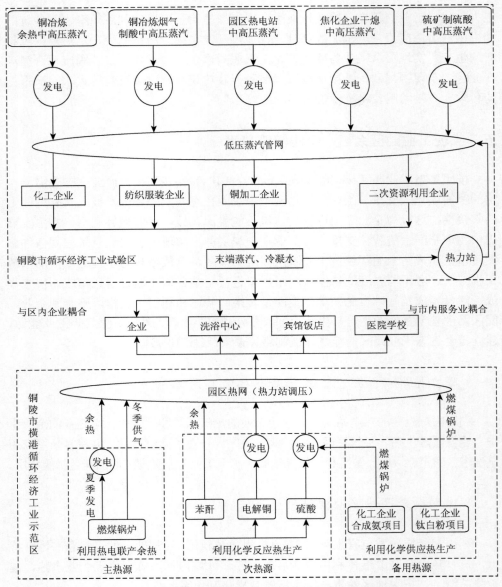

图 10.4　铜陵市循环经济工业园区能源梯级综合利用图

用融合，来驱动产业生态化发展。而产业生态化的过程实现了产业链的延伸、拓展和耦合，并向高附加值环节升级，又反向推动了产业技术的扩散、融合与创新。此外，通过大力培育发展战略性新兴替代产业，不断提高替代产业的规模比重，逐渐降低"三高一低"产业的比例，持续优化调整产业的质量和结构，才是产业生态化发展的根本路径。

第十二章　广西贵港生态工业园资源生态化利用

循环经济的思想主旨是促使现代经济体系向三级生态系统的转化，追求生态效率。转化战略的实施包括四个方面：将废物作为资源重新利用；封闭物质循环系统和尽量减少消耗性材料的使用；工业产品与经济活动的非物质化；能源的脱碳。广西贵港生态工业园围绕广西贵糖（集团）股份有限公司（简称贵糖集团）构建生态工业园，追求生态效益。

第一节　贵糖集团生产的物流系统构建

贵糖集团生产的物流系统包含以下三个层次：

（1）工业园区系统内各工厂和车间之间的物质流。进入系统的有甘蔗、煤、能量和糖分载体新鲜水、石灰石等；输出系统的物质包括 6 类流向社会的商品及流向自然的达标废气和废水。具体而言，制糖——"甘蔗→蔗汁→清汁→糖浆→有机与精炼糖"、造纸——"甘蔗→蔗渣→纸浆→纸张"、发酵——"甘蔗→蔗汁→清汁→糖浆→糖蜜→酒精"三大主物流分别从甘蔗中提取蔗糖、蔗纤维和转化蔗糖；三条副产品和连产品生产链则分别制造轻质碳酸钙、水泥和甘蔗专用复合肥。三条主物流和三条生态工业链在贵糖集团生产中形成网状结构，其结点是制糖厂、制浆厂、造纸厂、酒精厂、甘蔗专用复合肥厂、烧碱回收厂、轻质碳酸钙厂、水泥厂、热电厂等[14]。厂与厂之间或者串联耦合生产——如糖厂、制浆厂和造纸厂，依次加工利用蔗纤维以制造文化和生活用纸；或者并联耦合生产——如糖厂的滤泥、热电厂的炉渣和制浆厂的白泥共同被水泥厂用来生产水泥，酒精厂的 CO_2 和制浆厂的白泥则被轻质碳酸钙厂利用。这样，贵糖集团共产出 6 类输出系统的商品。除了生产商品外，有些耦合更具生态保护功能，如纸浆厂用碱性中段废水对糖厂锅炉废烟气进行冲灰，得到的是吸灰水和达标可排放的烟气。废水灰渣与酒精废醪液混合制甘蔗专用复合肥，吸灰水则连同制糖废水一道被净化处理后达标排放。在制糖、制浆和造纸链中有 4 条物质原级闭路循环链，分别是冷却水循环、热电连产凝结水循环、碱回收循环和造纸白水与清水循环，其中前两项循环联合运转，代表了贵糖集团的水资源集成和能量集成。

（2）贵糖集团与其他企业的生产耦合。贵糖集团要从周边糖厂输入大量的废蜜、蔗渣与原糖。

（3）贵糖集团工业生产与甘蔗农业种植间的物质交换。农户与基地向贵糖集团供应甘蔗，贵糖集团则向蔗农反馈甘蔗专用有机复合肥。

第二节　资源在贵糖集团生态化重构中的创新使用

鉴于贵糖集团物流系统中的原料、各种副产品和连产品都得到了较好的利用，"三废"排放完全符合国家标准，国家环境保护总局授予贵糖集团"全国环境保护先进单位"的称号，并于 2001 年批准立项建设贵港国家生态工业（制糖）示范园。针对贵糖集团的建设，贵港市政府相应出台了一系列政策，如结构性污染治理政策、经济激励政策、严格环境执法政策等，以推动贵港地区糖业重组，加强生态工业能力建设，实现区域环境综合治理，推动糖业可持续发展。

贵糖集团自身则根据建设生态工业园区的物质集成、水资源集成、能量集成等六项基本原则，以蔗田、制糖、酒精、造纸、热电联供和环境综合处理六大系统为框架，建设与完善了 11 项关键工程来发展生态经济：现代化甘蔗园建设工程、蔗髓热电连产技改工程、节水工程、生活用纸扩建工程、低聚果糖生物工程、能源酒精技改工程、绿色制浆工程、有机糖技改工程、制糖新工艺改造过程、酵母精生物工程和羧甲基纤维素钠工程。

一、资源使用的减量化

减量化或减物质化原则属于输入端方法，旨在减少进入生产或消费流程的物质量。具体到贵糖集团，就是减少进入生产系统的甘蔗、水、煤和石灰石等的用量。

减量化战略之一：建设现代产业化的甘蔗园。辅料用量同甘蔗加工量之间有着固定的技术联系，在提高甘蔗含糖率而其他技术水平不变的条件下，就提高了单位资源产出率（据贵糖集团实践，每提高甘蔗含糖率 0.1 个百分点，产糖率就提高约 0.7%），也就相对地减少了单位糖品对甘蔗、水、煤、石灰石等的用量。提高甘蔗含糖率，最重要的是建设高产高糖的现代化甘蔗园。为此，贵糖集团采取了以下措施：第一，引进和推广了甘蔗种植良种良法；第二，与糖业研究所、高校等单位合作建立了示范点和实验基地，实施了吨糖田工程；第三，对蔗农进行了技术培训，推广了甘蔗种植高产高糖技术；第四，与甘蔗种植大户建立了产、供、销的契约合同关系，实现了稳产；第五，建立了蔗区多媒体管理系统，对甘蔗的砍运进行科学调度和动态监控，确保甘蔗高糖进厂；第六，加紧蔗区水利、道路建设。现代化甘蔗园的成功建设，使贵糖集团在 2002～2003 年榨季生产 14 万吨机制糖时相对减少甘蔗用量 5 万吨，减耗水、标煤和石灰石分别约 25 万吨、2275 吨、1000 吨，节约农地 625 公顷。

　　减量化战略之二：实施蔗髓热电连产技改工程，它包括以下四个方面：①蔗髓用于锅炉燃料。甘蔗渣含有 30%～35%的蔗髓，是造纸生产的无用部分，2002～2003 年榨季贵糖集团的蔗髓产量约为 5.8 万吨，5 吨蔗髓燃烧释放的热量相当于 1 吨标煤的热值，故蔗髓被当作热电厂锅炉的燃料，这为贵糖集团当期减耗标煤约 1.16 万吨。②采用能耗低效率高的供热发电设备来减耗。贵糖集团原有三台每吨蒸汽耗标煤 125～132 千克的蔗渣煤粉炉，一台每吨蒸汽耗标煤 145～148 千克的链条炉排式锅炉，均为低压，单炉蒸汽最大出力为 20 吨/小时，锅炉效率只有约 60%。当前贵糖集团装备的是 75 吨/小时的蔗渣、煤粉炉两台，130 吨/小时、65 吨/小时的锅炉各一台，锅炉效率已达 85%以上，锅炉平均耗标煤为 110 千克标煤/吨汽。同样生产能力下，较之 20 世纪 80 年代初，贵糖集团 2002～2003 年榨季减耗标煤至少 6500 吨。③锅炉蒸汽的热能多级利用。贵糖集团采用带零效煮水罐和浓缩罐的三效热力蒸发方案代替减压阀，对双轴和背压式汽轮发电机的中压高温乏汽进行减温减压，以充分利用热能。④各级蒸汽凝结水的归集使用。通过归集煮水罐、三效蒸发罐、纸机烘缸的汽凝水并回用于锅炉，贵糖集团实现了软化水的循环使用。软化水循环一方面可减少水耗；另一方面又可每天减少加热入炉水 610 吨，按 120 天计，一个榨季至少减耗标煤 9000 吨。

　　减量化战略之三：进一步强化节水工程。采用自行研制成功并获国家发明专利的造纸白水回收工艺及设备（白水脉冲回收器），当前贵糖集团每天处理造纸白水后所回收的清水（约 79 万吨）全部返回造纸生产。

　　减量化战略之四：实施制糖新工艺改造工程。制糖混合汁清净工艺改用低温磷浮处理，可直接使贵糖集团的滤泥年干排量减少一半即 5 万吨，石灰石的用量也因此减少约 5 万吨。

　　减量化战略之五：实施绿色制浆工程。采用少氯并最终采用无氯漂白工艺取代传统的 CEH（氯化—碱处理—次氯酸盐漂白）三段漂白工艺，将有力地减少和杜绝漂白系统所排放的含强毒性的有机氯化物。这一战略又是典型的清洁生产战略。

　　以上减量化战略的实施，直观地得力于关键技术的创新和应用，但同时也离不开政府的统一规划与财政支持。对甘蔗种植的产业化，贵港市委、市政府联合发文《关于发展蔗糖生产若干问题的决定》，要求各区、县和乡镇做到甘蔗种植的规划、面积、种子、机耕、农资和服务措施六落实；广西于 2005 年前每年安排财政预算内资金 2000 万元（包括甘蔗生产农业事业费 300 万元）、扶持费 3000 万元、各级糖料技术改进费 1000 万元、扶贫发展基金 1000 万元等以稳定和发展广西甘蔗种植；国家则下拨农业发展及配套资金用于蔗区灌溉设施建设。

二、资源的再利用

再利用或反复利用原则属于过程性方法，旨在延长产品或服务的时间强度，它主要通过尽可能多次和多种方式地使用所购买的产品来实现。贵港生态工业园建设中的再利用，是以尽可能多次及尽可能多种方式地使用甘蔗资源来实现的，具体表现在以下几个方面。

其一，实施生活用纸扩建工程。甘蔗中的大部分蔗糖分被提取之后，剩下的是蔗渣和废蜜。蔗糖分和蔗纤维在甘蔗中的含量相当，分别为 13.5%和 12.5%，但其境遇在传统甘蔗制糖工业中却大不相同：前者进入市场成为商品，后者则以废弃物的身份进入糖厂锅炉而被烧掉，为此全世界每年烧掉近 1 亿吨蔗渣。从资源经济的角度看，树木紧缺，生长周期长，且具有重要的生态价值，而甘蔗资源却较丰富，一年一生，利于砍伐且成本低廉。如果用蔗纤维制纸，每生产 1 吨纸张就减耗木材 3 立方米。基于此，经国家经济贸易委员会立项批准，贵糖集团于 2002 年启动利用蔗渣年产 10 万吨生活用纸的技术改造工程。实施此项工程，每年需要从周边糖厂购买蔗渣 21 万吨，该值约占总加工量的 50%。

其二，实施能源酒精技改工程。现有技术条件下，蔗糖分的工业提取率为 90%左右，其余糖分存留于糖蜜中。糖蜜普遍被发酵以制取食用酒精，其年产量占到世界酒精产量的 50%左右。酒精是非常理想的可以代替煤、石油、天然气等用来发电、转换成汽车燃料的首选生物制品，贵糖集团拟生产高附加值的能源酒精即"汽油醇"，目前正在做这方面的技术储备，一是量的放大；二是质的提高。因为年产 20 万吨"汽油醇"约需糖蜜 100 万吨，而生态工业园只能自产约 10 万吨，所以同上述生活用纸扩建工程一样，不足的原料需从周边糖厂购买。

其三，实施低聚果糖生物工程、酵母精生物工程和羧甲基纤维素钠工程，分别对蔗糖分、糖蜜和蔗纤维的多样化再利用。

以上几个工程实施的最大特点是资源使用的创新。贵糖集团年产 5 万吨生活用纸工程已于 2003 年全线投产，其关键技术是自行研制、世界首创并获国家专利的"用高配比甘蔗渣浆在高速纸机上生产高档生活用纸技术"。

第三节　废弃物大范围循环利用

资源化或再生利用原则属于输出端方法，是通过把废弃物再次变成资源以减少最终处理量。这一原则集中地体现在生态工业园正在建设的有机糖技改工程中。

有机糖生产的基础是有机甘蔗，而有机甘蔗种植需要有机肥，因而有机肥的获得对实施有机糖技改工程至关重要。有机肥的获得有两条途径，一是建设现代化甘蔗园和以可饲资源为主的养殖基地，即首先给猪、牛等进食甘蔗园所产的蔗叶、蔗梢和蔗苗，以及其他作物的秸秆、制糖过程产生的蔗糠、糖蜜等，而后依靠其粪便来肥田；二是机制生产有机复合肥。

用废醪液制有机复合肥已经获得了巨大的成功。用糖蜜每生产 1 吨酒精产生废醪液约 15 毫升，其中 COD（chemical oxygen demand，化学需氧量）平均高达 10 000 毫克/升。由于工业界长时间没有找到有效地降解废醪液中硫酸根的办法，我国各产糖区曾普遍出现了严重的酒精废醪液区域污染。当"制糖企业生产酒精的废液不进行有效的治理排放，酒精生产就必须停止"的规定在 20 世纪 90 年代中后期施行后，糖厂一度面临着酒精生产停产甚至糖厂被关闭的局面，贵糖集团也不例外。当时市场上出现了对有机糖的需求，客户主要是百事可乐、可口可乐等公司。贵糖集团抓住时机，以市场为导向，通过技术攻关，将发酵废醪液蒸发浓缩后制取有机肥，而后将其施于蔗田来生产有机甘蔗，以农保工，以工促农，有效地解决了贵港市的废蜜问题。

随着能源酒精技改工程的实施，贵港生态工业园每年将消化广西境内绝大多数糖厂的废蜜（约 100 万吨），这将彻底解决广西的糖蜜酒精废醪液污染问题，很好地实现区域经济与环境的共赢。

有机质经甘蔗，再经制糖、发酵等工业处理，最终以有机复合肥的形式重新服务于甘蔗生产，从而完成了贵港生态工业园制糖生产的闭路循环。这一循环的显著特点是工业与农业生产的闭路耦合，耦合的基础是市场对有机食品的需求，推动力是有关环境保护的法规和行政约束，而耦合的最终实现取决于有无对资源的创新使用。

第十三章　上海世博园区雨水生态化处理技术创新

上海属于亚热带海洋性季风气候,全年雨水充足,年均降雨量达到1124毫米,汛期更多,一般降雨量达到580毫米,汛期在6～8月,梅雨期间常年降雨量一般也超过180毫米,常年单场降雨量超过50毫米的场次达到4～8次,所以上海的雨水资源利用潜力很大。因此,上海世博园在雨水资源利用方面进行了技术创新,开发了生态化处理模式。

第一节　资源型透水铺砖

资源型透水铺砖在保证路面强度的情况下,保持良好的透水,透气性能,可使雨水迅速渗入地下,补充土壤水和地下水,保持土壤湿度。符合2010年上海世博会的主题,代表了当前世界公共环境建设"绿色、生态、节能"的潮流。世博园区使用了多种类型的资源型透水铺砖。世博中心的景观设计在铺装材料选择上,选用透水砖、透水混凝土等铺装材料,总体上到达98%的铺地透水率,占场地总面积约4%的停车地面被做成渗透性铺面,满足并远超美国能源与环境设计(leadership in energy and environmental design, LEED)指标。例如,江南广场基地内的园路、广场局部和停车场广泛采用资源型透水路面,即采用环保无污染黏结剂,利用再生废弃物(再生玻璃、再生塑料、贝壳、碎石等)做成的透水型路面;白莲泾公园运用大量的透水铺装,包括透水砖、小青砖铺地、多彩石毯三种类型。

第二节　透水混凝土路面

透水混凝土路面是指结构上具有一定强度和有效孔隙率的路表面水流直接通过面层结构渗排的一种刚性路面结构。世博园根据透水混凝土路面的特点,施工分为立模、搅拌、运输、摊铺、养护、涂覆保护剂六个环节。立模时,施工人员首先须按设计要求进行分隔立模。透水混凝土需采用混凝土搅拌机械进行搅拌。搅拌时按物料的规定比例及投料顺序将物料投入搅拌机。

第三节　采用屋顶绿化

利用屋顶绿化蓄积利用雨水是较为成熟的一种技术。屋顶绿化具有以下特点：①有效降低屋面雨水径流量；②具有蓄水功能。屋顶绿化可以通过植物的茎叶截留雨水并通过种植土将大量的雨水储存起来。屋顶绿化分为生态屋顶和屋顶花园两类。生态屋顶是指在普通的屋顶上种植体量较小、质量较轻的植物的系统。

　　在世博园区绿地景观中，屋顶绿化被广泛采用。例如，中国馆总体绿化布置分为多个层面，包括地面绿化、13 米的平台地区馆屋顶绿化及国家馆屋顶绿化。地区馆屋顶花园名为"新九州清晏"，对主体国家馆起到重要的衬托作用，也是上海市最重要、规模最大的一处屋顶景观场所。同时，在屋顶绿化中引入小规模人工湿地技术，利用人工湿地的自净能力，改善局部环境。演艺中心将与地面交接部分的屋顶以屋顶生态草坡的形式处理，借以开拓绿色空间，美化环境，进一步提升环境品质。世博中心屋顶进行了大面积绿化，屋顶绿化占屋顶面积的 52%。世博村 D 地块公寓式酒店的裙房屋面也覆以绿色植物，形成与地面连成一片的人工坡地。

第四节　下凹式绿地

　　下凹式绿地雨水蓄渗利用技术是生物渗滤系统在城市绿地中最主要的表现形式。下凹式绿地雨水蓄渗利用技术，是一种低冲击、高效率的雨水资源利用模式，不仅简便易行、工程造价低，而且雨水利用率高。城市绿地中道路广场一般占总用地面积的 15%～30%，因此能够收集较多的雨水。世博中心场地所属部分绿地设计采用略低于路面的下凹式绿地，并将水厂设施改造成雨水及中水处理系统，补充场地景观用水。考虑到世博中心绿地的景观要求，采用≤5.5 厘米的较小下凹深度，绿地存储的雨水径流可在降雨停止后 1 小时之内排干。

第五节　人　工　湿　地

　　绿地景观中的滞留系统最主要的表现形式是人工湿地，其设计和建造是通过对湿地自然生态系统中的物理、化学和生物作用的优化组合来进行的。上海世博园区后滩公园在保护现有水系及人工湿地营建方面进行创新之后，较为成功。世博园湿地系统分为外水滩地和内河滩地两部分。外水滩地中的原生湿地部分主要采取保持其原生态的自然风貌，保护其免受人为干扰。而与黄浦江直接相邻的滨江芦荻带则通过改造现状驳岸，重塑"滩"的形态，恢复黄浦江岸的自然滩地。内河滩地中的人工湿地主要通过场地竖向改造形成，包括内河净化湿地带和梯地禾田带。整体功能突出湿地作为自然栖息地和水生系统净化、湿地生态的审美启智和科普教育等功能。外水滩地和内河滩地之间通过潮水涨落、无动力的自然渗滤进行联系，它们息息相关，一同营造着具有地域特征、能够可持续发展的后滩湿地生态系统。而考虑到后滩湿地位于上海市区内，能够降低城市热岛效应的植物景观不可或缺，因此同时结合特色湿生植物和乡土乔木等修复生境廊道，营建具有浓郁地域特色的城市湿地公园景观。

参 考 文 献

[1]   刘高利. 基于可持续发展观的技术创新生态化研究[D]. 上海：同济大学，2008.

[2]   姚丽霞，廖丽平. 生态化技术创新理论综述[J]. 东莞理工学院学报，2015，（2）：75-80.

[3]   喜冲. 论生态化的技术创新与可持续发展[D]. 沈阳：沈阳师范大学，2012.

[4]   何小英. 技术创新的生态化与可持续发展研究[D]. 长沙：湖南大学，2002.

[5]   陈彬. 技术创新生态化——一种思想的转向[J]. 桂海论丛，2003，（02）：54-56.

[6]   吴慧. 社会发展视野下的技术创新生态化研究[D]. 长沙：湖南大学，2003.

[7]   李锐，鞠晓峰. 技术创新的历史演进及其生态化转向研究[J]. 东北农业大学学报（社会科学版），2008，（04）：51-54.

[8]   姜剑. 可持续发展背景下技术创新生态化研究[D]. 长春：东北师范大学，2008.

[9]   刘焕桂，石柏林. 大力发展生态化技术创新[N]. 光明日报，2013-05-05，第 007 版.

[10] 钟祖昌. 中国企业技术创新生态化研究[D]. 福州：福州大学，2002.

[11] 陈沛. 科学发展观与技术创新生态化研究[D]. 南京：南京理工大学，2004.

[12] 苗艳丽，张建波. 关于技术创新生态化与社会和谐发展的关系研究[J]. 技术经济，2005，（11）：93-95.

[13] 苑硕. 生态文明建设中的生态技术创新研究[D]. 锦州：渤海大学，2016.

[14] 索贵彬，田亚明. 面向生态-技术创新的城市生态位扩展评价研究[J]. 科技管理研究，2010，（2）：45-49.

[15] European Commission. Innovation for a sustainable future：the eco-innovation action plan [R]. Brussels，2011.

[16] Schiederig T，Tietze F，Herstatt C. Green innovation in technology and innovation management——An exploratory literature review[J]. R&D Management，2012，42（2）：180-192.

[17] 罗伟，连燕华，方新. 技术创新与政府政策[J]. 1996，（02）：30-32.

[18] 刘琪. 技术创新生态化与社会可持续发展[D]. 武汉：武汉科技大学，2004.

[19] 尹艳冰. 面向循环经济的生态化技术创新体系构建及其测度研究[D]. 天津：天津大学，2008.

[20] 王如松. 复合生态与循环经济[M]. 北京：气象出版社，2003.

[21] 谭文华. 生态文明视角的技术创新生态化研究——以产品创新过程为例[J]. 科学学研究，2014，1（1）：52-58.

[22] 曾国屏，苟尤钊，刘磊. 从"创新系统"到"创新生态系统"[J]. 科学学研究，2013，（1）：4-12.

[23] 彭福扬，胡元清，刘红玉. 科学的技术创新观——生态化技术创新[J]. 自然辩证法研究，2006，（6）：60-62.

[24] 李锐锋，杨杰. 关于技术创新生态化的哲学思考[J]. 科技进步与对策，2003，（18）：68-69.

[25] 刘红玉. 大力推进生态化技术创新引领经济复苏[J]. 科技管理研究，2010，（18）：4-8.

[26] 星野芳郎. 未来文明的原点[M]. 哈尔滨：哈尔滨工业大学出版社，1985.

[27] 马传栋. 可持续发展经济学[M]. 北京：中国社会科学出版社，2015.

[28] 彭福扬，曾广波，兰甲云. 论技术创新生态化转向[J]. 湖南大学学报：社会科学版，2004，（6）：49-54.

[29] 彭福扬，李芸. 人文精神视野下的技术创新研究[J]. 湖南大学学报：社会科学版，2003，（2）：101-103.

[30] 冯静. 生态发展是实现经济可持续发展的物质基础[J]. 生态经济，2000，（12）：30-32.

[31] 厉无畏. 把握国际产业发展三大趋势[J]. 中国经济快讯周刊，2002，（12）：21-22.

[32] 徐嵩龄. 世界环保产业发展透视：兼谈对中国的政策思考[J]. 管理世界，1997，（04）：178-188.

[33] 国家知识产权局. 2008 中国有效专利年度报告[EB/OL]. http：//www.dfm.com/pnew/2009/7-28/16440097097.html[2009-07-28].

[34] 国家知识产权局. 2009 年我国今年对外发明专利申请分析（二）[EB/OL]. http：//www.ppac.org.cn/Icon.tent.asp?C＝14&Cid＝18&id＝4237[2009-07-16].

[35] 秦书生. 科学发展观的技术生态化导向[J]. 科学技术与辩证法，2007，（05）：64-67.

[36] 范燕宁. 新时期中国发展观[M]. 北京：首都师范大学出版社，1999.

[37] 李洁. 循环经济背景下对技术创新的再认识[J]. 经济前沿，2007，（08）：13-16.

[38] 尹艳冰，赵宏，刘绍伟. 基于改进模糊积分的生态化技术创新测度方法[J]. 统计与决策，2009，（16）：62-64.

[39] 尹艳冰. 基于 ANP 的绿色产业发展评价模型[J]. 统计与决策，2010，（23）：65-67.

[40] 彭福扬，刘红玉. 实施生态化技术创新，促进社会和谐发展[J]. 中国软科学，2006，（4）：99-102.

[41] 孙斌，赵斐. 基于超效率 DEA 模型的区域生态化创新绩效评价[J]. 情报杂志，2011，（01）：86-89.

[42] 徐建中，马瑞先. 企业生态化发展的动力机制模型研究[J]. 生产力研究，2007，（17）：116-118.

[43] 索贵彬. 基于灰色层次分析方法的企业生态创新系统主导力评价[J]. 生态经济（学术版），2009，（02）：139-141.

[44] 尹艳冰. 面向循环经济的生态化技术创新主体系统研究[J]. 西安电子科技大学学报（社会科学版），2008，18（5）：108-113.

[45] 胡元清，彭福扬，刘红玉. 复杂性思维视域中的生态化技术创新[J]. 科技管理研究，2007，（7）：17-19.

[46] 邹文杰. 企业能力与企业战略联盟[J]. 中南财经政法大学学报，2008，（4）：112-116.

[47] 徐建中，连刚，马瑞先. 技术创新提升制造业企业核心竞争力[J]. 上海企业，2006，（03）：17-19.

[48] 范明，汤学俊. 企业可持续成长的自组织研究——一个一般框架及其对中国企业可持续成长的应用分析[J]. 管理世界，2004，（10）：107-113.

[49] 孙育红，张志勇. 生态技术创新与传统技术创新的比较分析——基于可持续发展视角[J]. 税务与经济，2012，（04）：1-4.

[50] 米克. 劳动价值学说的研究. 陈彪如译. 北京：商务印书馆，1996.

[51] 瓦尔特·尼柯尔森. 微观经济学原理与应用. 许工, 戴中, 汪秀英译. 北京: 中国财政经济出版社, 1996.

[52] 李欢欢. 论技术创新的生态化转向[D]. 吉林: 吉林大学, 2014.

[53] 陈晓田, 杨列勋. 技术创新十年[M]. 北京: 科学出版社, 1999.

[54] 李建珊, 张立成. 西方技术批判理论及其启示[J]. 南开学报, 1999, (03): 45-52.

[55] 王建军. 人类自然价值观的演变轨迹[J]. 社会科学研究, 2000, (03): 70-74.

[56] 纪玉山, 张巍, 于吉鑫. 现代技术创新经济学的理论框架[J]. 理论前沿, 2002, (03): 20-22.

[57] 尹艳冰, 赵宏. 循环经济背景下区域生态化技术创新体系建设研究[J]. 科技进步与对策, 2010, (01): 45-48.

[58] 万劲波. 技术预见: 科学技术战略规划和科技政策的制定[J]. 中国软科学, 2002, (05): 63-67.

[59] 王爱国, 武锐, 王一川. 碳会计问题的新思考[J]. 山东社会科学, 2011, (10): 88-92.

[60] 包庆德, 包红梅. 绿色化浪潮: 经济生态一体论[J]. 内蒙古大学学报 (人文社会科学版), 1997, (05): 83-90.

[61] 吴慧. 技术创新生态化的经济发展观取向[J]. 科技情报开发与经济, 2003, (11): 89-90.

[62] 中国社会科学院语言研究所词典编辑室. 现代汉语词典[M]. 北京: 商务印书馆, 2003.

[63] 刘巧绒, 王礼力, 杨冬民. 基于循环经济的生态化技术创新实现机制[J]. 中国科技论坛, 2010, (2): 32-36.

[64] 李广培, 周小亮. 生态化技术创新转变的制度条件及其演进[J]. 科技进步与对策, 2010, 27 (12): 24-27.

[65] 宁淼, 王彤, 徐云. 资源节约型与环境友好型社会技术选择及其创新激励机制的比较研究. 中国人口·资源与环境, 2008, (04): 134-138.

[66] 徐建中, 王莉静. 基于自我分类理论的企业生态化发展模式研究[J]. 科技进步与对策, 2009, 26 (23): 112-115.

[67] 肖蕊, 史宝娟. 企业的生态化技术创新过程[J]. 河北联合大学学报 (社会科学版), 2012, (05): 37-39.

[68] 李广培, 周小亮, 李少凤. 嵌入组织因素的生态化技术创新过程模型及其制度结构-功能研究[J]. 科技管理研究, 2011, (17): 163-167.

[69] 徐建中, 王莉静. 企业技术创新能力与企业生态化水平的关联分析[J]. 软科学, 2010, 24 (10): 6-14.

[70] 李俊莉, 曹明明. 基于能值分析的资源型城市循环经济发展水平评价——以榆林市为例[J]. 干旱区地理, 2013, (03): 528-535.

[71] 杨永芳, 胡良民. 我国企业生态化建设的问题及其发展思路[J]. 辽宁师范大学学报 (自然科学版), 2005, 28 (4): 492-494.

[72] 彭福扬, 刘红玉. 实施生态化技术创新促进社会和谐发展[J]. 中国软科学, 2006, (4): 99-102.

[73] 黄劲松. 基于循环经济的生态化技术创新[J]. 生态经济, 2007, (12): 54-56.

[74] 马瑞先. 基于循环经济的企业生态化发展模式研究[D]. 哈尔滨: 哈尔滨工程大学, 2008.

[75] 柳飞红. 基于生态视角的中小企业技术创新研究[J]. 技术经济与管理研究, 2010, (06): 49-53.

[76] 李伟权. "两型社会"视域下的技术生态化研究[D]. 长沙：长沙理工大学，2011.

[77] 朱益新. 基于循环经济的企业绿色技术创新研究[D]. 杭州：浙江工业大学，2008.

[78] 邵璀菊. 基于生态文明建设的技术创新生态化研究[J]. 兰州交通大学学报，2011，（02）：50-53.

[79] 胡忠瑞. 绿色技术创新与企业的可持续发展[J]. 企业技术开发，2006，（11）：92-94.

[80] 黄涛，罗天强，李锐锋，等. 论政府在企业技术创新生态化中的职能[J]. 科学学与科学技术管理，2004，（08）：56-59.

[81] 俞国平. 试析绿色技术创新的制度障碍[J]. 生态经济，2001，（12）：89-91.

[82] 许景婷，张兵. 促进企业绿色技术创新的财税政策研究——基于循环经济的视角[J]. 科技管理研究，2011，（09）：6-9.

[83] 牛爱芳，毛明芳. 生态化技术创新的市场失灵与政府干预[J]. 自然辩证法研究，2013，（08）：81-86.

[84] 李劲松. 技术创新生态化的政策桎梏及对策[D]. 合肥：合肥工业大学，2009.

[85] 葛晓梅，王京芳，薛斌. 促进中小企业绿色技术创新的对策研究[J]. 科学学与科学技术管理，2005，（12）：87-91.

[86] 陈妤丹. 福建省实施绿色技术创新的意义及障碍分析[J]. 引进与咨询，2006，（07）：70-72.

[87] 陈国玉. 我国绿色技术创新的障碍与对策分析[J]. 科技情报开发与经济，2008，（26）：140-141.

[88] 李亚建，吴莲. 美国低碳战略的转变及对中国的启示[J]. 中共天津市委党校学报，2011，（4）：55-58.

[89] 陈俊荣. 欧盟 2020 战略与欧盟的低碳经济发展[J]. 国际问题研究，2011，（3）：65-68.

[90] 庄贵阳. 低碳经济：气候变化背景下中国的发展之路[M]. 北京：气象出版社，2007.

[91] 郭印，王敏洁. 国际低碳经济发展经验及对中国的启示[J]. 改革与战略，2009，25（10）：176-179.

[92] 蒋耘莲. 国外低碳经济战略分析及启示[J]. 中国经贸导刊，2011，（12）：84-85.

[93] 新华网：多国已开征"碳税"：http：//www.ditan360.com/.

[94] 苗雪，程飞. 低碳经济下跨国公司的低碳战略实施对我国企业的启示[J]. 商情，2012，（18）：61.

[95] 低碳战略. MBA 智库百科. http：//wiki.mbalib.com/wiki/%E4%BD%8E%E7%A2%B3%E6%88%98%E7%95%A5.

[96] 刘雪梅，张云. 我国企业执行低碳战略的市场动力及政策干预路径[J]. 河北经贸大学学报，2014，（04）：105-107，129.

[97] 刘阿丽. 我国低碳经济发展的现实条件与战略取向[J]. 商情，2013，（42）：53-54.

[98] 刘珊珊. 基于低碳经济的企业技术创新战略选择[D]. 重庆：重庆理工大学，2011.

[99] 廖丽平，姚丽霞，刘绘珍. 基于低碳战略的企业生态化技术创新效率研究——基于两阶段链 DEA 模型和 Tobit 回归分析[J]. 科技管理研究，2016，（06）：245-249，255.

[100] Charnes A，Cooper W W，Rhodes E. Measuring the efficiency of decision making units[J]. European Journal of Operational Research，1978，2：429-444.

[101] Cook W D，Seiford L M. Data envelopment analysis（DEA）—Thirty years on[J]. European Journal of Operational Research，2009，192：1-17.

[102] Koopmans T C. Activity analysis of production and allocation Cowles Commission[J]. Wiely，1951，13：33-97.

[103] Farrell M J. The measurement of production efficiency[J]. J. Roy. Stat. Soc., Series A, 1957, 120: 253-281.

[104] Shephard R W. Theory of Cost and Production[M]. Princeton: Princeton University Press, 1970.

[105] Banker R D, Charnes A, Cooper W W. Some models for estimating technical and scale efficiencies in data envelopment analysis[J]. Management Science, 1984, 30: 1078-1092.

[106] Byrnes P, Fare R, Grosskopf S. Measuring productive efficiency: An application to Illinois strip mines[J]. Management Science, 1984, 30: 671-681.

[107] Kao C. Some properties of Pareto efficiency under the frame work of data envelopment analysis[J]. International Journal of Systems Science, 1995, 26: 1549-1558.

[108] Fare R, Grosskof S. Network DEA[J]. Socio-Economic Planning Science, 2000, 34: 35-49.

[109] Seiford L M, Zhu J. Profitability and marketability of the top 55 US commercial banks[J]. Management Science, 1999, 45: 1270-1288.

[110] Fare R, Whittaker G. An intermediate input model of dairy production using complex survey data[J]. Journal of Agricultural Economics, 1995, 46 (2): 201-203.

[111] Zhu J. Multi-factor performance measure model with an application to Fortune 500 companies[J]. European Journal of Operational Research, 2000, 123: 105-124.

[112] Tobin J. Estimation of Relationship for limited dependent variables[J]. Econometrica, 1958, 26: 24-36.

[113] 冯·贝塔朗菲. 一般系统论基础、发展和应用[M]. 林康义, 魏宏森等译. 北京: 清华大学出版社, 1987.

[114] 郑文峰, 陈秀宁. 试论企业的绿色技术创新[J]. 现代企业, 2015, (09): 57-58.

[115] 曹令秋. 基于绿色经济的湖南产业集群生态化发展对策研究[J]. 经济研究导刊, 2010, (33): 173-174.

[116] 施晓清, 杨建新, 王如松, 等. 产业生态系统资源代谢分析方法[J]. 生态学报, 2012, 32 (7): 2012-2024.

[117] 王伟. 铜陵市产业生产化发展路径研究[J]. 安徽师范大学学报(自然科学版), 2016, 39 (03): 264-269.

后　记

在人类社会发展的历史洪流之中，自然于人而言始终处于被动的一方，一直遭受人类的攫取甚至是破坏。作为地球上唯一具有理性的自然存在物，人类有权利利用自然，满足自身的生存发展，但更有义务尊重自然，保持生态的稳定性。人类利用科技进步极大地增强了征服自然的能力，满足自身的需要，但也对生态环境造成了极大的破坏。今天，我们必须深刻反思，把科学技术视作现代社会发展的一个体系，更是生态系统的一个分支，它的价值不仅仅是要满足人类自身的发展和福祉，还要将整个系统的平衡纳入考虑范畴，只有在这样的生态价值观指导之下，才能实现科学技术的生态化改造，从而完成科技创新的生态化转型。

本书是我多年研究技术创新的一个阶段性成果，其研究过程得到了广东省哲学社会科学"十三五"规划项目的资助，奇怪的是当我完成项目的研究任务时我内心并没有感到任何的愉悦，而是沉甸甸的责任，我深感技术创新的生态化是我国可持续发展的根本支撑。为此，出于一个学者的社会责任，我斗胆给广东省副省长陈云贤同志写了一封信并附上了我的研究成果，呼吁大力推进生态化技术创新。令我意外的是，陈副省长在百忙中阅读了我的研究成果，并做出了批示，给予了我充分的肯定。在广东省第七届哲学社会科学优秀成果奖的评选中，该成果被评为调研报告类三等奖。这些肯定，与其说是对我研究工作的肯定，不如说是对大力推进生态化技术创新的高度认同。同时，我萌生一个愿望，那就是进一步补充完善该研究成果并公开出版，让更多的人了解、支持、研究和推进生态化技术创新。

今天，书稿即将付梓，伏案回首，感慨良多。衷心感谢广东省高等学校优秀青年教师培养计划，是该计划的资助本书才得以出版；感谢我认识的和不认识的专家学者，本书凝聚了他们的成果精华；感谢学校、学院领导的关心和支持，让我潜心治学；感谢我的博士同学刘绘珍、师妹姚丽霞、学生陈丽明等，他们为本书查阅整理了很多文献资料。

想说的话很多，但更多的是诚惶诚恐，只为书中难免有疏漏之处。但无论怎样，但愿抛砖之作能引玉，足矣！

廖丽平

2017 年 10 月于广州